法藏知津

二編：佛教思想研究專輯

杜潔祥 主編

第 10 冊

天台圓教十乘觀法之研究

吳明興 著

花木蘭文化出版社

國家圖書館出版品預行編目資料

天台圓教十乘觀法之研究／吳明興 著 -- 初版 -- 新北市：花木
蘭文化出版社，2015〔民 104〕
序 4+ 目 6+260 面；19×26 公分
（法藏知津二編：佛教思想研究專輯　第 10 冊）
ISBN 978-986-322-938-4（精裝）
1.天台宗　2.佛教哲學
030.8　　　　　　　　　　　　　　　　　103014782

ISBN-978-986-322-938-4

9 789863 229384

法藏知津二編：佛教思想研究專輯
第 十 冊　　　　　　　　　　ISBN：978-986-322-938-4

天台圓教十乘觀法之研究

作　　者　吳明興
主　　編　杜潔祥
副總編輯　楊嘉樂
編　　輯　許郁翎
出　　版　花木蘭文化出版社
社　　長　高小娟
聯絡地址　235 新北市中和區中安街七二號十三樓
　　　　　電話：02-2923-1455／傳真：02-2923-1452
網　　址　http://www.huamulan.tw 信箱 hml 810518@gmail.com
印　　刷　普羅文化出版廣告事業
初　　版　2015 年 5 月
定　　價　二編 24 冊（精裝）新台幣 40,000 元

天台圓教十乘觀法之研究

吳明興　著

作者簡介

吳明興，民國47年8月4日，生於臺灣省臺中市，祖籍福建省南靖鄉。

學歷：國立空中大學人文學士，南華大學宗教學研究所碩士，佛光大學文學研究所博士、湖南中醫藥大學醫學博士、白聖佛教學院佛教學系研究部研究。

文化工作資歷：曾任《葡萄園》詩刊主編、腳印詩刊社同仁、象羣詩社社長、《四度空間》詩刊編委、《曼陀羅》詩刊編委、臺北青年畫會藝術顧問、《妙華》佛刊撰述委員、曼陀羅現代詩學研究會副會長、香港文學世界作家詩人聯誼會會員、香港當代詩學會會員、江蘇《火帆》詩刊名譽成員、湖南《校園詩歌報》副主編、黑龍江哈爾濱出版社編委、湖南省《意味》詩刊編委、中國散文詩研究會常務理事、圓明出版社總編輯、華梵大學原泉出版社總編輯、如來出版社總編輯、中華大乘佛學總編輯、昭明出版社總編輯、雲龍出版社總編輯、知書房出版社總編輯、米娜貝爾出版社總編輯、慧明出版集團總經理兼總編輯、湖南中醫藥大學附屬醫院醫師、育達科技大學應用中文系、玄奘大學中國語文學系教師，主講「東西文化」、「應用文」、「中國現代詩」、「中國現代小說」、「中國現代文學史」諸教程。現任瑞士歐洲大學教授、法鼓佛教學院佛教學系助理教授，主講「華嚴學」、「天台學」、「大學國文」、「第四級產業」諸教程。

文化工作成果：親自「審、編、讀、校、刪、訂、考、潤」出版的叢書有《般若文庫》、《生活禪話叢書》、《薩迦叢書》、《花園叢書》、《密乘法海叢書》、《根本智慧叢書》、《曲肱齋全集》、《流光集叢書》、《大乘叢書》、《昭明文史叢書》、《昭明文藝叢書》、《昭明心理叢書》、《昭明名著叢書》、《頂尖人物叢書》、《科學人文叢書》、《雲龍叢刊》、《佛學叢書》、《famous 叢書》、《全球政經叢書》、《弗洛伊德文集叢書》、《經典叢書》、《人與自然叢書》、《創造叢書》、《新月譯叢》、《花園文庫》、《春秋文庫》等，已出版者凡四百餘種，發行達百餘萬冊。

寫作成果：撰有散文詩百餘篇、創作詩數千首，已在海內外將近三百種報刊、雜誌發表大量創作。並著有學術論文《蘇軾佛教文學研究》、《延黃消心痛膠囊對急性心肌梗死模型大鼠抗心肌細胞凋亡作用機理的研究》、《天台圓教十乘觀法之研究》、《詩人范揚松論》、〈天台智顗學統研究〉、〈文學與文學出版品傳播通路在臺灣的出版現象綜論──以二十世紀最後十五年為考察範圍〉、〈華美整飭的樂章──論高楚〈中國萬歲交響曲〉〉、〈鋤頭書寫──閱讀陳冠學《田園之秋》〉、〈鋤頭書寫的佛教語境──再閱讀陳冠學《田園之秋》〉、〈北宋文學思潮的佛學根源導論〉、〈從古典化裁序論新詩集《聖摩爾的黃昏》〉等，凡百餘萬言。名列瀋陽出版社版《臺港澳暨海外華文新詩大辭典》、北京學苑版《中國現代抒情名詩鑑賞大辭典》、河南中州古籍版《古今中外朦朧詩鑑賞大辭典》、湖南文藝版《當代臺灣詩萃》與《散文詩精選》、臺北九歌版《中華現代文學大系》、臺北幼獅版《幼獅文藝四十年大系》、臺北，正中書局版《中國新詩淵藪：中國現代詩人與詩作》、天津人民版《中國文學家大辭典》、四川西南師範大學中國新詩研究所《1996年卷中國詩歌年鑑》、廣州教育出版社版《二十世紀中國新詩分類鑑賞大系》、北京中國文聯版《地球村的詩報告》等。作品已被選入百餘種文選、詩選、年度選，並被香港中文大學譯成英文、省立臺灣美術館製成畫展海報、在新嘉坡被譜成歌曲，且出版有個人詩集《蓬草心情》。

曾獲獎項：全國優秀青年詩人獎、第三屆詩粹獎、中國散文詩評選二等獎、甘肅馬年建材盃新詩特別榮譽獎。

提　　要

　　前言，本論文是以《摩訶止觀》卷第五，「正修止觀」的「觀心具十法門」為研究對象。以第三章〈天台圓教十乘觀法的架構〉、第四章〈天台圓教十乘觀法的圓頓觀〉為主要的論述內容。在進行論述之前，為釐清論主「智顗止觀思想的淵源」，因此，先成立第二章〈天台圓教十乘觀法的建立〉。茲將這三章的論述範圍及其內涵，依次提要如下：

　　第二章〈天台圓教十乘觀法的建立〉，分為三節，第一節「智顗止觀思想的淵源」、第二節「十乘觀法主要典據畧析」、第三節「智顗對觀法的抉擇」。

　　就「智顗止觀思想的淵源」而言，旨在揭明智顗思想源流的義理梗概，對正確觀解智顗所創立的教相論、觀行論、思想論，可得一入門鎖鑰，特別是對觀行論之於天台止觀的思想核心「正修止觀」的開解與論證，能與智顗當時代的諸說相互抉擇，而從「心」上破折「假名」之「迷」以為「解本」，進而彰示「諸法實相」的本質──「三界無別法，唯是一心作」，在空、假、中「三一一三」不二的互具宇宙觀中的體現。

　　就「十乘觀法主要典據畧析」而言，則對形塑智顗十乘觀法的主要典據進行論析，以便脈絡清晰的理出智顗觀行思想體系的源流，並指出其在發展與綜成的方法上，具有先經後論的次第，而且有以經證論、以論裁經的特色，而這一特色被智顗周備的概括在所有隨宜的講說之中，因此，從義理進路予以深細探查，試圖將其綱目彰示出來，故在鑑明智顗思想學統的同時，從其對當時代諸師及其先達的抉擇上，進行同一範疇的思想合會與辨析，以便揭明智顗說「邊邪皆中正」之道的根據。

　　就「智顗對觀法的抉擇」而言，在內在於智顗的思想系絡中，理解智顗的思惟方法，並客觀的認識其論證系統。就義法來看，於「義」既是「該括周備的」，於「法」更是「意圓法巧」的，也就是說，智顗思想的內涵，內在於其思想論、觀行論、教相論，在思想的根源上，在思惟的辯證上，在論證的進路上，不但在路路互通，法法互攝，門門互具方面，展現為義法整然的具足體系，而且在理解其思想內涵之於觀行的德用方面，更可體會其活化佛陀一代時教西來的豐沛力量，之於激揚東土學人的修學弘願，進而開展為活潑的宗派佛教黃金時代的來臨，而這正是智顗與當時代諸師多方面的、深湛的抉擇，所必然要宏開的新局。

　　第三章〈天台圓教十乘觀法的架構〉，分為三節，第一節「『法門改轉』與三種止觀」、第二節「所觀十境指要」、第三節「能觀十乘指要」。

　　就「『法門改轉』與三種止觀」而言，論述天台止觀思想在觀行實踐中的學理，並著重說明智顗的觀行論，不祇是片面的知識，而是已被建構完成的知識體系。因此，內在於此一體系的思惟的合理性的提出與檢證，便成為被正確理解的憑藉，觀行者一旦掌握了此一憑藉，即能用於自行考覈實踐的有效性如何？或檢束自己對天台觀行論的義理，是否已依天台的止觀學理如實觀解？或已能言語道斷的當下直觀，並在觀行上掌握得宜，證知位次是否得所？而這一學理的應用與驗證，都需要學人審慎的自覺自己的觀行基礎，從而指出鑑別的要件有三：一、自覺根鈍根利；二、隨利鈍與願行或為藏，或為通，或為別，或為圓；三、隨根應緣之便宜，自覺下手處或為漸次、為不定、為圓頓。

　　就「所觀十境指要」而言，論析智顗融通佛陀教說的經典、律典與諸論師的論典所及

的禪法概念的理論總結，而為組織詳明的止觀思想體系，從而詮明學人修習觀行以能觀的一心觀所觀境的目的，就是為了破除因境界所生發的諸種障礙，而其檢證的原理原則，就是以能觀境的十乘觀法，做為自覺實踐的準據，因此，精要的點出智顗的止觀思想體系，不但是自己的實踐所證，更是對一切經論相應義理的有效建構，同時為了確保正法義不為當時代偏離佛陀教說的邪解所壞，而對之進行抉擇所體現的意義，具有一定的必要性與時代性。

就「能觀十乘指要」而言，申論智顗開悟的根據，詮明修持天台觀行法門的必要條件，指出證現勝相的圓教義，將能觀十乘與所觀十境的結構，做出百法成乘及其互具關係之指要，以為彰顯理論與實踐在天台止觀思想中互為圓具的特性。如說徒有完美的理論，而無具體可行的教案，顯見於理不成，而徒有素樸的淺層經驗，無深湛圓美的理論，於法亦不成，是不證自明的道理。因此，論明智顗並不是為了理論的需要纔講說止觀，而是為了學人能行持有方，如自己一般的證會諸法實相的真實義，纔以行填願，廣開法筵，示教利喜。

第四章〈天台圓教十乘觀法的圓頓觀〉，分為三節，第一節「『端身正坐』的圓頓觀」、第二節「『歷緣對境』的次第觀」、第三節「圓融的教觀體系」。

就「『端身正坐』的圓頓觀」而言，首先，確證十乘觀法在《法華玄義》與《摩訶止觀》中，皆總束於一心三觀之不可思議境。其次，就智顗止觀思想的發展，指出《法華玄義》十乘皆以「觀生死即涅槃」、「觀煩惱即菩提」為綱領，而《摩訶止觀》則是此一綱領在理論上的全面完善，所以對當時代的禪法與諸師說多所參嚴與抉擇。最後，證成智顗以《法華》經教所示，檢證一心三觀，以「觀念念心，無非法性實相」的摩訶衍義，以證立能觀十乘即為「大乘觀」，證立一一即位之於六即，位位都是逕登「妙覺」的究竟即，都是「直至道場」具體可憑、可行的學理。

就「『歷緣對境』的次第觀」而言，論述十乘觀法是能觀之智，十境是所觀之境的主要義理，在以空詮辨五陰等有為法，不該被心所執取，至於無所執取的空，也不應該被執取。也就是說，諸法與實相，不論在初學觀心時的止門，或隨心王而出生無量法的隨門，或已能體會心性常寂所以諸法亦寂的止門，或語言道斷的觀門，或「既不得所觀之心，亦不得能觀之智」的還門，乃至於「雖不得心及諸法，而能了了分別一切諸法」的淨門，就其內在於天台觀行論而言，方便說次第，或不次第，都是圓頓旨之所以成立的要件，因此，不論是「直觀心性，即便具足」，抑或層層升進，十法一境，乃至於百法成乘，俱隨行人根性，或一超直入，或境境檢校，要非開決諸法之所以為諸法，不外諸法之於實相而當體證顯諸法實相，豁悟法華三昧，際此，行人之於解脫道，自能「乘一大車，遊於四方，直至道場，成得正覺」。

就「圓融的教觀體系」而言，綜成天台思想並非線性的理解，或平面的認識所能理喻的，而應該既立體而又圓具的看待，纔能體會十重觀法橫豎收束的要義。

結語：最後，結成天台觀行論的具體實踐方程，可由天台止觀思想與持修的對應關係，來做既多向而又總體的把握。就教而論，天台所取，以圓教為上；就觀而論，天台所觀，以止觀為門；就行而論，天台所行，以十乘為徑。因此，儘管天台教觀思想，體系深宏，

且在文本結構上，肌理邃密，使初學者在乍看之下，多所為難，但祇要識取關鑰，不外「自觀己心」，並在能觀的一念心上，重重檢校所觀境，當體銷融諸法，證顯勝相，即能悟入三昧。而做為共法的止觀法要，單就內在於佛教的觀行法門而論，舉凡小大諸宗，三藏十二部典籍，靡所不賅，足見對佛教學理的實踐，天台特別強調不縱不橫的開展方式，如能掌握能觀的一念心，如何即假即空即中的觀達所觀，並在緣會照察的當際，體達能所不一不異的諸法與實相的相即義，即能在原理甚為深細的觀行體系中，消解無明與法性隔歷的界限，從而當體圓具三德。

透過上述章、節對智顗建立天台止觀思想的淵源與十乘觀法的架構的反覆論證與釐辨，學人當可綜成天台觀行法門的義蘊，進而把握其有效的實踐理則。因此，隨順根性而行，不論漸次、不定、圓頓止觀，就方便義而論歷緣對境，在人類的社會生活高度繁複的二十一世紀，其在僧俗兩序對四三昧的行持而言，就顯得特別具有行動性，因為天台止觀的學理，透過對經論的廣泛覆按，以及學人實踐的檢校，已被具體可行的合理性，體現為圓融的觀行方程，祇要對境當際，覺照一念無明即法性，自可豁悟諸法絕待的勝境，本來自在自為。

誌謝辭——代自序

民國九十二年夏，我與玫玲從巴黎小住回臺後，結束長年的文化工作，即在九月十九日，隻身走進南華大學宗教學研究所，開始針對性明確的學習與研究。

在此後的十八個月中，除了九十三年四月，與玫玲聯袂參訪日本密教研究重鎮高野山大學，以及九十四年二月，再與玫玲前往北京進行了一趟文化探訪之外，我幾乎把全部的時間打成一片，不曾間斷的研讀經論與專著，並面向浩瀚的文獻，逐一蒐集、分類、剔抉、編次、詮解、分析、釐辨，終至於完成這部具有「學術意味」的習作。

在學習期間，有幸受教於諸位良師座下，使我能夠在研究的進程中，以日有新見的研究與思惟方法，正確而有效的把握研究主題，因此，我要對諸位良師致以最誠摯的謝忱。

尤惠貞博士是我的指導教授，在四個學期中，我每個學期都從學於其座下，先後有一學年的「天台哲學專題研究」，開啓了我對「做爲一個獨立學門」的「天台學」的全面認識；以及各一學期的「法華思想專題研究」、「大乘起信論專題研究」、「佛教的身心觀專題研究」、「佛教的解脫觀專題研究」；遺憾的是，我沒趕上「摩訶止觀專題研究」，並在撰寫論文期間，與「法華玄義專題研究」失之交臂—所幸在研一下學期修習「法華思想專題研究」時，我自覺的用了整整一個學期，夜夜標讀《法華玄義》文本，除了標點、分段之外，並進行義理探索，而得以掌握智顗的語言模式及其思惟方法，這爲本論文的撰寫，提供了堅實的基礎。

而釋依空博士直接從五段動詞變化下手的「宗教學暨佛學日文名著選

讀」，釋如念博士以天城體與羅馬字拼音轉寫的「梵文」課，竺家寧博士包羅文字學、詞彙學、聲韻學、語法學、語義學、訓詁學，以及佛經文獻學的「佛典漢語研究」，都讓我各以整整一年的學程，拓展全新的視野，掌握一切與之相應的工具及操作方法。

至於釋如念博士的「唯識思想在印度的發展」，何建興博士的「宗教哲學」、「佛教知識論」，蔡源林博士的「宗教社會學」，以及從本論文在研二上學期提出初審公開發表時，便一路從複審到口試答辯時，都以其哲學專業，提點我務須用語精確的文學院院長釋慧開博士，都再再的提供我磨礪以須的精進之道。最後，則是天台學專家林志欽博士，在口試答辯時的深切糾謬與刮垢磨光，終於讓本論文不致羞於見人。

當然，這一切都是玫玲不斷「縱容」的結果，

他縱容我離開高階經理人的社經位置，

縱容我再度當一個學習生命之學的「完全的」學生，

縱容我花費大把鈔票買了一屋子的書，〔註1〕

縱容我廢寢忘食—經常日食一餐、夜不倒單，

並且打算繼續縱容我，

……

因為在五月三十日，

本論文通過口試答辯之後的第十二天，

也就是六月十一日詩人節清晨，

他陪我前往佛光大學，

投考文學研究所博士班，

〔註1〕〈參考文獻〉及註釋中所徵證到的《大正藏》、《乾隆大藏經》、《天台藏》、《佛光大藏經》、《中國佛教經典寶藏》、《現代佛教學術叢刊》、《世界佛學名著譯叢》、《中國佛教學術論典》、《中華佛學研究所論叢》《蕅益大師全集》、《法鼓全集》、《諦觀全集》、《湯用彤全集》、《呂澂佛學著作選集》、《佛典講座》、《二十四史》、《中國大百科全書》、印順導師的所有著作等大型叢書，與單行本專著、工具書等，除了、《卍續藏》、《望月佛教大辭典》是在圖書館查閱的，以及林志欽的博士論文，古天英、釋妙瑋、趙東明、釋大寂的碩士論文是尤惠貞教授提供的之外，凡一千餘冊，全都備齊了，所以說「買了一屋子的書」；至於單篇的「期刊論文」與相關的電子文本，也全部複印出，並依參考主次關係，彙編成《天台文獻》。因此，使本論文的研究與撰寫，在取資上免於奔走之勞，而進行得格外順利。

並在六月二十三日順利錄取，〔註2〕

⋯⋯

可見他打算繼續縱容我，

直到不知老之將至，

⋯⋯

難怪一直養在書房中，

名叫「拿破崙」的嘉德莉雅蘭，

開得像他的微笑那樣燦爛。〔註3〕

民國九十四年六月二十三日在臺北

〔註2〕為了讓我有充分的材料準備博士班考試，又同時把現行的文學理論、文學批評、文學原理、中外文論選等專書，從臺北的「溫羅汀」，一路買到北京的王府井，不及半年，便蒐羅了一百餘冊。

〔註3〕玫玲善於養花蒔草，並且每星期都會先在學校插好一到兩器的時鮮花卉，再抱回家置放在案頭，取「案頭山水」之意，好讓我在旋身求索、注心靜觀，與乎揚眉瞬目間，都能領會「智慧花開」，乃造化大衍之道。

目

次

表格目次

第一章　緒　論

第一節　研究動機與目的

　　「三界無安，猶如火宅！」〔註1〕多年前，朋友送給我一本松原泰道寫的
《法華經入門》〔註2〕，書衣上用粗明體漢字，清晰的印著這兩句偈語，當時
雖未及思量它的義旨，但它卻始終鮮明的留在我的心版上，這促使我進一步
去讀誦鳩摩羅什（344～413／350～409）譯的《妙法蓮華經》，祇是在沒有明
師的教示下，單單望文生解，難免對法義不甚了然。

　　直到九十二學年度下學期，有機會修學「法華思想專題研究」〔註3〕，纔
得以用正思惟的觀解，領會「火宅喻」中「於火宅內，樂著嬉戲」的「諸子」，
何以「不覺、不知、不驚、不怖」〔註4〕的義理，而深刻的覺知，人處身在「眾
苦充滿，甚可怖畏」〔註5〕的欲界，一旦以其不覺，染著諸欲，終究難從迷妄
的生滅流轉中，得到解脫。

　　因此，該如何「有覺有觀」〔註6〕的在分分秒秒中，儆醒的照察自己的心

〔註1〕後秦·鳩摩羅什譯，《妙法蓮華經》，卷第二，〈譬喻品第三〉，《大正藏》，第
　　　　九冊，頁14^c。
〔註2〕〔日〕松原泰道著，《法華經入門》，東京，祥傳社，昭和58。
〔註3〕尤惠貞教授講述，「法華思想專題研究」，民國九十二學年度下學期，南華大
　　　　學，宗教學與哲學研究所合開選修課。
〔註4〕《妙法蓮華經》，卷第二，〈譬喻品第三〉，《大正藏》，第九冊，頁12^b。
〔註5〕同上，頁14^c。
〔註6〕劉宋·求那跋陀羅（394～468）譯，《雜阿含經·五五九經》，卷第二十一，《大
　　　　正藏》，第二冊，頁146^c。在波羅利弗妒路國的雞林精舍，尊者迦摩問尊者阿

行，並檢證如此觀行的有效性，便成爲我的學習重心。爲了能夠在自覺的覺知之下，免於心行再受到散亂塵境的紛擾，且由逐漸開發的智慧，從容自在的與之相適應，進而領悟「中道即法界，法界即止觀；止觀不二，境智冥一」〔註7〕的「諸法實相」〔註8〕，便成爲驅動我尋找一條可行途徑的動機。

　　本論文的研究，係以天台開宗者智顗（538～597）〔註9〕在《摩訶止觀》

難説：「有眼有色，有耳有聲，有鼻有香，有舌有味，有身有觸，有意有法，而有比丘有是等法，能不覺知？云何？尊者阿難！彼比丘爲有想不覺知，爲無想故不覺知？」而阿難的回答，仍然值得我人深思：「有想者亦不覺知，況復無想？」這個反問句，指出了吾人在面對客觀現象與自己的認識官能相交涉之際，做爲有感覺、有思考能力有情眾生，在攝盡一切法的十二處，祇要依然執著於根塵是實有之法的「有法」，即使修習了四禪、四無色定，也是「亦不覺知」的。

〔註7〕唐・湛然（711～782）述，《止觀輔行傳弘決》，卷第一之二，《大正藏》，第四十六冊，頁 151ᶜ。湛然在解釋灌頂《摩訶止觀・序論》的圓頓行法「圓頓者，初緣實相，造境即中，無不眞實；繫緣法界，一念法界，一色一香，無非中道」時，從止觀所緣的實相與能觀所繫的法界，對天台圓頓止觀，以三諦的中諦爲進路，做出了能所相即不二的論證，以證成智顗「三一一三」的「諸法實相」的核心思想的不可思議。

〔註8〕《妙法蓮華經・方便品第二》，敘述世尊從禪定出定後，對舍利弗說圓滿的佛法精要：「佛所成就第一希有難解之法，唯佛與佛乃能究盡諸法實相。」以《法華經》做爲立宗典據的天台智顗，有其獨到的新詮，智顗在其所講述的《妙法蓮華經文句》，卷第一・下說：「不取十法界相貌，無善惡、無邪正、無小大等，一切皆泯。」這彰明了佛法最究竟的平等精神，是在泯除理事的差別相之後所證得的，因此，智顗在《妙法蓮華經玄義》，卷第八・上，反覆的論證《大般涅槃》與《中論》、《大智度論》等經論所論述的實相觀是「圓具三即」的思想。參見《妙法蓮華經・方便品第二》，卷第一，《大正藏》，第九冊，頁 5ᶜ。《妙法蓮華經文句》，卷第一・下，《大正藏》，第三十四冊，頁 9ᵇ。《妙法蓮華經玄義》，卷第八・上，《大正藏》，第三十三冊，頁 781ᵃ。

〔註9〕南宋・士衡編，《天台九祖傳》說：「四祖智者大師，……誕育之夜（本朝翰林學士扈蒙序云：『大師，梁大同四年戊午，秋七月生。』），……卒於天台山大石像前，春秋六十有七，即開皇十七年十一月二十四日也。」隋・灌頂纂，《國清百錄》，卷第四，〈智者大禪師年譜事跡〉說：「六十歲，赴召至新昌石像前，端坐入滅，當開皇十七年十一月二十四日未時也。」據楊碧川、石文傑合編，《活用歷史手冊・東亞年代表》，梁大同4年戊午，始於西曆538年2月15日；隋開皇17年11月24四日，該年始於西曆597年1月24日，是年隋曆11月24日，據陳垣《二十史朔閏表》，爲西曆598年1月7日，因此，智顗的生卒年，舊說爲538～597，60歲，新說爲538～598，61歲，不論60或61歲，都不是《天台九祖傳》所說的「春秋六十有七」；爲方便論述起見，本論文採用《國清百錄》60歲的傳統說法。參見《大正藏》，第五十一冊，頁100ᵃ⁻ᶜ；《大正藏》，第四十六冊，頁 823ᶜ；楊碧川、石文傑合編，《活用歷史手冊》，臺北，遠流，1986，增訂新版，頁278～280；李四龍（1969～　　），《智

一書中所提出的「十乘觀法」為論述主題。灌頂（561～632）〔註 10〕說《摩訶止觀》是「智者，大隋開皇十四（594）年四月二十六日，於荊州玉泉寺，一夏敷揚，二時慈霔」〔註 11〕，這一年，是智顗圓寂前三年的五十七歲，從「法華三大部」在智顗著作體系的位置來看，《摩訶止觀》是其思想最圓熟時期的壓卷之作之一〔註 12〕。

　　大野榮人在《天台止觀成立史的研究‧序論‧五、天台智顗的著述》中，總結佐藤哲英、關口真大、平井俊榮諸氏的研究說：「智顗親自講說，後由灌頂大幅修治、再治、添削的著述，有：《法華玄義》二十卷、《法華文句》二十卷、《摩訶止觀》二十卷。」〔註 13〕就智顗最圓熟時期的思想體系而言，確認這三部著作的共同特色與交互關係，具有重要的意義，因為自宋代從義（1042～1091）作《天台三大部補註》〔註 14〕的九百多年來，在這三部智顗

顗思想與宗派佛教的興起‧導論》，《中國佛教學術論典》，第十四冊，高雄，佛光山文教基金會，2001，頁 1。

〔註 10〕宋‧志磐撰，《佛祖統紀》，卷第七，〈東土九祖紀第三之二〉說：「陳文帝天嘉二年生，……唐貞觀六年八月七日，終於國清，壽七十二。」《大正藏》，第四十九冊，頁 186^b～187^a。

〔註 11〕隋‧智者大師說，灌頂記，《摩訶止觀》，卷第一‧上，《大正藏》，第四十六冊，頁 1^a。關於灌頂所撰寫的〈序論〉，寶靜（1899～1940）講述，顯明（1917～　）補述的《摩訶止觀述記》，依傳統科判經論的解經方式，則將之判為〈序分〉，參見 1995 年，美國，紐澤西，止觀弘法印經處，上冊，頁 1。至於李志夫編著的《摩訶止觀之研究》，在將本書的結構分為十八個層級之後，則題為〈緣起〉，參見 2001 年，臺北，法鼓，頁 1。

〔註 12〕宋‧志磐撰，《佛祖統紀》，卷第七，〈東土九祖紀第三之二〉說：「五祖章安尊者灌頂，……〔陳〕禎明元（589）年，隨智者止金陵光宅，聽講《法華》（《文句》註云：『二十七，聽受金陵。』）隋開皇十三（593）年（隋文帝）夏，受《法華玄義》於江陵玉泉（時，年三十三，次在江陵，奉蒙《玄義》是也）。」陳禎明元年，智顗 50 歲，隋開皇十三年，智顗 56 歲。參見《大正藏》，第四十九冊，頁 186^{b-c}。另，卷第二十三，〈歷代傳教表第九〉，說：「開皇十四年，……為學士曇捷等講《金光明經》。開皇十五年七月，……以所著《淨名義疏》，奉上晉王。……開皇十七年九月，……口授《觀心論》。」參見《大正藏》，第四十九冊，頁 247^c～248^a。吳汝鈞採用日本學者佐藤哲英《天台大師的研究》、日比宣正《唐代天台學研究》、新田雅章《天台實相論的研究》等對智顗生涯的分期法與思想研究，撰〈《維摩經疏》所反應的智者大師的心靈哲學〉一文，專論智顗最晚期的思想。參見吳汝鈞，《天台智顗的心靈哲學》，臺北，臺灣商務，1999，頁 115～155。

〔註 13〕〔日〕大野榮人著，《天台止觀成立史的研究》，京都，法藏館，平成 6（1994），頁 33。

〔註 14〕宋‧從義撰，《天台三大部補註》，輯錄於《卍續藏》，第四十三～四冊。

的「晚年作品裏，智顗最終完成了『四教義』的判教理論，把《法華經》奉爲宗經，爲天台宗的教觀體系奠定了基礎」〔註15〕。也就是說，本論文研究的論述主題，便是站在這個基礎上，意圖從「十乘觀法」的進路，把握天台的觀行哲學，即十乘觀法的觀心論；以及在「智目」妙解圓教的理論上，論證「行足」的實踐原理。〔註16〕

　　具體的說，本論文的研究主題：「十乘觀法」，是在修學「法華思想專題研究」的同時，探索智顗「開權顯實，開跡顯本，是《法華》之綱骨」〔註17〕的思想中，逐漸落實下來的，而之所以做這樣的選擇，是因爲讀誦《摩訶止觀》卷第五·上，「第一觀陰、入、界境」，智顗疏解晉譯《大方廣佛華嚴經》「心如工畫師，畫種種五陰，一切世界中，無法而不造」〔註18〕時說：「況復出世，寧可凡心知？凡眼翳，尚不見近，那得見遠？彌生曠劫，不睹界內一隅，況復界外邊衣〔註19〕？如渴鹿逐炎，狂狗齧雷，何有得理？縱令解悟小乘，終非大道。」〔註20〕這具體說明了學人如果觀行不得法，就會以惑心，片面的執著斷常邊見，而無從悟入中道，乃至於偏執名相，徒生自是人非的諍論，如此一來，終究都要墮落到邪見的網羅中的。〔註21〕智顗說：

〔註15〕李四龍著，《智顗思想與宗派佛教的興起·導論》，《中國佛教學術論典》，第十四冊，高雄，佛光山文教基金會，2001，頁12。

〔註16〕隋·智者大師說，《妙法蓮華經玄義》，卷第三·上，「第三行妙者爲二」說：「夫行名進趣，非智不前；智解導行，非境不正；智目行足，到清涼池。而解是行本，行能成智，故行滿而智圓。」這是說，慧解與觀行具有相互策進的功能。參見《大正藏》，第三十三冊，頁715b。

〔註17〕牟宗三著，《佛性與般若》，下冊，「第三部　天台宗之性具圓教　第一分　圓教義理之系統的陳述」，臺北，臺灣學生，民78，頁587。

〔註18〕東晉·佛馱跋陀羅（359～429）譯，《大方廣佛華嚴經》，卷第十，〈明法品第十四〉。智顗引文作：「心如工畫師，畫種種五陰，……，一切世間中，莫不從心造。」（「……」，係智顗插敘「界內、界外」）參見《大正藏》，第九冊，頁465c；第四十六冊，頁52a。

〔註19〕邊衣，《大正藏》作「邊衣」，無校勘；李志夫編著，《摩訶止觀之研究》，臺北，法鼓，2001，頁480；王雷泉釋譯，《摩訶止觀》，臺北，佛光，1997，頁205；沿用。《乾隆大藏經》，第一百二十冊，臺北，傳正，頁288b；慈海版，《摩訶止觀》，臺南，湛然寺，民77，影京都，貝葉書院木雕版，頁389；蔡文熙發行，新排版《摩訶止觀》，臺北，方廣，民83，頁242，作「邊表」，依文意，當作「邊表」。

〔註20〕《摩訶止觀》，卷第五·上，《大正藏》，第四十六冊，頁52a。

〔註21〕同上，具云：「故《大集》云：『常見之人，說異念斷；斷見之人，說一念斷。』皆墮二邊，不會中道，況佛去世後，人根轉鈍，執名起諍，互相是非，悉墮

　　　然界内外，一切陰、入，皆由心起。……心是惑本，……若欲

　　觀察，須伐其根，如灸病得穴。今當去丈就尺，去尺就寸，置色等

　　四陰，但觀識陰，識陰者心是也。〔註22〕

　　在陰、入、界「三科揀境」中，智顗要學人從最基本的觀行法門下手，
因此，把焦點集中化處理，以免「眾生法太廣」〔註23〕，使人望而生畏〔註24〕。
因為在開始修行觀行法門的時候，一旦先擯除外境的十二入、十八界之「丈」，
觀行的範圍，就會縮小到内在於個人身内的五陰之「尺」，而更加容易的被把
握到，祇是這樣一來，如果「初學」者還感到「為難」的話，那麼，不妨進
一步的就五陰之「尺」，簡除色、受、想、行等四陰，但取識陰之「寸」，也
就是說，在初初修學階段，以「但自觀己心，則為易」的朝向自己的内在來
集中觀察自己的心、意、意識的生滅，以便在清楚的覺照中，遞次對治流轉
的妄念。何況智顗說：

　　　開止觀為十：一、陰、界、入〔註25〕，……陰在初者，二義：

　　一、現前，二、依經。《大品》云，聲聞人依四念處行道，菩薩初觀

　　色，乃至一切種智。章章皆爾，故不違經。又，行人受身，誰不陰、

邪見。」參見《大正藏》，第四十六冊，頁52ᵃ。又，「《大集》云」，原譯為：
「斷見之人，言一念斷；常見之人，言八忍斷。」參見北涼天竺三藏曇無讖
譯，《大方等大集經》，卷第二十二，〈虛空目分第十之一初聲聞品第一〉，《大
正藏》，第十三冊，頁158ᶜ。

〔註22〕《摩訶止觀》，卷第五‧上，《大正藏》，第四十六冊，頁52ᵃ⁻ᵇ。

〔註23〕智者大師說，《妙法蓮華經玄義》，卷第二‧上，《大正藏》，第三十三冊，頁
696ᵃ。

〔註24〕就十境與十乘的關係而論，每一境又都與十乘互具，隋天台沙門灌頂撰，《觀
心論疏》，卷第四，說：「是則，十境是有百法成乘。今且先『觀陰、界、入』
一境，辯十法成乘者。……各成十法乘者，即是正就『觀陰、入境』，更開十
法成乘。……第一，觀心是如來藏故，即是不可思議境也。但眾生理具，而
情迷有，而不知故。第二，起私誓慈悲也，欲顯出心中，如來寶藏，必須修
定慧，方可顯故。第三，明修止觀安心止觀，即定慧，定慧照了，有壅滯不
通，即須破之故。第四，明破法遍也，雖復遍破，然塞處須破，通處不須故。
第五，明善知通塞也，雖知通塞，復須道品調停故。第六，明三十七品，調
停得所也。此六章多明正道，而復須助道故。第七，明六度為助道也，然正
助既具，必證勝法，行者不識，即謂是極聖，多墮增上慢故。第八，明識次
位也，雖知次位，不墮上慢，而發勝法，不能不說，說畢則破，菩薩行故。第
九，明安忍也，雖外忍不說，而内心不能不愛著，愛著名菩薩頂墮故。第
十，明不起順道法愛也。」參見《大正藏》，第四十六冊，頁608ᶜ～609ᵃ。

〔註25〕「陰、界、入」在《摩訶止觀》中，智顗有時用「陰、入、界」。

入？重擔現前，是故初觀，後發異相，別爲次耳！〔註26〕

智顗在《摩訶止觀》卷第五，「第七正修止觀」中，開所觀境爲十境，第一境「觀陰、界、入境」，又開爲「觀心具十法門」，即本論文的研究主題：「十乘觀法」。

智顗之所以把「觀陰界入境」列爲觀心法門的所觀之首，所持的理由是「陰界入境」具有普遍性，因爲「行人受身，誰不陰、入」？所以要行人從這一「初觀」入門修行，在「置色等四陰，但觀識陰」的前提之下，突顯出這是最適切的觀行法門。

從修行的實際實踐而論，「行人」一旦察覺「受身」的不淨、苦與心的無常等重擔現前，更是具有易於把握的現實性，且就《摩訶般若波羅蜜經》般若空觀的諸法無我、諸法無自性的教說來看，也是遵循經教而行的，故能「不違經」，以免行人在實際觀行時，因能觀境的不明確，而流於空疏，因爲《大品》說，聲聞菩薩依四念處行道，是其主要的觀心的方式之一，經說：「菩薩摩訶薩行般若波羅蜜時，觀色非常非無常、非樂非苦、非我非無我、非空非不空、非相非無相、非作非無作、非寂滅非不寂滅、非離非不離，受、想、行、識亦如是；檀那波羅蜜，……乃至般若波羅蜜，內空，……乃至無法、有法空，四念處，……乃至十八不共法，一切三昧門、一切陀羅尼門，……乃至一切種智。」〔註27〕至於「章章皆爾」，是說《大品》的觀法，在《大品》的每一品的主題，就般若空觀而論，都是一致的，這也正是智顗「十乘觀法」的觀行思想根源，而對其實踐原理做出相應的論證，正是本論文撰寫的目的。

第二節　研究之思想背景

智顗所處身的國史上首度大分裂長達三百年的時代〔註28〕，正是印度佛

〔註26〕《摩訶止觀》，卷第五・上，《大正藏》，第四十六冊，頁49ᵃ⁻ᵇ。

〔註27〕後秦・鳩摩羅什譯，《摩訶般若波羅蜜經》，卷第七，〈無生品第二十六〉，《大正藏》，第八冊，頁270ᶜ。

〔註28〕從西晉第二任皇帝惠帝司馬衷（290～306 在位）開始，即已因成漢景帝李特（302～303 在位）的建國，開啓了五胡十六國的國體南北大分裂時代，直到智顗出生時，仍在南北朝晚期南朝的梁、陳兩朝，度過政治與社會極其動盪的大半生（538～581），直到隋文帝楊堅（581～604 在位）消滅了北朝北周靜帝宇文衍（580～581 在位）的政權後，纔結束了亂局，但生活在隋帝國的智顗（581～597），卻因其盛名，而不得不與楊氏政權的封王晉王楊廣週旋到死。

教東流震旦，由上層社會往民間普遍傳布，以及經典廣爲迻譯與講說的時期。關於佛教在中國的開展，必然要遭遇到兩個異質文化在一個社會的上層建築中，彼此相互探索，以及在吸收與排斥之間，如何交涉的問題，這就關涉到中國士人，也就是當時中國社會結構的金字塔頂端，是怎樣來看待和對待佛教的義理與信仰的問題。

在約當西元三至五世紀初的魏（220～265）晉（265～420）時代，中國的主流學術並非儒學，而是老莊思想及其衍生的玄學，其主要內涵之一就是「無」〔註29〕的思想。而佛教般若部的經典，正是在這一時期被比其他部系的經典，更爲豐富的傳譯而來，從朱士行〔註30〕傳入《放光般若波羅蜜經》於魏廢帝〔註31〕甘露年間（256～260），後經無羅叉與竺叔蘭〔註32〕口譯於晉惠帝元康年間（291～299）開始，以訖鳩摩羅什於後秦弘始〔註33〕四至十四（402～412）年，將同一經新譯爲《摩訶般若波羅蜜經》止，做爲「佛教義學大宗」〔註34〕的般若部經，已經在佛學與玄學界大行於中國。但在兩個異質文化相互交涉的過程裏，般若學在中國的弘通，是奠基於「它與玄學有類似之處」〔註35〕，加上佛教學者之「中有一小部分人原與玄學者出身相同，

〔註29〕 兹舉一例概之，《三國志》，卷二十八，《魏書·二十八·鍾會傳》，最後一段的註說：「時，裴徽爲吏部郎，弼未弱冠，往造焉。徽一見而異之，問弼曰：『夫無者誠萬物之所資也，然聖人莫肯致言，而老子申之無已者何？』弼曰：『聖人體無，無又不可以訓，故不說也。老子是有者也，故恆言無所不足。』」由這一段議論中，可以明白建立在形而上的基礎上的道家思想，其聖人的終極修爲，是爲了在自己的生命中體現無法用言說來表徵的無。參見西晉·陳壽撰，東晉·裴松之註，《三國志》，臺北，鼎文，民68，頁795。

〔註30〕 朱士行（203～282），梁·釋慧皎撰，《高僧傳》，卷第四，〈義解一〉說：「誓志捐身遠求《大本》，遂以魏甘露五年（260）發跡雍州，西渡流沙，既至于闐，果得梵書正本，凡九十章，遣弟子不如檀，此言法饒，送經梵本，還歸洛陽。」《大正藏》，第五十冊，頁346ᵇ。

〔註31〕 魏第四任皇帝廢帝曹髦，254～260在位。

〔註32〕 竺叔蘭，慧皎說：「蘭少好遊獵，後經暫死，備見業果，因改勵專精，深崇正法，博究眾音，善於梵漢之語。又有無羅叉比丘，西域道士，稽古多學，乃手執梵本，叔蘭譯爲晉文，稱爲《放光波若》。」參見《大正藏》，第五十冊，頁436ᶜ。

〔註33〕 弘始，後秦第二任皇帝文桓帝姚興的年號，393～416在位。

〔註34〕 湯用彤著，《漢魏兩晉南北朝佛教史》，《湯用彤全集》，第一卷，石家莊，河北人民，2000，頁116。

〔註35〕 呂澂著，《中國佛學源流畧講》，《呂澂佛學論著選集》，第五卷，濟南，齊魯書社，1991，頁2501。

又由於佛學當時還不能獨立，必須取資玄學家的議論，因而般若學說必然與玄學學說接近。」〔註36〕

所謂「與玄學有類似」或「接近」之處，乃因當時的中國「名士」，是在未能正確體解般若空的法義之下，所造成的比附，如玄學家在一知半解的情況中，把「無」與「空」概念等同起來，他們在很長的時代裏，都未能將這兩個不同的概念，從本質上予以釐辨清楚，因爲空在緣起論的思想體系中，指謂一切存在皆無實體，但並不以遮除因因緣和合而於被能知者所識知的當下已存在的現象爲前提，祇是揭示存在的現象，包括佛法在內，都是當體無自性。淺白的說，就是眾生內根所感知的一切存在與非存在塵境，如鏡與鏡像，就其理體而言，都是虛幻不實的，也就是無自性的，但這並不等於說一切存在的事相是無〔註37〕，是可以在根塵現量的同時，以片面的比量否定塵境的客觀存在，而爲主觀自證的斷見。茲舉一例明之，《摩訶般若波羅蜜經·出到品第二十一》說：

> 若人欲使內空出，乃至無法、有法空出，是人爲欲使無相法出。何以故？須菩提！內空相，乃至無法、有法空相，不出三界，亦不住薩婆若。所以者何？內空，內空性空，乃至無法、有法空，無法、有法空性空故。〔註38〕

這具體申明了空雖然是無相法、是「但有名字」，乃至連名字都是「俱不可得」〔註39〕的，但空並不等同於無的義界，極其分明。

當然，格義式的似是實非的比附，在中國人對佛教義理的初階認識上，

〔註36〕同上，頁2502。

〔註37〕「無」是魏晉玄學的骨幹思想之一，以何晏、王弼的「貴無論」爲代表，羅宏曾說：「何晏認爲，『無』是一種超越物質的虛靜的本體，它創造出具體的世界，因而是世界萬有的根源，……王弼……在《道德經註》中說：『凡「有」皆始於「無」。故未形、無名之時，則爲萬物之始，……爲其母也。』」然而這「虛靜的本體」，是如何「創造出具體的世界」的，又是如何生出「萬物」的？又，既言「本體」，又如何與「空」的概念合會而得以與佛學「義爲連類」？因此，這樣的「出生」，爲是自生、他生、共生，或無因生？龍樹說：「諸法不自生，亦不從他生，不共不無因，是故知無生。」這明白的顯示了「空」理既是「諸法無生」，又是「無自性」的。參見，羅宏曾，《魏晉南北朝文化史》，成都，四川人民，1989，頁94～95。龍樹菩薩造，梵志青目釋，姚秦·鳩摩羅什譯，《中論·觀因緣品第一》，卷第一，《大正藏》，第三十冊，頁2b。

〔註38〕後秦·鳩摩羅什譯，《摩訶般若波羅蜜經》，卷第六，〈出到品第二十一〉，《大正藏》，第八冊，頁260a。

〔註39〕同上，卷第七，〈十無品第二十五〉，頁269a。

的確在當時促進了佛教義學的研習風尚，並不可一概否定其在中國佛教弘傳史上的階段性貢獻，祇是終因其格於以「世典」來「生解」〔註40〕內學，或以「不廢俗書」而「義爲連類」〔註41〕的局限，並無法達成正確觀解與詮釋佛教教義的目的，這最終引致教內學者的不滿與反省，因此，當僧先與「彌天」釋道安（312～385）在相互討論這個問題時，「安曰：『先舊格義，於理多違。』先曰：『且當分折〈逍遙〉，何容是非先達？』安曰：『弘贊理教，宜令允愜。』」〔註42〕

　　道安明白指出，以「逍遙」義「分折」佛義的格義結果，是無法的解佛教了義的，因此，儘管僧先用反問語句堵截他臧否「先達」的見地時，「怎麼容得下你非議格義的前輩？」道安仍然要辭嚴意切的對僧先指出：「既然有意贊成弘通佛的法教義理，就應該以佛所說法如實的詮解。」這種自覺的理悟，終於把對教理的義解，導歸到佛法本身上來，它與般若學被魏晉玄風所激揚起來的研究熱潮，是相與頡頏的，於是對般若學的研究，便逐漸孕育了佛教學派誕生的溫床，如「六家七宗」，而第一宗「本無宗」的代表人物，根據吉藏《中觀論疏》〔註43〕的說法，恰恰就是道安。

　　佛教義學的探索，終魏晉之世，所取得的成就，依歷史的進程來考察，與長達兩百年的時間耗費，顯然不成正比，因此，儘管有學派的出現，但率皆不成家數，所以影響有限。直到中國從五胡十六國時代〔註44〕，在西元五

〔註40〕　梁・釋慧皎撰，《高僧傳》，卷第四，〈義解一・竺法雅四〉說：「法雅，河間人，凝正有器度，少善外學，長通佛義，衣冠士子，咸附諮稟。時，依雅門徒，並世典有功，未善佛理，雅乃與康法朗等，以經中事數，擬配外書，爲生解之例，謂之格義。」《大正藏》，第五十冊，頁347ᵃ。

〔註41〕　同上，卷第六，〈義解三・釋慧遠一〉說：「年二十四，便就講說。嘗有客聽講，難實相義，往復移時，彌增疑昧。遠乃引《莊子》，義爲連類，於是惑者曉然。是後，安公特聽，慧遠不廢俗書。」頁358ᵃ。

〔註42〕　同上，卷第五，〈義解二・釋僧先五〉，頁355ᵃ。

〔註43〕　隋・釋吉藏（549～623）撰，《中觀論疏》，卷第二・末，〈因緣品第一〉說：「什師未至長安，本有三家義：一者、釋道安明本無義，謂無在萬化之前，空爲眾形之始。夫人之所滯，滯在未有。若詫〔宅〕心本無，則異想便息。睿法師云：『格義迂而乖本，六家偏而不即。』師云：『安和上〔尚〕鑿荒途以開轍，標玄旨於性空，以爐冶之功驗之，唯性空之宗，最得其實。』詳此意，安公明本無者，一切諸法，本性空寂，故云本無。」《大正藏》，第四十二冊，頁29ᵃ。

〔註44〕　始於成漢景帝李特在302年建國，終於北涼哀王沮渠牧犍在439年亡國，這個亂局與東晉的國祚（317～420）是相始終的。

世紀之交，進入南北朝時代〔註45〕，當時的政權，雖然依舊迭代頻繁，但整體而言，不僅沒有使佛教的傳入受到阻礙，反因人民處身在王朝的更替之中，陷於生活不安的深淵，而由社會的上層，從上而下的朝民間普及，加諸南北朝的帝王，大部分都是篤信佛教的外護，如北魏七任皇帝中，就有五任皇帝以國家的力量推行佛教政策〔註46〕，佛教發展得到這樣的增上緣，自會有新局宏開的氣象被展現出來，而最重要的便是在學派佛教繼續依不同的經論立宗與判教的同時〔註47〕，促成了宗派佛教全面黃金時代的來臨〔註48〕。

　　智顗生身在中國佛教由學派佛教過渡到宗派佛教的轉捩點，以其「大蘇妙悟」的體證，並得其師許爲縱使「文字之師，千羣萬衆，尋汝之辯，不可窮矣」的「說法人中，最爲第一」〔註49〕，這就突顯了智顗是因「正思惟」

〔註45〕　始於北魏道武帝拓跋珪在 386 年建國，終於北周靜帝宇文衍在 581 年亡國，這是國體在充滿政治變數中徹底崩裂的時代。

〔註46〕　建國皇帝道武帝拓跋珪（386～409 在位）、第三任太武帝拓跋燾（423～452 在位），其後在太平眞君七〔446〕年，下令滅佛，這一年智顗九歲。參見唐‧李延壽撰，《北史‧魏本紀》，卷二，臺北，鼎文，民 68，頁 58）、第四任文成帝拓跋濬（452～465 在位）、第六任孝文帝拓跋宏（471～499 在位）、第七任宣武帝拓跋恪（499～515 在位），參見唐‧李延壽撰，《北史‧魏本紀》，卷一至卷四，臺北，鼎文，民 68，頁 9～143。

〔註47〕　如以研習《阿毘曇心論》、《雜阿毘曇心論》爲主的毘曇宗，以研習《大般涅槃經》爲主的涅槃宗，以《楞伽經》爲心要的楞伽宗，以研習《成實論》爲主的成實宗，以《十地經論》主張如來藏緣起義的地論宗，以《中論》、《百論》、《十二門論》等三論爲所依的三論宗，依《攝大乘論》弘唯識的攝論宗，可說是異說紛呈的時代。參見《湯用彤全集》，第一卷，《漢魏兩晉南北朝佛教史》，第十五至二十章，石家莊，河北人民，2000，頁 414～654。

〔註48〕　隋唐時代宗派佛教的誕生，一方面標誌著中國人對佛教義理已能夠獨立思考的能力，另一方面則展現出對印度佛教進行了創造性的詮釋與抉擇的成果，它們共同的特色是各宗都有所依的典籍與判教方法，是南北朝學派佛教教判對教理所做的具體總結與行門的實踐，主要是指天台宗、華嚴宗、法相宗、禪宗、三論宗、淨土宗、律宗、眞言宗八大大乘宗派。參見高觀如（盧）著，《佛學講義》，第五部，〈大乘佛教概述〉，臺北，圓明，民 81，頁 278～405。

〔註49〕　智顗在大賢山其師慧思禪師座下修持「法華三昧行」時，有這樣一段參究歷程：「思曰：『昔日靈山同聽《法華》，宿緣所追，今復來矣！』即示普賢道場，爲說《四安樂行》，於是昏曉苦到，如教研心。于時，但勇於求法，……經二七日，誦至〈藥王品〉：『諸佛同讚：是眞精進！是名眞法供養！』到此一句，身心豁然，寂而入定。持因靜發，照了《法華》，……將證白師，師更開演，大張教網，法目圓備。……思師歎曰：『非爾弗證！非我莫識！所入定者，法華三昧前方便也，所發持者，初旋陀羅尼也。縱令文字之師，千羣萬衆，尋汝之辯，不可窮矣！於說法人中，最爲第一。』參見隋‧灌頂撰，《隋天台智者大師別傳》，《大正藏》，第五十冊，頁 191^c～192^a。

的修證而開智慧，因開智慧而得以以辯才無礙的「正語」，融浹諸經論的法義，據以諦審同儕與「先達」的一隅之見，而樹立起「以《法華》爲宗骨，以《智論》爲指南，以《大經》爲扶疏，以《大品》爲觀法，引諸經以增信，引諸論以助成，觀心爲經，諸法爲緯，織成部帙，不與他同」〔註50〕的中國第一支佛教宗派天台宗的教觀體系，而這個體系都被具體的體現在他所綜成的教相論、觀行論、思想論〔註51〕等三大範疇之中。

就智顗的觀行論而論，可以說是「南岳三種止觀：一、漸次，二、不定，三、圓頓，皆是大乘，俱緣實相，同名止觀」〔註52〕的觀心行門的圓成。然而智顗的觀行論，並不獨立於其他二論之外，它同時是驗收教相論所判釋的四教的總校閱場，也是實踐思想論所貫注的三觀等觀心思想的靈山，更是與「地人」、「攝師」、「毘曇師」、「成論師」及諸外道所發見解相互抉擇並當即「圓建立眾生」〔註53〕解脫的方場。誠如湛然所言：「引諸經以增信，引諸論以助成。」一部《摩訶止觀》是總賅三藏十二部的一百零七部佛教經論，以及十八部中國儒、道、醫、法等典籍〔註54〕，用資證成智顗「己心中所行法門」〔註55〕之所以殊勝所織成的宏偉部帙，因此，儘管智顗說過：「眾生法太廣，佛法太高，於初學爲難。」〔註56〕是以行者除了避免斷章取義之外，還要善體其創建讓行者得以確實檢證在禪修中所證悟的「分明的境界」，是有憑有據的果德，因爲在實踐的易行上，智顗分明是這樣說的：「然『心、佛及眾生，是三無差別』者，但自觀己心，則爲易。」〔註57〕

就《摩訶止觀》的實踐義理而言，目的是清楚的，《摩訶止觀》一「開章」，即申明「起五畧顯於十廣」的具體內涵，就五畧而言，「第五歸大處」，便給

〔註50〕　唐・湛然述，《止觀義例》，卷上，《大正藏》，第四十六冊，頁452ᶜ～453ᵃ。

〔註51〕　釋慧嶽著，《天台教學史》，臺北，中華佛教文獻，1995，6th，頁91～208。

〔註52〕　《摩訶止觀》，卷第一・上，《大正藏》，第四十六冊，頁1ᶜ。

〔註53〕　同上，「或放一光，能令眾生得即空、即假、即中益，得入出、雙入出、不入出益，歷行、住、坐、臥、語、默、作作亦如是。有緣者見，如目睹光，無緣不覺，盲瞽常闇。……菩薩亦如是，內自通達即空、即假、即中，不動法性，而令獲種種益，得種種用，是名圓力用建立眾生。」頁2ᵇ。

〔註54〕　參見李志夫編著，《摩訶止觀之研究》「《摩訶止觀》引用佛典及外典次數統計表」，2001年，臺北，法鼓，頁1147。

〔註55〕　《摩訶止觀》，卷第一・上，《大正藏》，第四十六冊，頁1ᵇ。

〔註56〕　《妙法蓮華經玄義》，卷第二・上，《大正藏》，第三十三冊，頁696ᵃ。

〔註57〕　同上。

出了「佛及眾生俱歸解脫」〔註58〕的答案。智顗說：

> 若息化論歸者，色身歸解脫，法門身歸般若，實相身歸法身。……
> 一、解無知縛，二、解取相縛，三、解無明縛。若息化歸真，解無
> 知縛歸解脫，解取相縛歸般若，解無明縛歸法身。〔註59〕

這樣的解脫義，遠非僅止於斷煩惱、脫生死因所可全然概括的，它是在圓教的行踐過程中所體現的「自向三德」，並且「引他同入三德」的「識密達遠」之教，〔註60〕更是「非三非一，不可思議」的「無一異相」的「所作辦已」，〔註61〕因為「如此解脫遍法界脫，非止解脫三途及出生死而已」〔註62〕，而這樣的目的，都將透過對天台觀行法門的精勤修習，得到開覺（決）、顯發與證成。

第三節　研究方法與應用

前述本論文研究的論述主題，是意圖從「十乘觀法」的進路，把握天台的觀行哲學，即十乘觀法的觀心論，以及在「智目」妙解圓教的理論上，論證「行足」的實踐原理，因此，本論文的撰寫，自當綜成下列方法，進行相應的義理研究：

第一目　佛典詮釋學

智顗在《妙法蓮華經玄義》，卷第一·上，確立了五重玄義的佛教釋經方法論，智顗開宗明義的指出：「釋名第一，辨體第二，明宗第三，論用第四，判教第五。」〔註63〕這是就「遍解眾經」〔註64〕而言的。

釋名，旨在詮釋經題，智顗說：「立名者，原聖建名，蓋為開深以進，始咸令視聽，俱得見聞，尋途趣遠，而至於極故，以名名法，施設眾生。」〔註65〕如智顗以三個月的時間，闡釋《妙法蓮華經》經題的「妙」義，即「九

〔註58〕《摩訶止觀》，卷第二·下，《大正藏》，第四十六冊，頁 20^c。
〔註59〕同上。
〔註60〕同上，頁 20^b。
〔註61〕同上，卷第二·下，頁 20^c。
〔註62〕同上，卷第四·上，頁 37^c。
〔註63〕《妙法蓮華經玄義》，《大正藏》，第三十三冊，頁 681^c～682^a。
〔註64〕同上，頁 682^a。
〔註65〕同上。

句談妙」〔註66〕。

　　辨體，旨在明示經典所蘊含眞諦的理體，智顗說：「體字訓禮，禮法也。
各親其親，各子其子，君臣撙節，若無禮者，則非法也。出世法體，亦復如
是，善、惡、凡、聖、菩薩、佛，一切不出法性，正指實相以爲正體也。」
〔註67〕釋慧嶽說：「如果，經典不具詮理的實體，那就不符佛說，必墮落邪
倒無印證，而失去流傳後世的價值。」〔註68〕

　　明宗，旨在詮說經典的宗要，智顗說：「宗者要也，所謂佛自行因果以爲
宗也。云何爲要？無量眾善，言因則攝，無量證得，言果則攝，如提綱維，
無目而不動，牽衣一角，無縷而不來，故言宗要」〔註69〕釋慧嶽說：「明宗趣
是：祈行者們起修，屬修德」〔註70〕。

　　論用，智顗說：「用者力用也，三種權實二智皆是力用，於力用中更分別
自行二智。照理理周名爲力，二種化他，二智鑒機，機遍名爲用。祇自行二
智，即是化他二智，化他二智，即是自行二智。照理即鑒機，鑒機即照理。」
〔註71〕旨在「論經典化他之功德、利益」〔註72〕。

　　判教，旨在以智顗所綜成的五時八教的教相判釋論，即「一、根性融不
融相，二、化道始終不始終相，三、師弟遠近不遠近相」〔註73〕，「判別一經
所屬之教相」〔註74〕。

　　五重玄義雖然是智顗獨到的佛教釋經方法論之一，然而本論文的研究，
除「釋名」之外，將取資智顗的詮釋方法，用之以詮釋智顗自己的論著，茲
概述如次：

　　辨體，旨在詮明「十乘觀法」的觀行論。

　　明宗，旨在詮說「但自觀己心則爲易」的天台觀行要義，以「祈行者們」
得以把握「起修」的方法與趣向。

〔註66〕參見釋慧嶽監修，《天台教學辭典》，臺北，中華佛教文獻，1997，頁35。
〔註67〕《妙法蓮華經玄義》，《大正藏》，第三十三冊，頁682b。
〔註68〕釋慧嶽著，《天台教學史》，臺北，中華佛教文獻，1995，頁200。
〔註69〕《妙法蓮華經玄義》，《大正藏》，第三十三冊，頁683a。
〔註70〕《天台教學史》，頁201。
〔註71〕《妙法蓮華經玄義》，《大正藏》，第三十三冊，頁683a。
〔註72〕郭朝順著，〈智顗「五重玄義」的佛教詮釋學〉，臺北，華梵大學哲學系，《華梵大學第四次儒佛會通學術研討會論文集》，2000，5，頁269。
〔註73〕《妙法蓮華經玄義》，《大正藏》，第三十三冊，頁683b。
〔註74〕斌宗老法師著，《斌宗法師遺集》，臺北，中華佛教文獻，1992，頁169。

論用，旨在揭顯智顗止觀思想與觀行實踐化他的功德及利益。

判教，化法四教在「十乘觀法」的開展中，儘管各自的義界分明，要皆以繳還論意為「絕待止觀」義為尚，並以其「不思議」義、「無生」義、「一大事」義，廓清藏、通、別「相待」義的教相，從而彰顯「圓教為一代教說的最高的究竟法門」〔註75〕。

至於「七番共解」，亦將著重在「據佛語起信心」的「引證」，「使不雜亂起定心」的「生起」〔註76〕，「五章各自的展開，及其終究會合為一整全的詮釋體系」的「開合」，「對經典本身不一致處或與其他經典不合處，提出解釋」的「會異」〔註77〕，及「即聞即行起精進心」的「觀心」〔註78〕等五個面向的運用上。

當然，智顗的觀行論，如同其教相論與思想論，就其思惟方式而論，表面上看起來，因受到行文的限制，容易被單一義理分疏的單向思惟所局限，是以，在詮論「十乘觀法」的時時處處，本論文的論述，都將在當體照察智顗思想的互具結構的基礎上，有所警覺，以免在綜理內在於智顗互具的思惟體系時，開合自失，收攝無端。因此，在理體與事相的辨析過程中，特重對《摩訶止觀》是總賅三藏十二部的一百零七部佛教經論，用資證成智顗「己心中所行法門」之所以殊勝所織成的宏偉部帙的止觀思想的「引證」與「會異」上，以便適切的開掘智顗的思想根源，及其具有創造性意義的詮釋，是否與所「引證」的典據若合符節。

第二目　四意消文

智顗式的佛典詮釋學，就五重玄義的主要功能來說，在於依循前述的特定方法，順著智顗思想的主軸「『緣起中道實相論』的進路」，從「客觀面的佛性論（三種佛性、涅槃三德）和主觀面的三觀之迴互圓環的兩個面向，而收攝於即主觀即客觀的『一念心觀不思議境』之中」〔註79〕，以「別義」詮釋原典的義理，並在「同義」〔註80〕的辨析之後，以所布建的綱目，思惟義

〔註75〕　〔日〕安藤俊雄（1909～1973）著，《天台學：根本思想及其開展》，京都，平樂寺，1982，頁106。
〔註76〕　《妙法蓮華經玄義》，《大正藏》，第三十三冊，頁682ᵃ。
〔註77〕　郭朝順著，〈智顗「五重玄義」的佛教詮釋學〉，臺北，華梵大學哲學系，《華梵大學第四次儒佛會通學術研討會論文集》，2000，5，頁270。
〔註78〕　《妙法蓮華經玄義》，《大正藏》，第三十三冊，頁682ᵃ。
〔註79〕　賴賢宗著，《佛教詮釋學》，臺北，新文豐，民92，頁132。
〔註80〕　智顗說：「通是同義，別是異義。如此五章，遍解眾經，故言同也。釋名名異，

理的屬性，而予以創造性的建構蘊藏在原典中的深義。至於另一智顗式的佛
典詮釋學操作方法，則爲「四意消文」。

　　智顗在講說《妙法蓮華經文句》的開頭，即自設問答，詮解經序，即每
一經首立「序品」的根由，而給出「消文」的概念〔註81〕。智顗說：「今帖文
爲四，一、列數，二、所以，三、引證，四、示相。列數者，一、因緣，二、
約教，三、本跡，四、觀心。始從『如是』，終于『而退』，皆以四意消文。」
〔註82〕簡單的說，「四意消文」就是用四種操作詮釋的方法來義解原典的成
立、教相判釋、見跡知本以及觀行的驗證。

　　智顗說：「因緣亦名感應，眾生無機，雖近不見，慈善根力，遠而自通，
感應道交，故用因緣釋也。」〔註83〕這指出了原典之所以成立的動機和條件，
以及採用哪一種方式說出與當機眾最能領受的法教的因緣。本論文的研究，
立有〈天台十乘觀法的建立〉一章，第三節係「智顗對諸師觀法的抉擇」，智
顗五十六歲時，在荊州玉泉寺，「慈霔」《摩訶止觀》諸觀行法要，由此「因
緣」的「感應」，而對「地人」、「攝師」、「毘曇師」、「成論師」諸師的見地與
行法，多所校量，無非是爲了使玉泉行者，得能「感應道交」。至若本論文研
究的原典《摩訶止觀》，亦將取資智顗「因緣釋」的方法，從其成立的動機和
條件進行考察，並就其對當機眾所宣講的圓教觀行法門，覆覈其所批判（抉
擇）諸師之義理，期能提出周延的解釋。

　　就「約教釋」而言，如同五重玄義「判教第五」所說明的，是智顗所諦
觀的五時八教的教相判釋論，智顗說：「經稱三世佛法，初皆如是。先佛有漸、
頓、祕密、不定等經，漸又三藏、通、別、圓，今佛亦爾，諸經不同，如是
亦異，不應一匙，開於眾戶。」〔註84〕其化法四教，在本論文論述「十乘觀
法」的開展中，亦將取資智顗所給出的義界，而爲「絕待」觀解之論證，以
期檢證智顗分判析空、體空、從空入假、中道第一義的教相論，如何在「十
乘觀法」的實踐中被有效的證立。

　　　乃至判教教異，故言別也。……通者共義，別者各義，如此通別，專在一部，
　　　通則七番共解，別則五重各說。」參見《妙法蓮華經玄義》，《大正藏》，第三
　　　十三冊，頁 682^a。
〔註81〕《妙法蓮華經文句》，卷第一・上，〈序品第一〉，參見《大正藏》，第三十四
　　　冊，頁 1^b～2^a。
〔註82〕同上，頁 2^a。
〔註83〕同上。
〔註84〕同上，頁 3^b。

　　智顗在「四意消文」的詮釋方法的操作上，因其早年從學慧思，而在禪定中成就「大蘇妙悟」，並得到慧思許爲「法華三昧前方便」〔註85〕的印證，因此，對「觀心」的詮釋方法，也就以己身的實證爲前提，給予特別的關注。智顗說：「若尋跡，跡廣，徒自疲勞；若尋本，本高，高不可極。日夜數他寶，自無半錢分。但觀己心之高廣，扣無窮之聖應，機成致感，逮得己利，故用觀心釋也。」〔註86〕儘管智顗在《妙法蓮華經文句》中，因《法華經》跡門與本門的高廣，即在垂跡上的高標與在顯本上的幽廣，儻若行人一時間無法適切的掌握其義理，難免自失於「日夜數他寶」，因此，智顗在此首先將這讓行人可能招至「徒自疲勞」的「高不可極」的「本跡釋」，從「觀心釋」中存而不論的擱置起來，而將「觀心」的對境，復歸實踐的詮釋方法，一路從《法華文句》的「但觀己心之高廣」，發展到《法華玄義》的「『心、佛及眾生，是三無差別』者，但自觀己心，則爲易」，再由《法華玄義》貫注到《摩訶止觀》所證成「己心中所行法門」，這說明了智顗觀心行法的發展理則，務期行人在修學時，須不斷的回到「去尺就寸，置色等四陰，但觀識陰，識陰者心是也」的基調上，因此，在本論文論述「十乘觀法」的開展中，立有〈天台十乘觀法的洞察力〉一章，其第一節「十乘觀法的觀心論」，將就其結構與對境，在詮釋方法的釐辨與論證上，再度取資並省察智顗的消文方法，在本論文的操作結果。

　　當然，智顗「四意消文」的詮釋方法，如同五重玄義與七番共解，都有內在於智顗獨特詮釋系統的有機結構，並非機械的、孤立的對原典論題僅做類化的片面拆解，亦即各別的方式之間，既具有分疏論題的獨立性，又具有相收互攝的組織性，而這正是智顗「一念三千」的宇宙觀，在行者「但觀己心之高廣」的觀行法門中的體現，且其具體而微的思惟方式，在智顗的止觀思想體系中，爲落實到實踐的層面上來，用三個階段來開展、過渡和收攝。

　　就開展而言，智顗說：「十章通是生起；別論，前章爲生，次章爲起。緣由趣次，亦復如是，所謂無量劫來，癡惑所覆，不知無明即是明，今開覺之，故言大意；既知無明即明，不復流動，故名爲止；朗然大淨，呼之爲觀；既聞名得體，體即攝法，攝於偏圓；以偏圓解，起於方便；方便既立，正觀

〔註85〕參見《隋天台智者大師別傳》，《大正藏》，第五十冊，頁191ᶜ～192ᵃ。
〔註86〕《妙法蓮華經文句》，卷第一‧上，〈序品第一〉，參見《大正藏》，第三十四冊，頁2ᵇ。

即成；成正觀已，獲妙果報；從自得法，起教教他；自他俱安，同歸常寂。」〔註87〕就過渡而言，智顗說：「既觀『陰』果，則動『煩惱』因，故次『五陰』而論四分也。四大是身『病』，三毒是心『病』，以其等故，情中不覺，……致有『患』生。無量諸『業』，不可稱計，……故次『病』說『業』也。……故次『業』說『魔』。……故次『魔』說『禪』。……故次『禪』說『見』。……故次『見』說『慢』。……故次『慢』說『二乘』。若憶本願故，不墮空者，諸方便道，『菩薩』境界即起也。……故次『二乘』後說也。」〔註88〕就收攝而言，智顗說：「既自達『妙境』，即起誓『悲』他；次作行填願，願行既『巧』；『破』無不『遍』；『遍』、『破』之中，精『識通塞』，令『道品』進行；又，用『助開』道，道中之『位』，己他皆『識』；『安忍』內外榮辱，莫著中道『法愛』，故得疾入菩薩位。」〔註89〕

　　在智顗所論述的開展、過渡和收攝三個階段的論證與詮釋層面上，就本論文的研究選題「天台十乘觀法」的全論架構而言，除了著重取資「初則簡境眞僞，中則正助相添，後則安忍無著，意圓法巧，該括周備，規矩初心」〔註90〕的既有「簡別」的詮釋判準，又有「該括周備」的論證方法之外，在必要之處，則參酌智顗另一詮釋方法論，即「四悉檀」義，做爲行人直入實相之理的相應論述。

第三目　四悉檀義

　　湛然在《止觀義例》中說，智顗的思想「以《智論》爲指南」，因此，智顗詮論經論的義法與規範，自然會在《智論》論證《大品》的詮釋義法上，得益於龍樹的啓發。龍樹在《大智度論》卷第一〈大智度初序品中緣起義釋論第一〉中，關於四悉檀的義法，有極爲精警的論述，龍樹說：

　　　　佛欲說第一義悉檀相故，說是《般若波羅蜜經》有四種悉檀：
　　　　一者、世界悉檀，二者、各各爲人悉檀，三者、對治悉檀，四者、
　　　　第一義悉檀。四悉檀中，一切十二部經，八萬四千法藏，皆是實，
　　　　無相違背。……世界者，有法從因緣和合故，非是第一義悉檀。……
　　　　是四悉檀，各各有實，如如法性實際，世界悉檀故無，第一義悉檀

〔註87〕《摩訶止觀》，《大正藏》，第四十六冊，頁3^b。
〔註88〕同上，頁49^{b-c}。
〔註89〕同上，頁52^b。
〔註90〕同上。

故有，人等亦如是，世界悉檀故有，第一義悉檀故無。……各各爲
人悉檀者，觀人心行，而爲說法，於一事中，或聽或不聽。……對
治悉檀者，有法對治則有，實性則無。……第一義悉檀者，一切法
性，一切論議、語言，一切是法非法，一一可分別破散。〔註91〕

　　值得注意的是，不但在《般若波羅蜜經》的經文中，沒有「四悉檀」的
教說，即使在其他部系的經典中〔註92〕，也沒有相應的義解教說；至於窺基
（632～682）及其後的諸宗、諸師〔註93〕所採用的四悉檀義做爲經疏的方法，
也都是後出於智顗者，可見以四悉檀義做爲經疏的方法，在可資察考的漢譯佛
典中，始於龍樹，並在傳入我國之後，由強調「融通經論，解結出籠」〔註94〕
的智顗所繼承與發揮，誠如傅偉勳所說：「眞實的詮釋學探討（必須）永遠帶
有辯證開放的學術性格，也（必須）不斷地吸納適時可行的新觀點、新進路，
形成永不枯竭的學術活泉。」〔註95〕因此，智顗在宗經《法華》的前提之下，
以眞俗、權實不二的知見，普遍的融通當時已見的諸經論及諸師說，進而以獨
到的新詮釋進路，在「圓教中行」〔註96〕的「消解執著經文者的滯結」〔註97〕，
從而開出義理分明的觀行法門。智顗說：

〔註91〕龍樹造，後秦・鳩摩羅什譯，《大智度論》，參見《大正藏》，第二十五冊，頁
　　　　59^b～60^c。
〔註92〕如阿含部、寶積部、經集部、華嚴部、法華部、涅槃部、本緣部、大集部、
　　　　密教部等經典。
〔註93〕天台門人不論，舉要者如次：隋三論宗再興之祖吉藏（549～623）所撰述的
　　　　《法華玄論》、《法華義疏》、《法華遊意》，參見《大正藏》，第三十四冊。唐
　　　　法相宗初祖沙門基（632～682）所撰述的，《妙法蓮華經玄贊》，參見《大正
　　　　藏》，第三十四冊。唐法相宗僧高麗圓測（613～696）所撰述的《仁王經疏》，
　　　　參見《大正藏》，第三十三冊。唐華嚴宗第三祖法藏（643～712）所撰述的《華
　　　　嚴經探玄記》，參見《大正藏》，第三十五冊；《大乘起信論義記》，參見《大
　　　　正藏》，第四十四冊。唐華嚴宗第四祖澄觀（738～839）所撰述的《大方廣佛
　　　　華嚴經疏》，參見《大正藏》，第三十五冊。唐僧良賁（717～777）所撰述的
　　　　《仁王護國般若波羅蜜多經疏》，參見《大正藏》，第三十三冊。明淨土宗第
　　　　九祖智旭（1599～1655）所撰述的《大乘起信論裂網疏》，參見《大正藏》，
　　　　第四十四冊。此中除吉藏與智顗在時間上重疊並稍後且有過過從之外，由上
　　　　舉，可見其影響之廣遠。
〔註94〕《摩訶止觀》，《大正藏》，第四十六冊，頁4^a。
〔註95〕傅偉勳著，《從創造的詮釋學到大乘佛學：「哲學與宗教」四集・創造的詮釋
　　　　學及其應用——中國哲學方法論建構試論之一》，臺北，東大，民79，頁3。
〔註96〕蔡仁厚著，《中國哲學史大綱》，臺北，臺灣學生，1999，頁171。
〔註97〕王雷泉釋譯，《摩訶止觀》，臺北，佛光，1997，頁60。

陰、入、界隔別是世界，因緣和合故有人是爲人，正世界破邪世界是對治，聞正世界得悟入是第一義。

爲人有四者：雜業因緣得雜觸、雜受是世界，於一事中，或聽是爲人，或不聽是對治，無人得觸、無人得受是第一義。

對治中有四者：佛三種法治人心病，藥病異故是世界，治人是爲人，對病是對治，實性則無是第一義。

第一義中四者：一切實乃至四句是世界，佛、支佛心中所得法，豈非理善是爲人，一切語論、一切見，一切著皆可破，一切不能通第一義，能通是對治，言語道斷，法如涅槃，是第一義。

又，通作者：四悉檀不同，通是世界悉檀也；四悉遍化眾生，通是爲人；四悉檀皆破邪，通是對治；隨聞一種皆能悟道，通是第一義也。〔註98〕

智顗四悉檀義互攝的結構，就融通而論，其方法是即四即一、即一即四的，與「一色一香，無非中道」的證成「三一一三」的「諸法實相」的能所相即不二的論證一樣，是其互具宇宙觀的另一種體現。因此，就本論文的研究選題「天台十乘觀法」的次第觀而言，一如灌頂所說，「『觀陰、入境』，更開十法成乘。……是學道之方軌，還源之要術」〔註99〕的津梁，所以，本論文的研究，將假途此一津梁，圓照次第觀即不次第觀，而彰顯十乘觀法皆爲證入如實之際的觀行義蘊。

第四目　典據文本的義理考詮

在佛典詮釋學與四意消文的詮釋操作方法，以及四悉檀義的基礎上，將形塑智顗觀行實踐論的思想典據與論據，從可查考的漢譯原典的文脈中，確認原義與智顗引證所賦予的「蘊謂」〔註100〕，以便從其思想源流與

〔註98〕《妙法蓮華經玄義》，卷第一‧下，《大正藏》，第三十三冊，頁687^{b-c}。

〔註99〕隋‧灌頂撰，《觀心論疏》，參見《大正藏》，第四十六冊，頁608^{c}。

〔註100〕「做爲一般方法論的創造的詮釋學」，傅偉勳將「實謂」、「意謂」、「蘊謂」、「當謂」、「必謂」等稱爲「五個辯證的層次」，並指出：「在第四層次，詮釋學者設法在原思想家教義的表面結構底下掘發深層結構，據此批判地考察在『蘊謂』層次所找到的種種可能義蘊或蘊涵，從中發現最有詮釋理據或強度的深層義蘊或根本義理出來，這就需要他自己的詮釋學洞見。」傅偉勳著，《從創造的詮釋學到大乘佛學：「哲學與宗教」四集‧創造的詮釋學及其應用——中國哲學方法論建構試論之一》，臺北，東大，民79，頁10～11。

發展的理路中，申明智顗觀行論的繼承與創造性詮釋的特質。這是對原始文獻蒐集、研讀、對顯、解析、彙整、詮定與專題分類的必要操作。當然，這樣的操作方法，除了內在於佛典詮釋學與四意消文的詮釋操作方法，以及四悉檀義之外，在對文本的義理考詮與辨析的進程中，隨時都會或隱或顯的代入詮釋者的論證與詮釋，乃至於做出新的理解與適度詮釋的發揮，是顯而易見的。

第四節　主要文獻之探討

　　智顗以其對印度佛學學理的深湛理悟，與對漢傳佛教譯典及諸成說的辨析，在與中國文化相適應的基礎上，進行了深度與廣度俱邃博的形式與內容的會通，終於圓成了臺家教觀雙美的恢廓體系，這樣的宏模遠規，結束了中國佛教流派不成熟的爭鳴局面，並使他站在當時代佛教思想的峰頂，啓導中國佛教往宗派發展的黃金時代。祇是如此富於創造力與洞察力所淬煉出來的思想結晶，卻在智顗圓寂之後的兩百四十七年，遭到國政靡弊已極的晚唐武宗，徹底的摧殘，史稱「會昌法難」〔註101〕，致令臺家法要飄零韓〔註102〕、日〔註103〕，甚或亡佚，而就此寢息中土。直至宋代，雖有知禮（960～1028）

〔註101〕唐朝的第十五任皇帝武宗李炎（840～846在位），在僅僅執政六年的第五年，即會昌五（845）年，亦即其在三十三歲毒發暴斃之前的一年，所發動的全面性滅佛浩劫，在北宋歐陽修、宋祁合撰的《新唐書・本紀第八・武宗》中，不知有甚麼顧忌，祇用白描手法，彷彿若無其事，草草記上九個字的兩句話：「大毀佛寺，復僧尼爲民。」但在後晉劉昫等撰寫的《舊唐書・本紀第十八・上・武宗》中，則保留了武宗下令消滅佛教、景教、祆教等外來宗教的詔書，其規模之全面與徹底，由詔書所載，不難想見，與佛教有關者如次：「其天下所拆寺四千六百餘所，還俗僧尼二十六萬五百人，……拆招提、蘭若四萬餘所，收膏腴上田數千萬頃，收奴婢爲兩稅戶十五萬人。」由其中所揭載的數據來看，佛教法脈幾乎在中國斷絕。參見《新唐書》，臺北，鼎文，民68，頁245。《舊唐書》，臺北，鼎文，民68，頁605～606。

〔註102〕唐・高麗僧諦觀著，《天台四教儀・緣起》說：「天台智者大師《妙玄》中文，時遭安史兵殘（755～762），近則會昌焚毀，中國教藏殘闕殆盡，今惟海東高麗闡教方盛，全書在彼，王聞之慨然，即爲遣國書、賚幣，使高麗，求取一家章疏，高麗國君乃敕僧曰諦觀者報聘，以天台教部還歸于我。」三見《大正藏》，第四十六冊，頁774ª。

〔註103〕臺北，老古出版社民69年影印木雕版的《六妙門》，書題之下記有「此本中土失傳從日本取回」十一字。案：古書雕版慣例，應有雕版之一應文據，如開雕執事或單位及年代等，但每爲翻印者刨去，致令原始板據不詳。

的短暫復興，但因接踵而來的同門異流之諍〔註104〕，遂使臺家後學，紛紛委身淨場與禪門，至此臺家的法脈雖未中絕，但卻已名存實亡，直到四十三祖諦閑（1858～1932）出，並於民國初年弘揚天台義學於華東，纔使臺家一家教觀之學，上紹十七祖知禮，遠祧第九祖湛然，而歸宗智顗，再現活氣。

天台宗在中國的迍邅遭遇，由不得不教行人同感太息，因此，歷來對智顗止觀學說的研究，除了湛然一部經疏式的《止觀輔行傳弘決》尚具有一定的義解規模，並在八世紀的盛唐時就幾乎成為絕響之外，國史上就再也沒有值得稱述的研究出現了。因此，《弘決》對本論文的撰寫，在湛然「輒集此記」的「緣起」中，給了我一把逕登智顗止觀學說之峰頂的梯磴，湛然說：

一、為知有師承，非任胸臆，異師心故。

二、為曾師承者，而棄根本，隨末見故。

三、為後代展轉，隨生異解，失本依故。

四、為信宗好習，餘方無師，可承稟故。

五、為義觀俱習，好憑教者，行解備故。

六、為點示關節，廣畧起盡，宗要文故。

七、為建立師解，使不淪墜，益來世故。

八、為自資觀解，以防誤謬，易尋討故。

九、為呈露所解，恐有迷妄，求刪削故。

十、為隨順佛旨，運大悲心，利他行故。〔註105〕

由湛然的義解做為探驪得珠的方便下手處後，在後出轉勝的認知下，傳持天台教觀第四十四祖寶靜，在民國二十五年講述於觀宗學社的《摩訶止觀述記》，除科判方式與《弘決》不二外，又有層樓更上之處，即用智顗獨到的詮釋經論的方式，回到源頭來詮解智顗的論述，寶靜說：

天台宗解釋一切經論總題，率用五重玄義，以期發揮盡致。……

今此之五重玄義，定為名、體、教、宗、用，與其他次第不同者，

〔註104〕詳見釋慧嶽著，《天台教學史》，第四章，〈宋代之天台教學〉，臺北，中華佛教文獻，1995，頁247～304。

〔註105〕唐·湛然著，《止觀輔行傳弘決》，卷第一之一，《大正藏》，第四十六冊，頁141^b。本論文之所取資者，主要參酌合會灌頂筆記、傳燈增科的標校本，凡三冊，臺北，中華佛教文獻，1992。

依據十大章之先後及《輔行》之銓（詮）釋而定也。……彼釋《法華》，理須分別一代教門，故教居後；分別前四，此爲成觀，觀由解生，名、體，偏、圓，判教，並屬於解，故教在宗前云。是則前六章開解，即攝名、體、教，方便正觀起行，後則感果起用，即攝宗、用。此五重玄義之次第也。〔註106〕

以上是單就傳統文獻而言，至於當代學術界的研究成果，茲擇要舉隅如次。牟宗三說：

佛所說之經論與菩薩所造之論傳到中國來，中國和尚有其消化。這種消化工作當然不容易，必須對於重要的相干的經論有廣博的學識與眞切的了解方能說消化。第一個作綜合的消化者便是天台智者大師。〔註107〕

牟宗三之消化天台智者大師體系賅備的教觀系統的重要論著，全都體現在《佛性與般若》下冊的〈天台宗之性具圓教：圓教義理之系統的陳述〉〔註108〕之中，他說：「系統而至無諍是在天台圓教。故天台圓教是般若之無諍與系統之無諍之融一。」〔註109〕但有一個關節，務須釐辨清楚，即「綜合消化」是就三藏十二部的義理而開顯的融攝，而非含糊於俗見的「折衷論」，因此，順著智顗融一漢傳佛教早期的絕大部分經論譯典的這條思想大道，以無諍的態度趨行諦觀，在牟宗三方便分張天台圓教義理系統的理路的因勢利導之下，必將助成我有關智顗對佛教觀解最圓熟的天台觀行論的論述，取得更符契佛陀本懷的、更精當的圓解。

又，李志夫編著的《摩訶止觀之研究》，對智顗所徵引的背景文獻，做了全面性的清查，並註明其在《大正藏》與《佛教大系》中的詳細出典處，同時加上適度的「引言」、「按語」及「表解」，這對研究形塑智顗觀行論觀思想根源的討究，具有讓人唾手探囊之便，且在「釋名」與「釋義」的說明中，不論名相的義解或思想的引申發揮，都有一定的策進作用。

其次，中華佛學研究所研究員陳英善，完成於民國八十三年的研究成果《天台緣起中道實相論》，第十章〈實相之變形─檢視現代學者所理解的天台

〔註106〕寶靜講述、顯明補述，《摩訶止觀述記‧摩訶止觀總題玄義》，美國，紐澤西，止觀弘法印經處，上冊，1995，頁23～24。
〔註107〕牟宗三著，《佛性與般若‧序》，上冊，臺北，臺灣學生，民78，頁2。
〔註108〕同上，《佛性與般若》，下冊，頁575～1023。
〔註109〕同上，《佛性與般若‧序》，上冊，頁3。

學〉，除立有專節檢視牟宗三、印順法師、安藤俊雄等對天台學的看法之外，亦綜合檢視了楊惠南、易陶天、霍韜晦諸學者的各式哲學判準，誠如楊惠南所說：「陳博士的主張，無疑是有關天台學的新解，有其革命性的學術意義。」〔註110〕楊惠南綜成陳英善的觀點後指出：「陳英善博士的《天台緣起中道實相論》，卻從智顗等天台宗高僧，對於『實相』這一詞的理解切入，獨排古今已成定論的說法，以為『性具』及其延伸出來的『性惡』思想，都不是天台宗哲學的特色；祇有合於鳩摩羅什（401年來長安）之『實相』意義的『實相論』，纔是天台宗哲學的本義。」〔註111〕因為陳英善是這樣「獨排古今已成定論的說法」的：「本書取名為《天台緣起中道實相論》，主要探討的是天台實相論，而天台實相是基於緣起、中道來建構的。因此，我們可以說（就法無自性而言），『實相』就是等於『緣起』，等於『中道』，合起來說，就是『緣起中道實相論』，就是說天台的實相論本身是立基於緣起、中道來談的。」〔註112〕因此，陳英善的「革命性的學術意義」，便被體現為：「由此藉以釐清近代學者以實體、存有、真常等非以緣起的觀念來詮釋天台實相論之偏頗。」〔註113〕不論是楊惠南所指出的陳英善對天台學的研究是否真的具有革命性的「革命性的學術意義」，抑或如陳英善的研究目的所揭櫫的是為了「釐清近代學者……之偏頗」，其意圖釐清：

> 近代學者往往以三諦說來非難天台實相論，或對天台實相論大大宣美一番。……有關學者們對天台實相的理解，往往形成兩極。一種認為天台實相論違背了佛教原意，而大加唾棄；另一種主張是天台實相論真正的把握了佛教精神，而大加讚美。〔註114〕

在此，不論陳英善的研究成果，是革命性的，或僅僅為了以新的詮釋方法，還原天台實相論的本來面貌，其所意欲重建的「天台宗哲學的本義」，對本論文的研究，無疑的，提供了對當代天台學研究進行反思的參照系，並在詮釋的進程中，為了避免對原典的「誤讀」〔註115〕，給出了時時檢束義理的

〔註110〕楊惠南著，〈從「法性即無明」到「性惡」〉，臺北，臺灣大學文學院佛學研究中心，《佛學研究中心學報》，第一期，1996，頁112。

〔註111〕楊惠南著，〈從「法性即無明」到「性惡」〉，臺北，臺灣大學文學院佛學研究中心，《佛學研究中心學報》，第一期，1996，頁111～112。

〔註112〕陳英善著，《天台緣起中道實相論・導論》，臺北，東初，民84，頁1。

〔註113〕同上。

〔註114〕同上，頁3～4。

〔註115〕同上，《天台緣起中道實相論・跋》，頁523。

鞭影。〔註116〕

再次，中國文化大學哲學研究所林志欽的博士論文《智者大師教觀思想之研究》，其第三部，用了五百六十餘頁的篇幅，分別從化儀與化法，即形式與內容兩方面，詳細分張天台「觀門」的諸種綱目，如「四教十六觀門，以三觀歷十法而成乘」〔註117〕，而爲「細說實踐之行持」〔註118〕，其對本論文在文獻的運用、理解與檢討上，具有比觀與會釋的參照價值。

至於尤惠貞的研究成果，所給予後學的提撕，在其善於反思的思辨進路中，則直接授手爲本論文的結論所要探究的內涵，尤惠貞說：

> 此種兼具法華經義與圓頓止觀之圓教義理旣是智者説自己心中所修證之具體内容，則吾人即可探討此義理對於一切眾生是否具有普遍可行性？若具有普遍性，其具體修行法門又爲何？……吾人是否能具體論證天台圓教之義理、觀行，對於生命圓融之修證的確具有指引作用與影響？〔註119〕

尤惠貞的連三問，也正是後學的三問及行將去致力開解的目標，但願我有充足的慧力與不怠的願行，二六時中磨礪以須，庶其登上途程指歸的大白牛車，堅持走到五百由旬之處的寶所。

〔註116〕陳英善著，〈評「從『法性即無明』到『性惡』」〉，是對楊文的回應，參見臺北，臺灣大學文學院佛學研究中心，《佛學研究中心學報》，第二期，1997，7，頁73～126。

〔註117〕林志欽著，《智者大師教觀思想之研究》，臺北，中國文化大學，哲學研究所博士論文，民88，頁675。

〔註118〕同上，頁7。

〔註119〕尤惠貞著，《天台哲學與佛教實踐》，嘉義，南華大學，1999，頁69～70。

第二章　天台圓教十乘觀法的建立

第一節　智顗止觀思想的淵源

智顗思想的淵源，誠如湛然在《止觀義例》所言：「以《法華》爲宗骨，以《智論》爲指南，以《大經》爲扶疏，以《大品》爲觀法，引諸經以增信，引諸論以助成，觀心爲經，諸法爲緯，織成部帙，不與他同。」〔註1〕這雖然集中說明了智顗的「觀心」思想，因側重於《法華》、《涅槃》與《大品》諸經，而顯示出別具一格的獨特性。但就智顗思想的實際形成而論，檢諸智顗的主要著作，就像慧思對智顗的稱許：「文字之師，千羣萬眾，尋汝之辯，不可窮矣。」〔註2〕這是智顗對隋以前梵漢譯佛典三藏十二部義學的理悟，以及對「地人」、「攝師」、「毘曇師」、「成論師」及諸外道所見內學之觀解之相互抉擇所總結出來的實踐成果。僅就止觀類而言，據大野榮人〔註3〕對智顗著作的研究，大野將智顗的「講說」，劃分爲「前期時代」與「後期時代」，茲畧去偽託之作，遞次列出如下：《次第禪門》、《六妙法門》、《覺意三昧》、《天台小止觀》、《禪門口訣》、《禪門要畧》、《觀心食法》、《觀心誦經法》、《證心論》、《坐禪方便門》、《摩訶止觀》、《觀心論》等。〔註4〕這十三部著作，凡四十二

〔註1〕唐‧湛然述，《止觀義例》，卷上，《大正藏》，第四十六冊，頁452ᶜ～453ᵃ。

〔註2〕隋‧灌頂撰，《隋天台智者大師別傳》，《大正藏》，第五十冊，頁192ᵃ。

〔註3〕〔日〕大野榮人，1944年生於日本廣島神石郡，大谷大學佛教學博士，現任愛知學院大學文學院教授，著有：《佛陀的足跡與思想》、《佛教原典的探訪》（共著）、《和譯大智度論》等。

〔註4〕〔日〕大野榮人著，《天台止觀成立史的研究》，京都，法藏館，平成6（1994），

卷〔註5〕，佔智顗全部講說〔註6〕的三分之一強〔註7〕。

為使一目瞭然，茲依大野與李四龍的研究，將署名智顗的現存著作，重新整理，並分類表列：

表一：智顗親自撰述，含智顗親自講說，後由灌頂整理的部分

序號	書　名	別題或簡稱	卷　數	輯錄藏經	類　別
01	《釋禪波羅蜜次第法門》	《次第禪門》	十二卷	《大正藏》，第四十六冊	止觀類
02	《法華三昧懺儀》		一卷	《大正藏》，第四十六冊	律儀類
03	《六妙法門》		一卷	《大正藏》，第四十六冊	止觀類

頁24～34。大野榮人將智顗著作講說的「前期時代」，從智顗出生的那一年，即梁武帝大同四（538）年算起，止於陳後主至德二（584）年，凡四十七年，但大野列出的第一部智顗止觀類的著作《次第禪門》，據隋・灌頂纂，《國清百錄》，卷第四，〈智者大禪師年譜事跡〉說：「陳廢帝光大元（567）年，三十歲，辭師出金陵，居瓦官寺八年（陳宣帝太建七〔575〕年，應為九年），講《大論》，說《次第禪門》，并《法華玄義》。」也就是說，以《次第禪門》為智顗止觀類的講說起點，時當在智顗三十至三十八歲之間，此時相距「大蘇妙悟」的二十三歲，已過了八至十六年。值得注意的是，大野將智顗講說的起始年代訂在智顗出生的同一年，顯然是不妥的，據諸相關史傳的記載，智顗開始陞座講說，最早也得在「大蘇妙悟」之後的「思師造《金字大品經》竟，自開玄義，命令代講。」參見隋・灌頂纂，《國清百錄》，《大正藏》，第四十六冊，頁823[b]；《隋天台智者大師別傳》，《大正藏》，第五十冊，頁192[a]。

〔註5〕同上，頁32～33。大野榮人將智顗的著作分為前後兩期共四類，與止觀類有關三類為：一、智顗親撰、親說，灌頂整理，如《次第禪門》十二卷、《六妙法門》一卷、《覺意三昧》一卷、《天台小止觀》一卷、《禪門口訣》一卷、《證心論》一卷、《觀心論》一卷。二、智顗親說、灌頂大幅修治、再治、添削，如《摩訶止觀》二十卷。三、基本內容由智顗講說，後人整理，如《禪門要畧》一卷、《觀心食法》一卷、《觀心誦經法》一卷、《坐禪方便門》一卷。

〔註6〕同上，頁28～32。與止觀類相對的，大野榮人將智顗的全部著作，別為「經疏」類、「天台三大部」類、「淨土教關係」類。除止觀類之外，李四龍則將之細分為《法華經》類撰述、《維摩經》類撰述、「觀音及淨土類撰述」、「律儀及懺法類撰述」。參見李四龍著，《智顗思想與宗派佛教的興起》，《中國佛教學術論典》，第十四冊，高雄，佛光山文教基金會，2001，頁11～14。

〔註7〕根據李四龍的統計：「現存《大正藏》、《續藏經》署名智顗的撰述，有三十五部一六六卷。」但扣除「後人偽託智顗的撰述」與「灌頂撰述，但署名智顗的」二十八種，現存智顗的著作有二十四種，一百四十三卷。參見李四龍著，《智顗思想與宗派佛教的興起》，《中國佛教學術論典》，第十四冊，高雄，佛光山文教基金會，2001，頁6、8～9。

04	《釋摩訶般若波羅經覺意三昧》	《覺意三昧》	一卷	《大正藏》，第四十六冊	止觀類
05	《方等三昧行法》		一卷	《大正藏》，第四十六冊	懺法類
06	《法界次第初門》		六卷	《大正藏》，第四十六冊	釋義類〔註8〕
07	《修習止觀坐禪法要》	《童蒙止觀》《天台小止觀》	一卷	《大正藏》，第四十六冊	止觀類
08	《禪門口訣》		一卷	《大正藏》，第四十六冊	止觀類
09	《證心論》	《澄心論》	一卷	敦煌本，未入藏	止觀類
10	《三教義》		二卷	《續藏經》，2-1-4〔註9〕	維摩類
11	《大本四教義》	《四教義》	十二卷	《大正藏》，第四十六冊	維摩類
12	《維摩經玄疏》		六卷	《大正藏》，第三十八冊	維摩類
13	《維摩經文疏》		二十八卷	《續藏經》，1-27-5-28-1	維摩類
14	《觀心論》		一卷	《大正藏》，第四十六冊	止觀類
15	《觀音玄義》		二卷	《大正藏》，第三十四冊	觀音類

表二：智顗親自講說，後由灌頂大幅修治整理的部分

序號	書　名	別題或簡稱	卷　數	輯錄藏經	類　別
01	《妙法蓮華經玄義》	《法華玄義》	二十卷	《大正藏》，第三十三冊	法華類
02	《妙法蓮華經文句》	《法華文句》	二十卷	《大正藏》，第三十四冊	法華類
03	《摩訶止觀》		二十卷	《大正藏》，第四十六冊	止觀類

表三：基本內容由智顗講說，經由後人整理的部分

序號	書名	別題或簡稱	卷　數	輯錄藏經	類　別
01	《禪門要署》		一卷	《續藏經》，2-4-1	止觀類
02	《觀心食法》		一卷	《續藏經》，2-4-1	止觀類

〔註8〕不在大野榮人與李四龍的分類之內，依〈總序〉「一、為讀經尋論，隨見法門，脫有迷於名數者。二、為未解聖教，所制法門，淺深之次第。三為學三觀之者」之說，是一部釋義名相的工具書，別為「釋義類」。參見《大正藏》，第四十六冊，頁664[b]。

〔註9〕2-4-1，表示：第二編，第四套，第一冊。

03	《觀心誦經法》		一卷	《續藏經》，2-4-1	止觀類
04	《坐禪方便門》		一卷	日本寫本，未入藏	止觀類
05	《菩薩戒義疏》		二卷	《大正藏》，第四十冊	律儀類
06	《天台智者大師發願文》		一卷	《續藏經》，2-4-1	淨土類

表四：灌頂撰述，但署名智顗的部分

序號	書　名	別題或簡稱	卷　數	輯錄藏經	類　別
01	《四念處》		四卷	《大正藏》，第四十六冊	止觀類
02	《金光明經玄義》		二卷	《大正藏》，第三十九冊	經集類〔註10〕
03	《金光明經文句》		六卷	《大正藏》，第三十九冊	經集類
04	《觀音義疏》		二卷	《大正藏》，第三十九冊	觀音類
05	《請觀音經疏》		一卷	《大正藏》，第三十九冊	觀音類

表五：中國人偽託智顗撰述的作品

序號	書　名	別題或簡稱	卷　數	輯錄藏經	類　別
01	《禪門章》		一卷	《續藏經》，2-4-1	止觀類
02	《仁王護國般若經疏》		五卷	《大正藏》，第三十三冊	般若類〔註11〕
03	《金剛般若經疏》		一卷	《大正藏》，第三十三冊	般若類〔註12〕
04	《觀無量壽佛經疏》		一卷	《大正藏》，第三十七冊	淨土類
05	《阿彌陀經義記》		一卷	《大正藏》，第三十七冊	淨土類
06	《淨土十疑論》		一卷	《大正藏》，第三十七冊	淨土類
07	《五方便念佛門》		一卷	《大正藏》，第三十七冊	淨土類

〔註10〕不在大野榮人與李四龍的分類之內，依「大正新修大藏經一覽」表的「部門」分類，註明類別爲「經集類」。
〔註11〕同上，註明類別爲「般若類」。
〔註12〕同上。

表六：日本人偽託智顗撰述的作品

序號	書　　名	別題或簡稱	卷　數	輯錄叢書	類　別
01	《觀心十二部經義》		一卷	《續天台宗全書》	止觀類
02	《西方淨業義》		一卷	《惠心僧都全集》，第二冊	淨土類

　　智顗的止觀思想，除了對其師慧思建基於《大品般若經》與《大智度論》的禪觀的直接繼承與開展之外，同時對蘊育天台教學的慧文的大乘新禪法，也多所發揮〔註13〕，而更多的是來至於智顗融通諸經論所證得。在論述智顗止觀思想的淵源之前，《大品般若經》與《大智度論》、《中觀論》做爲智顗止觀思想的主要經論根據，便有從龍樹說起的必要。

　　就天台教學的思想發展體系而論，灌頂在《摩訶止觀》的〈序論〉中，依當時代中國佛教學派傳承的慣例，爲天台思想的傳承，追認了「金口祖承」〔註14〕與「今師祖承」〔註15〕兩個譜系。關於「金口祖承」的譜系，個人認爲除了祖師代代嫡傳的「文獻不足徵」之外，在思想的傳授與發揚

〔註13〕宋・宗曉（1151～1214）編，《四明尊者教行錄》，卷第六，〈四明傳持正法爲二十九代祖師〉說：「龍樹大士，所著《大論》，譯傳東土，在北齊時，慧文禪師，一見證入，以傳陳南岳慧思禪師，凡十日而證，再傳隋天台智顗大師，十有四日而證，於是乎備六度、融萬法，定而三止，慧而三觀，質其宗焉，一言之曰：『具』，二言之曰：『法性』，離數而有『三千』，即經而專觀心。」《大正藏》，第四十六冊，頁915c。

〔註14〕「金口祖承」，語出湛然《止觀輔行傳弘決》，卷第一之一。「金口祖承」連同佛陀在內，共二十四祖：一、佛陀，二、大迦葉，三、阿難，四、商那和修（含，末田地），五、爲多，六、提迦多，七、彌遮迦，八、佛馱難提，九、佛馱蜜多，十、脇比丘，十一、富那奢，十二、馬鳴，十三、毘羅，十四、龍樹，十五、提婆，十六、羅睺羅，十七、僧佉難提，十八、僧佉耶奢，十九、鳩摩羅馱，二十、闍夜那，二十一、盤馱，二十二、摩奴羅，二十三、鶴勒夜那，二十四、師子。參見唐・湛然述，《止觀輔行傳弘決》，卷第一之一，《大正藏》，第四十六冊，頁145a；元魏・吉迦夜共曇曜譯，《付法藏因緣傳》，《大正藏》，第五十冊，頁297a～322b；隋天台智者大師說，門人灌頂記，《摩訶止觀》，卷第一・上，《大正藏》，第四十六冊，頁1a-b。

〔註15〕「今師祖承」，語出湛然《止觀輔行傳弘決》，卷第一之一。「今師祖承」，係灌頂從與天台學思想有直接淵源的龍樹算起，加上中土初祖北齊慧文、二祖南岳慧思、三祖天台智顗，共十四祖。至於宋人士衡編的《天台九祖傳》，則以龍樹菩薩爲高祖，北齊尊者爲二祖，南岳尊者爲三祖，天台教主智者大師爲四祖。參見《止觀輔行傳弘決》，卷第一之一，《大正藏》，第四十六冊，頁145a；宋・士衡編，《天台九祖傳》，《大正藏》，第五十一冊，頁97a-b。

上，也同樣是沒有憑據的，因此，署而不論。至於「今師祖承」，也因把「金口祖承」的譜系，直接上紹龍樹，重疊銜接，而存在同樣的思想史難題。因此，個人認為，思想的傳承，未必是代代嫡傳，且往往是隔代，乃至於隔數代，纔又在明眼善知識創造性的揄揚下，重現學界。例如法相宗，始創於初唐的窺基，迅即衰微於中唐智周，其學統在歷經宋、元直至明朝末年的八百多年間，幾乎不見傳人，即使明末蕅益智旭對唯識學有所述作〔註16〕，但智旭卻不認為自己就是法相宗的法嗣〔註17〕，然而民國十一（1922）年，歐陽竟無在南京創辦支那內學院，民國十四（1925）年開辦法相大學，大弘唯識學，從此開啟二十世紀國人對法相唯識學的研究思潮〔註 18〕，卻是個不折不扣的法相宗的法裔；如果想為法相宗造個嫡傳學統譜系的話，就會出現「世代遙隔」的現象：初祖窺基（632～682）、二祖慧沼（651～714）、三祖智周（668～723）、四傳法相思想嫡裔歐陽竟無（1872～1944）。這個例子說明了思想發展譜系的建立，在於思想自身光輝的強弱，以及學人是否能夠如法真實受用，是以，研究智顗思想的淵源，當如《四明尊者教行錄》所言，從龍樹開始，署過提婆、羅睺羅、僧佉難提、僧佉耶奢、鳩摩羅馱、闍夜那、盤馱、摩奴羅、鶴勒夜那、師子等十師，而直接導入慧文、慧思，做為沿波討源的思想傳承法脈。

〔註16〕明・蕅益智旭（1599～1655），著有《成唯識論觀心法要》。參見《蕅益大師全集》，第十三～四冊，臺北，佛教書局，民78。

〔註17〕智旭倡「融合禪、教、律，而歸入淨土」，後人奉為淨土宗第九祖。參見智旭著，《八不道人傳》、《靈峰蕅益大師宗論》卷第一。參見《蕅益大師全集》，第十六冊，臺北，佛教書局，民78，頁10219～10226、10241～10384。

〔註18〕舉其要言之，如太虛大師著有《法相唯識學》、韓清淨著有《成唯識論述記講義》、釋演培著有《成唯識論講記》、釋印順著有《唯識學探源》、羅時憲於1965年在香港創立法相學會，並著有《成唯識論述記刪注》、梅光羲著有《大乘相宗十勝論》、周叔迦著有《唯識研究》、熊十力著有《破破新唯識論》、法舫著有《唯識史觀及其哲學》、吳汝鈞著有《唯識哲學：關於轉識成智理論問題之研究》、韓廷傑著有《唯識學概論》、吳學國著有《境界與研詮：唯識的存有論向語言層面的轉化》、程恭讓著有《太虛之唯識學研究》、張志強著有《唯識思想與晚明唯識學研究》等等。值得注意的是，歐陽漸以降二十世紀的唯識學研究，一起步便做為學術研究的特殊傾向，並已取得相當的研究成果，如吳學國、程恭讓、張志強、徐紹強、羅炤、王健、施東穎、黎耀祖、魏德東、宋玉波、陳強、周貴華等青壯學者所提出的碩、博士論文，都不能不說是以歐陽漸的大弘唯識學為先導的。

第一目 龍樹思想與智顗的關係

　　把握一個人的思想根源，最有效的方法，便是直接從他的著述來檢證。署名龍樹的現存漢譯論典，輯錄在《大正藏》中的共有十七部，其中對中國佛教的發展具有積極影響的有七部：

表七：龍樹主要漢譯論典一覽表

序號	書　名	簡　稱	譯者	卷　數	輯錄藏經
01	《大智度論》	《大論》、《釋論》	後秦・鳩摩羅什	一百卷	《大正藏》，第二十五冊
02	《十住毗婆沙論》	《十住論》	後秦・鳩摩羅什	十七卷	《大正藏》，第二十六冊
03	《十二門論》		後秦・鳩摩羅什	一卷	《大正藏》，第三十冊
04	《中觀論》		後秦・鳩摩羅什	四卷	《大正藏》，第三十冊
05	《十八空論》		陳・真諦	一卷	《大正藏》，第三十一冊
06	《菩提資糧論》		隋・達磨笈多	六卷	《大正藏》，第三十二冊
07	《迴諍論》		後魏・瞿曇流支等	一卷	《大正藏》，第三十三冊

《入楞伽經》，卷第九說：

> 諸外道說定，大乘不決定，依眾生心定，邪見不能近。我乘內證智，妄覺非境界，如來滅世後，誰持為我說。如來滅度後，未來當有人，大慧！汝諦聽！有人持我法，於南大國中，有大德比丘，名龍樹菩薩，能破有無見，為人說我法，大乘無上法，證得歡喜地，往生安樂國。[註19]

《龍樹菩薩傳》說：

> ……遂入雪山，山中有塔，塔中有一老比丘，以摩訶衍經典與之。……於南天竺，大弘佛法，摧伏外道，廣明摩訶衍，作《優波提舍》十萬偈，又作《莊嚴佛道論》五千偈、《大慈方便論》五千偈、《中論》五百偈，令摩訶衍教，大行於天竺。又造《無畏論》十萬偈，《中論》出其中。[註20]

《大乘玄論》，卷第二說：

[註19] 元魏・菩提留支譯，《入楞伽經》，卷第九，〈總品第十八之一〉，《大正藏》，第十六冊，頁569[a]。
[註20] 姚秦・鳩摩羅什譯，《龍樹菩薩傳》，《大正藏》，第五十冊，頁185[c]～186[b]。

一、龍樹稱佛本意申佛教也。所以者何？諸佛出世爲一大事因緣
　　故，謂一乘道，但爲淺鈍之緣，曲爲小教，今申佛本意故，前
　　申大也。

二、欲明《中》、《百》兩論互相開避，《百論》前淺後深，《中論》
　　前深後淺也。

三、佛自前說小後明大，《中論》自說大乘，實不欲說小，但爲外人
　　不堪學大乘觀行故，論主更爲說小乘也。四、欲示小乘從大乘
　　出，是故前大後小也。〔註21〕

　　從這三筆原始文獻中，不難描繪出龍樹大乘思想的主要輪廓。龍樹約當
生於西元紀元二、三世紀左右，南印度婆羅門種姓，係印度大乘佛教中觀學
派的創始人。《入楞伽經》預說「如來滅度後」，龍樹「能破有無見」，爲人說
「大乘無上法」。龍樹出家後，得「雪山……塔中……老比丘，以摩訶衍經典
與之」，這是龍樹學習大乘經典的開始。此後，龍樹又廣造大乘經典的註釋書，
如註釋《摩訶般若波羅蜜經》的《大智度論》，註釋《華嚴經・十地品》的《十
住毘婆沙論》，以及爲辯破外道常見、斷見諸說，多所立論，如以既破空、破
假、破執中之見，並主張八不中道〔註22〕即無所得之中道的《中觀論》，從而
建立起以般若性空學〔註23〕爲內涵的大乘教學的體系，並使大乘學說傳布天
竺全境。

　　在建立大乘學說時，龍樹說：

　　　　智者入三種法門，觀一切佛語，皆是實法，不相違背。何等是
　　三門？一者，蜫勒門〔註24〕；二者，阿毘曇門〔註25〕；三者，空門

〔註21〕隋・胡吉藏撰，《大乘玄論》，卷第二，《大正藏》，第四十五冊，頁31[b~c]。

〔註22〕龍樹菩薩造，梵志青目釋，姚秦・鳩摩羅什譯，《中論》，卷第一，〈觀因緣品
　　　　第一〉，歸敬偈說：「不生亦不滅，不常亦不斷，不一亦不異，不來亦不出。」
　　　　《大正藏》，第三十冊，頁1[b]。

〔註23〕印順導師說：「外道梵我論者，所說的如來，也是眾生的實體，宇宙的本體。
　　　　所以，中期佛教的性空學者，與梵我論的所以能涇渭分流，差別點就在勝義
　　　　諦中觀察外道的實我性不可得，達到一切法性空寂；空寂離言，決不把他看
　　　　做萬有實體。轉向世俗邊，明如來沒有自體，唯是緣起的假名。」印順講，
　　　　演培記，《中觀論頌講記》，臺北，正聞，民81，頁403～4。

〔註24〕印順導師在論證「蜫勒」的語源與意義之後說：『『蜫勒』也是三類毘曇之一。
　　　　但嚴格的說，『蜫勒』的論法，與阿毘曇不同，所以又說『蜫勒』與毘曇，同
　　　　爲三門的一門。……大迦游延所造的『蜫勒』，可以推定爲大眾部系的根本論。」
　　　　印順著，《說一切有部爲主的論書與論師之研究》，臺北，正聞，民81，頁18。

　　〔註26〕。〔註27〕

　　龍樹所處身的時代，正值部派佛教晚期與大乘佛教勃興之際，所以將大眾部的「蜫勒門」與說一切有部的「阿毘曇門」，與旨在導正世人固著諸法「常」、「有」不變的執見，而與「空門」並論，然後以「般若波羅蜜法」，破斥「有」、「無」諸法執而使復歸中道，龍樹說：「若人入此三門，則知佛法義，不相違背，能知是事，即是般若波羅蜜力，於一切法無所罣礙；若不得般若波羅蜜法，入阿毘曇門，則墮有中；若入空門，則墮無中；若入蜫勒門，則墮有無中。復次，菩薩摩訶薩行般若波羅蜜，雖知諸法一相，亦能知一切法種種相；雖知諸法種種相，亦能知一切法一相；菩薩如是智慧，名爲般若波羅蜜。」〔註28〕般若波羅蜜「是無上智慧，諸佛之母，諸法寶中，是第一寶」〔註29〕。由龍樹的立論，可以明確見出，龍樹所戮力弘揚的大乘佛教，不但是菩薩佛教，因爲菩薩以其慈悲，行六度萬行，而「具足般若波羅蜜」，更是法華思想的積極實踐者與推動者，因爲龍樹在註釋《大品般若經》時，時時證之以《法華經》，終至於完成影響大乘佛教深遠的《大智度論》；而值得注意的是，《法華經》正是智顗憑以創立天台宗的正依經據〔註30〕。

　　在天台教學的止觀實踐中，龍樹思想與法華思想，允宜等量齊觀，特別是智顗完成三大部之後，更以其教觀合璧，而爲天台學思想核心的雙美，所以湛然說：

　　　　今家教門，以龍樹爲始祖，……泊乎南岳、天台，復因法華三

〔註25〕阿毘曇門，隋・遠法師撰，《大乘義章》，卷第一，〈三藏義七門分別〉說：「阿毘曇者，此方正翻，名無比法。阿謂無也，毘謂比也，曇摩名法。解釋有二：一、就教論，二、據行辨。言就教者，三藏之中，毘曇最爲分別中勝，故曰無比。言就行者，毘曇詮慧，慧行最勝，故曰無比；毘曇之教，詮此勝行，故名無比；又能生彼無比之慧，故曰無比。」《大正藏》，第四十四冊，頁486^{a-b}。

〔註26〕「空門」是解脫的出世法。世親菩薩釋，陳・眞諦譯，《攝大乘論釋》，卷第十五，〈釋智差別勝相第十二之三〉說：「體由無性故空，空故無相，無相故無願。若至此門，得入淨土。」《大正藏》，第三十一冊，頁246^{a}。

〔註27〕《大智度論》，卷第十八，〈釋般若相義第三十〉，《大正藏》，第二十五冊，頁192^{a-b}。

〔註28〕同上，頁194^{a-b}。

〔註29〕同上，卷第五十八，〈釋阿難稱譽品第三十六〉，頁473^{a}。

〔註30〕天台教觀所依的主要典據有四，三部經典爲：姚秦・鳩摩羅什譯，《妙法蓮華經》，七卷；後秦・鳩摩羅什譯，《摩訶般若波羅蜜多經》，二十七卷；北涼・曇無讖譯，《大般涅槃經》，四十卷。一部論典爲後秦・鳩摩羅什譯，《大智度論》，一百卷。

昧，發陀羅尼〔註31〕，開拓義門，觀法周備。〔註32〕

就教門而言，在天台宗即智顗所完成的化法、化儀的教相判釋。〔註33〕至於觀法，則主要指實踐天台止觀的綱領「一心三觀」〔註34〕。

第二目　慧文思想與智顗的關係

灌頂在《摩訶止觀》的〈序論〉中說：

> 南岳事慧文禪師，當齊高之世，獨步河淮，法門非世所知，履
> 地戴天，莫知高厚。文師用心，一依《釋論》，《論》是龍樹所說，
> 付法藏中，第十三師。智者《觀心論》云：「歸命龍樹師。」〔註35〕
> 驗知龍樹是高祖師也。〔註36〕

這是天台宗「今師祖承」譜系的法脈裏，上挑「法門非世所知」的龍樹思想，下開慧思「行深伊洛」〔註37〕學風的第一道線索。然而蘊育天台教學初基的慧文禪師，在思想上究竟是如何遠承龍樹的學統，並在止觀的實踐上，啟導慧思及其再傳弟子智顗的天台教學軌範的？由於慧文生寂不詳，且沒留下任何著作，因此，祇能試圖從有限的旁證，來為之論說一個隱約的大要。

《佛祖統紀》卷第六說：

> 二祖北齊尊者慧文，姓高氏，當北朝魏、齊之際（東魏孝靜、
> 北齊文宣〔註38〕），行佛道者。……

〔註31〕《大智度論》，卷第五，〈初品中摩訶薩埵釋論第九〉說：「陀羅尼，秦言能持，或言能遮。能持者，集種種善法，能持令不散不失，譬如完器盛水，水不漏散。能遮者，惡不善根心生，能遮令不生；若欲作惡罪，持令不作，是名陀羅尼。」《大正藏》，第二十五冊，頁95^c。

〔註32〕《止觀大意》，《大正藏》，第四十六冊，頁459^a。

〔註33〕《摩訶止觀》，卷第七・下，「第八明次位者」說：「教門綱格，匡骨盤峙，包括密、露，涇渭大、小，即是漸、頓、不定、祕密，藏、通、別、圓，若得此意，聲教開合，化道可知。」《大正藏》，第四十六冊，頁97^c。

〔註34〕同上，卷第五・上，「觀心具十法門」說：「若一法一切法，即是『因緣所生法』，是為假名，假觀也。若一切法即一法，『我說即是空』，空觀也。若非一非一切者，即是中道觀。一空一切空，無假、中而不空，總空觀也。一假一切假，無空、中而不假，總假觀也。一中一切中，無空、假而不中，總中觀也。即《中論》所說，不可思議一心三觀。」《大正藏》，第四十六冊，頁55^b。

〔註35〕隋・智者述，《觀心論》作：「稽首龍樹師。」《大正藏》，第四十六冊，頁585^c。

〔註36〕隋・智者說，《摩訶止觀》，卷第一・上，《大正藏》，第四十六冊，頁1^b。

〔註37〕宋・志磐撰，《佛祖統紀》，卷第六，〈東土九祖第三之一・三祖南岳尊者慧思〉，《大正藏》，第四十九冊，頁180^c。

〔註38〕東魏孝靜帝534～550在位，北齊文宣帝550～559在位。

第七文師，用覺心重觀三昧，滅盡三昧，無間三昧，於一切法，心無分別。……

師夙稟圓乘，天眞獨悟，因閱《大智度論》（第三十卷）引《大品》云：「欲以道智具足道種智，當學般若；欲以道種智具足一切智，當學般若；欲以一切智具足一切種智，當學般若；欲以一切種智斷煩惱及習，當學般若。」

《論》自「問曰：『一心中得一切智、道種智、一切種智，斷一切煩惱及習，今云何言以一切智具足一切種智？以一切種智斷煩惱及習？』答曰：『實一切一時得，此中爲令人信般若波羅密故，次第差別說，欲令眾生得清淨心，是故如是說。復次，雖一心中得，亦有初、中、後次第，如一心有三相，生因緣住，住因緣滅。又如心、心數法、不相應諸行，及身業、口業，以道智具足一切智，以一切智具足一切種智，以一切種智斷煩惱及習亦如是。』」〔註39〕師依此文以修心觀，《論》中三智實在一心中得，且果既一心而得，因豈前後而獲，故此觀成時，證一心三智。……

師又因讀《中論》（《大智度論》中觀一品），至〈四諦品〉，偈云：」因緣所生法，我說即是空，亦名爲假名，亦名中道義。」〔註40〕恍然大悟，頓了諸法，無非因緣所生，而此因緣有不定有，空不定空，空有不二，名爲中道。師既一依《釋論》，是知遠承龍樹也。〔註41〕

〔註39〕《大智度論》，卷第二十七（傳文夾註〔第三十卷〕，誤），〈釋初品大慈大悲義第四十二〉具云：「欲以道慧具足道種慧，當習行般若波羅蜜。……欲以道種慧具足一切智，當習行般若波羅蜜；欲以一切智具足一切種智，當習行般若波羅蜜。……欲以一切種智斷煩惱習，當習行般若波羅蜜。問曰：『一心中得一切智、一切種智，斷一切煩惱習，今云何言以一切智具足得一切種智？以一切種智斷煩惱習？』答曰：『實一切一時得，此中爲令人信般若波羅蜜故，次第差品說，欲令眾生得清淨心，是故如是說。復次，雖一心中得，亦有初、中、後次第，如一心有三相，生因緣住，住因緣滅。又如心、心數法、不相應諸行，及身業、口業，以道智具足一切智，以一切智具足一切種智，以一切種智斷煩惱習亦如是。」《大正藏》，第二十五冊，頁257^c～260^b。

〔註40〕鳩摩羅什譯文具云：「眾因緣生法，我說即是無，亦爲是假名，亦是中道義。」與《佛祖統紀》的引文：「因緣所生法，我說即是空，亦名爲假名，亦名中道義。」有極大的出入，值得詳辨。參見《中論》，卷第四，〈觀四諦品第二十四〉，《大正藏》，第三十冊，頁33^b。

〔註41〕《佛祖統紀》，卷第六，〈東土九祖第三之一〉，《大正藏》，第四十九冊，頁178^{b-c}。以該傳的行文覆案《止觀輔行傳弘決》，卷第一之一，知《弘決》爲

　　志磐的記載，雖然簡畧，仍然足資後學，管窺慧文禪師的學行及其對後學的啓迪於一隅。

　　首先，慧文是活動在六世紀前半葉〔註42〕的北朝禪師，那是禪典廣爲傳譯與小乘禪法向大乘禪法過渡的時代，也是中國禪學由遞次摸索到逐漸成熟的「準備時代」〔註43〕的晚期。然而，慧文似乎並沒有受到當時禪法的影響，而是一依《釋論》，孤明獨發〔註44〕，湛然說：「在相州，即北齊也。無競化者，故云獨步。河謂河北，淮謂淮南，行化於世，而言非世所知者，明所證既深，非餘所知。」〔註45〕因此，慧文「用覺心重觀三昧，滅盡三昧，無間三昧，於一切法，心無分別」的禪法，具有相當的獨特性。「重觀三昧」即《大智度論》所說的三三昧，依次是「欲界未到地，初禪與覺觀相應」的「有覺有觀三昧」，「二禪中間但觀相應」的「無覺有觀三昧」，「從第二禪乃至有頂地，非覺觀相應」的「無覺無觀三昧」。〔註46〕「無間三昧」係法眼淨行人所證得的或須陀洹、或斯陀含、或阿羅漢、或辟支佛諸果，《大智度論》說是人：

　　　　以法眼知是人隨信行，是人隨法行，是人無相行，是人行空解
　　　　脫門，是人行無相解脫門，是人行無作解脫門得五根，得五根故得
　　　　無間三昧，得無間三昧故得解脫智，得解脫智故斷三結。〔註47〕

　　心不相應行法之一的「滅盡三昧」，則爲佛及斷煩惱、解脫二障於定、慧得自在的俱解脫阿羅漢遠離定障所證得，可生無色界第四天非想非非想處天。據安藤俊雄的推論，認爲慧文此一禪法與慧思創始「法華三昧」有關，但

　　　　其所本而加詳，參見《大正藏》，第四十六冊。至於《四明尊者教行錄》、《天
　　　　台傳佛心印記》、《天台九祖傳》等文獻所載，要皆不出《統紀》所述者，故
　　　　本研究所徵證文獻，單用《統紀》文。
〔註42〕釋慧嶽，《天台教學史》作：「西紀，約五世紀頃。」誤。臺北，中華佛教文
　　　　獻編撰社，1995，頁29。
〔註43〕參見〔日〕村中祐生，《天台觀門的基調‧中國南北朝時代的禪觀》，東京，
　　　　山喜房佛書林，昭和61，頁324～334。〔日〕忽滑谷快天，《禪學思想史‧支
　　　　那之部》，第一編「準備時代」，東京，玄黃社，大正14，頁183～268。
〔註44〕釋慧嶽說：「雖然，當時未被重視的《智論》，卻被慧文大師，得用以作爲觀
　　　　心之規範，是值得注意。」《天台教學史》，臺北，中華佛教文獻編撰社，1995，
　　　　頁30。
〔註45〕《止觀輔行傳弘決》，卷第一之一，《大正藏》，第四十六冊，頁149ª。
〔註46〕參見《大智度論》，卷第二十三，〈大智度初品中十一智釋論第三十八〉，《大
　　　　正藏》，第二十五冊，頁234ª⁻ᵇ。
〔註47〕同上，卷第四十，〈釋往生品第四之下〉，《大正藏》，第二十五冊，頁348ᶜ。

安藤沒有給出結論〔註48〕，而個人則認爲，慧文既然「夙稟圓乘」，就可以推知慧文禪法與「法華三昧」之間，具有相當程度的強聯繫，誠如明曠所言：「《法華》正明佛意，卷權歸實，唯一圓乘。」〔註49〕要之，《法華經》詮明一實圓頓的教旨說：「如來但以一佛乘故，爲眾生說法。」〔註50〕說的正是一切眾生悉可成佛的佛乘，即菩薩乘，也就是一實圓乘。因此，從慧文的禪法到慧思的「豁然大悟法華三昧」〔註51〕到智顗的「大蘇妙悟」，其思想脈絡是清晰的。

其次，「文師用心」，既然「一依《釋論》」，且「依此文以修心觀，《論》中三智實在一心中得，且果既一心而得，因豈前後而獲，故此觀成時，證一心三智」，這不僅說明了慧文對止觀的修習與實踐，一依《釋論》的「三智實在一心中得」，並依此而得「證一心三智」。這是慧文禪法的觀心法門，而慧思在二十歲之後，謁見「文師，咨受口訣，授以觀心之法」〔註52〕，志磐在傳文之中，雖然沒有進一步說明，慧思受自慧文的「觀心之法」，是否就是慧文「一依《釋論》」所「觀成」的「三智實在一心中得」的「修心觀」，但在文末的「贊辭」中，卻點出，「南岳以所承北齊一心三觀之道傳之天台」〔註53〕，天台係以地名代稱智顗，而智顗又將此一觀心法門，導入天台創宗的論典《摩訶止觀》中，並成爲天台圓教觀法的主要基盤「一心三觀」的根源，至此，而得論三止三觀，是以智顗說：「佛智照空，如二乘所見，名一切智；佛智照假，如菩薩所見，名道種智；佛智照空、假、中，皆見實相，名一切種智。故言三智一心中得，故知一心三止，所成三眼，見不思議三諦，此見從止得，故受眼名；一心三觀，所成三智，知不思議三境，此智從觀得，故受智名。境之與諦，左右異耳！見之與知，眼目殊稱，不應別說。今將境來顯智，令三觀易明，用諦來目眼，使三止可解，雖作三說，實是不可思議一法耳！」〔註54〕因此，《釋論》的「三智實在一心中得」，既是慧文所先見

〔註48〕　〔日〕安藤俊雄著，《天台學：根本思想及其開展》，京都，平樂寺，1982，頁14～16。

〔註49〕　唐・明曠刪補，《天台菩薩戒疏》，上，《大正藏》，第四十冊，頁581c。

〔註50〕　《妙法蓮華經》，卷第一，〈方便品第二〉，《大正藏》，第九冊，頁7b。

〔註51〕　《佛祖統紀》，卷第六，〈東土九祖第三之一・三祖南岳尊者慧思〉，《大正藏》，第四十九冊，頁179b。

〔註52〕　同上，〈東土九祖第三之一・三祖南岳尊者慧思〉，《大正藏》，第四十九冊，頁179a。

〔註53〕　同上，頁180c。

〔註54〕　《摩訶止觀》，卷第三・上，「二明眼智者」，《大正藏》，第四十六冊，頁26b。

的一點「覺心」，也是慧思「所承北齊一心三觀之道」，更是智顗止觀思想體系中不思議的「圓融三觀」，其思想系絡，雖涓滴隱約，然而一旦沿波討之，則文理逕自彰彰。

再次，使慧文「恍然大悟，頓了諸法，無非因緣所生」的《中論·觀四諦品》偈：「因緣所生法，我說即是空，亦名為假名，亦名中道義。」鳩摩羅什的譯文原作：「眾因緣生法，我說即是無，亦為是假名，亦是中道義。」在此不做異譯的版本考證〔註55〕，也無意再商榷學者們對智顗運用這一首偈頌的詮釋之諍〔註56〕，但指出智顗解析諸法實相的三諦，相應於青目的釋義，加諸智顗自報其三諦思想源於《菩薩瓔珞經本業經》與《仁王護國般若波羅蜜經》〔註57〕，就其思想淵源而論，既不能斷然的說，智顗的別詮與《中論》無關，也不能不釐清與龍樹的「空亦復空」〔註58〕的斷斷見的「遮空對治」〔註59〕說，對智顗三諦說的啟發，是否具有某種內在於整體智顗思想體系的聯繫，因為，《中論》的思想對智顗止觀理論的建構，就龍樹的全部譯漢論典而言，被智顗在《摩訶止觀》中普遍徵證的重要性，僅次於《大智度論》。〔註60〕何況灌頂先已申言：「疑者云：『《中論》遣蕩，止觀建立，云何

〔註55〕 本偈的梵文，仍然存世，有興趣的學者，可對古代的異譯，做版本學的對比研究，也可參照當代漢、日、英新譯，對顯梵漢古譯，何者切近龍樹原意。

〔註56〕 如安慧造，宋·惟淨等譯，《大乘中觀釋論》；隋·吉藏撰，《大乘玄論》、《中觀論疏》；印順講，《中觀論頌講記》；釋慧嶽著，〈天台大師的三諦三觀思想〉；傅偉勳著，〈從中觀的二諦中道到後中觀的臺賢二宗思想對立——兼論中國天台的特質與思維限制〉；陳英善著，《天台緣起中道實相論》；〔日〕田村芳明等著，釋慧嶽譯，《天台思想》；〔日〕中村元著，余萬居譯，《中國佛教發展史》等。

〔註57〕 智顗在《妙法蓮華經玄義》，卷第二·下，說：「三諦者，眾經備有其義，而名出《瓔珞》、《仁王》，謂有諦、無諦、中道第一義諦。」《大正藏》，第三十三冊，頁704^c。

〔註58〕 青目在《中論》，卷第四，〈觀四諦品第二十四〉說：「眾因緣生法，我說即是空。何以故？因緣具足和合而物生。是物屬眾因緣，故無自性。無自性故空，空亦復空。但為引導眾生故，以假名說。離有無二邊故，名為中道。」《大正藏》，第三十冊，頁33^b。

〔註59〕 清辨在《般若燈論釋》，卷第十四，〈觀聖諦品第二十四〉說：「今此品者，亦為遮空所對治，令解四聖諦無自體義故說。」《大正藏》，第三十冊，頁124^b。

〔註60〕 根據統計，智顗對龍樹漢譯論典的徵證，依次為：《大智度論》285次、《中論》54次、《十住毘婆沙論》17次、《十二門論》3次。參見李志夫編著，《摩訶止觀之研究》所附之「《摩訶止觀》引用佛典及外典次數統計表」，臺北，法鼓，2001，頁1147～1152。

得同？』然天竺註《論》，凡七十家，不應是青目，而非諸師。」〔註61〕

第三目　慧思思想與智顗的關係

灌頂說：「天台傳南岳三種止觀：一、漸次，二、不定，三、圓頓，皆是大乘，俱緣實相，同名止觀。」〔註62〕慧思是天台宗的第三代祖師，湛然說慧思的禪法「多如隨自意、安樂行」〔註63〕，至於智顗對慧思止觀思想的體系化，則是在「法門改轉」〔註64〕之後建立起來的，因此，智顗對慧思的教學，是在繼承與融通之中，逐步創造而趨於完善的。

關於慧思禪觀的形成，因得到慧文口授心觀〔註65〕在「發根本禪」而「豁然大悟法華三昧」之後，便在三十六歲那年，移錫河南，「習學大乘，親覲諸大禪師遊行諸郡」，並在四十一歲時，於光州大蘇山弘講大乘禪法，至四十七歲時，青年學僧二十三歲的智顗來到大蘇山參學，並得慧思付法，從此奠定了智顗爲往後的天台宗教觀樹立新宗義、判釋經教的穩固基礎。在大蘇期間，慧思時遭「眾惡論師」加害，且在五十三歲遷錫南岳時，迭遭道士誣陷，祇是不廢修持與弘講摩訶衍的慧思，功行俱勝，終得「道俗傾心歸仰」。陳太建九（577）年六月二十二日，六十三歲的慧思，預知時至，遂於入寂前：

> 大集門學，連日說法，苦切訶責，聞者寒心，乃曰：「若有十人，
> 不惜身命，常修法華、念佛三昧，方等懺，悔常坐苦行者，隨有所
> 須，吾自供給，如無此人，吾當遠去。」〔註66〕

從志磐的記載可知，慧思於勤修慧文所授的觀心要旨與學習大乘佛法有

〔註61〕《摩訶止觀》，卷第一‧上，《大正藏》，第四十六冊，頁 1^b。

〔註62〕同上，頁 1^c。第一句的「天台傳南岳」，意思是「天台傳自於南岳」，若作「南岳傳天台」的倒裝句解，文意愈明，如同華亭念常所說的「惠聞、惠思或躍相繼，……大師像身子、善現之超悟，……從南岳之妙解」。參見元‧華亭念常集，《佛祖歷代通載》，卷第十三，《大正藏》，第四十九冊，頁 597^b。

〔註63〕《止觀輔行傳弘決》，卷第一之一，《大正藏》，第四十六冊，頁 194^b。

〔註64〕湛然說：「第九諱顗，用次第觀，如《次第禪門》；用不定觀，如《六妙門》；用圓頓觀，如《大止觀》。以此觀之，雖云相承，法門改轉，慧文已來，既依《大論》，則知是前非所承也。……智者《觀心論》去，引證文師所承，異也。」《止觀輔行傳弘決》，卷第一之一，《大正藏》，第四十六冊，頁 149^b。

〔註65〕《佛祖統紀》，卷第六，〈東土九祖第三之一‧二祖北齊尊者慧文〉說：「師以心觀口授南岳，岳盛弘南方。」參見《大正藏》，第四十九冊，頁 178^c。

〔註66〕參見《佛祖統紀》，卷第六，〈東土九祖第三之一‧三祖南岳尊者慧思〉，《大正藏》，第四十九冊，頁 179^a～180^c。

成之後，更是弘講大乘不輟，且得付法智顗，從而催生了中國第一個由國人創立的佛教宗派天台宗。問題是三番兩次意欲加害慧思的「眾惡論師」，在中國佛教史「大變動」〔註67〕的南北朝晚期，是指哪些論師？那些論師又是基於怎樣不同於慧思對佛法的修行方法及其所講說的大乘佛法的觀解，而非得違背佛陀「慈心不殺」的教說，意欲置其於死地？這對智顗在《摩訶止觀》中，時時與之相互抉擇的「地人」、「攝師」、「毘曇師」、「成論師」諸師的異解，是否有必然的聯繫？值得吾人在探論智顗的止觀思想之際，予以從當時代的整體思想脈絡及其不同進路的義理系統，來時時照察。易言之，探論慧思的禪觀對智顗的止觀思想的師弟啓發的同時，還須明辨影響當時代思想的普遍背景〔註68〕對智顗思想發展的具體作用，具有何等內涵與意義。

慧思的禪法既是始於「隨自意、安樂行」，這就具體指出了「隨自意三昧」的根源，來自於慧文禪法所依的《大智度論》及其所釋論的經典《摩訶般若波羅蜜經》，經說：

> 云何名覺意三昧？住是三昧，諸三昧中，得七覺分，是名覺意三昧。〔註69〕

龍樹《釋論》說：

> 覺意三昧者，得是三昧，令諸三昧變成無漏，與七覺相應。〔註70〕

到了智顗在《摩訶止觀》中，呼應慧思「悔常坐苦行者」而建立四三昧行法的「非行非坐三昧」時則說：「四、非行非坐三昧者，上一向用行、坐，此既異上，為成四句，故名非行非坐，實通行、坐，及一切事，而南岳師呼為隨自意，意起即修三昧，《大品》稱覺意三昧。」〔註71〕而慧文既「夙稟」《法華經》「如來滅後，於末法中欲說是經，應住安樂行」〔註72〕的「圓乘」，理應有慧思

〔註67〕湯用彤說：「然自宗派言之，約在陳隋之際，中國佛教實起一大變動。蓋佛教入華，約在西漢之末，勢力始盛在東晉之初。其時經典之傳譯未廣，學者之理解未深。及道安以後，輸入既豐，受用遂勝。此中發展之迹，不能詳言。自陳至隋，我國之佛學，遂大成焉。」《湯用彤全集》，第二卷，《隋唐佛教史稿‧緒言》，石家莊，河北人民，2000，頁1。

〔註68〕如從政治格局、儒家思想、玄學思想、社會風尚、經濟活動、佛典漢譯等角度切入。

〔註69〕《摩訶般若波羅蜜經》，卷第五，〈問乘品第十八〉，《大正藏》，第八冊，頁252^c。

〔註70〕《大智度論》，卷第四十七，〈釋摩訶衍品第十八之餘〉，《大正藏》，第二十五冊，頁401^a。

〔註71〕《摩訶止觀》，卷第二‧上，《大正藏》，第四十六冊，頁14^b。

〔註72〕《妙法蓮華經》，卷第五，〈安樂行品第十四〉，《大正藏》，第九冊，頁37^c～38^a。

的「安樂行」，有智顗建立「半行半坐」三昧的「南岳師云，『有相安樂行、無相安樂行』，豈非就事理，得如是名」？〔註73〕至若慧思入寂前的教說「念佛三昧」、「方等懺法」，就如同「法華三昧」，同樣是智顗建構止觀觀行論的重要義理，因此，在思想的傳承、融通、實踐與建立上，儘管慧思以其特具的法華思想，而為國內天台學者研究時所偏重〔註74〕，但衡諸慧思對智顗天台立宗的影響，仍須會通法華與般若思想，庶幾得窺其圓融實相的教學全豹。

　　慧思現存的著作共有六部：

表八：慧思現存的著作一覽表

序號	書　　名	簡　稱	卷　數	輯錄藏經
01	《法華安樂行義》		一卷	《大正藏》，第四十六冊
02	《諸法無諍三昧法門》		二卷	《大正藏》，第四十六冊
03	《立誓願文》		一卷	《大正藏》，第四十六冊
04	《大乘止觀法門》〔註75〕		四卷	《大正藏》，第四十六冊
05	《釋摩訶般若波羅蜜經覺意三昧》	《隨自意三昧》	一卷	《卍續藏》，第五十五冊
06	《受菩薩戒儀》		一卷	《卍續藏》，第五十九冊

第四目　結　語

　　揭明智顗思想源流的義理梗概，對正確觀解智顗所創立的教相論、觀行論、思想論，可得一入門鎖鑰，特別是對觀行論之於天台止觀的思想核心正修止觀

〔註73〕《摩訶止觀》，卷第二‧上，《大正藏》，第四十六冊，頁14ª。
〔註74〕國內僅有的兩部天台學專著，對慧思思想的描述，都僅及於「法華思想」，一是釋慧嶽著的《天台教學史》，臺北，中華佛教文獻編撰社，1995，頁37～56。二是釋見聞著的《天台教學綱要》，臺北，世樺，民91，頁43～49。
〔註75〕關於《大乘止觀法門》一書的作者問題，國內學者互有所見，如：釋聖嚴著之《大乘止觀法門之研究》，闢有〈大乘止觀法門的真偽及其作者〉詳論，參見《法鼓全集》，第一輯，第二冊，臺北，東初，民82，頁75～123。參見演培著之〈大乘止觀作者考〉，演培著，《諦觀全集》，第三十四冊，《慶悼雜說集》，下，臺北，天華，民80，頁339～347。參見牟宗三著之〈關于「大乘止觀法門」〉一文，則從思想上進行比論，牟宗三著，《佛性與般若》，下冊，臺北，臺灣學生，民78，頁1077～1093。尤惠貞亦從「思想的進路與義理系統」撰〈再論「大乘止觀法門」與天台宗思想的關聯——從牟宗三所強調的「客觀了解」談起〉，參見尤惠貞著，《天台哲學與佛教實踐》，嘉義，南華大學，1999，頁163～196。

的開解與論證，能與智顗當時代的諸說相互抉擇，而從「心」上破折「假名」之「迷」以爲「解本」，進而彰示「諸法實相」的本質—「三界無別法，唯是一心作」，〔註76〕在空、假、中「三一一三」不二的互具宇宙觀中的體現。

第二節　十乘觀法主要典據畧析

慧思在智顗二十三歲那一年證悟「法華三昧前方便」後，印可智顗爲「說法第一」，但智顗是如何開悟的呢？灌頂說，智顗「誦《法華經》、《無量義經》、《普賢觀經》，歷涉二旬，三部究竟」，並且「進修方等懺，心淨行勤」，纔得以「勝相現前」，再「經二七日，誦至〈藥王品〉，諸佛同讚：『是眞精進，是名眞法供養。』到此一句，身心豁然，寂而入定」，從此智顗便「觀慧無礙，禪門不壅」，舌燦蓮花，辯才無礙，而得以調伏「行矯常倫」的慧邈禪師、調伏「自矜禪學」的老僧法濟、調伏「當世文雄」徐陵、調伏「金陵上匠」、「四方衿袖」。

誠如通途所知，授學新人容易，移化法執習染已深的「老僧」與跋扈世學的「文雄」等僧俗二眾，豈能在一朝一夕之間竟其全功？那麼，被慧思許爲「說法人中，最爲第一」的智顗，究竟是用甚麼方法，使這些動聞名望的碩學老參與鴻文雅士，或於「淘汰定水」之際，使其「迷徒知反」；或於「微妙至德」光照之時，使其「屈意如此」，或以「一句之益」，使其「忘寢忘湌」的？又何以能使「帝敕停朝」，宣佈全國放聽經假；使「天子臨筵」，御駕紆尊，頷首聞法；使「羣公畢集」，整肅冠帶，斂袵修行；使「道俗稟戒」，正襟危坐的爲之廣開弘講法筵？

要之，智顗的教學，無非典據詳確，如「正引經文，傍宗擊節，研覈考問」，於「餘法名義，皆曉自裁」，並當機「知誰可與，唯獨自明了」的稱懷敷衍，從而「安無礙辯，契理符文」，因此，必然要成就「靈山親承，大蘇證悟，發揮妙旨，幽贊上乘」的德用，而其前提則是「以五義釋經題，四釋消文句」的獨特釋經學方法，完成「以十章宣演明淨法門，於是解行俱陳，義觀兼舉」的《摩訶止觀》思想體系的宏偉建構。〔註77〕

〔註76〕《摩訶止觀》，卷第一·下，具云：「秖觀根塵一念心起，心起即假，假名之心，爲迷、解本。……三界無別法，唯是一心作。」《大正藏》，第四十六冊，頁 8^b。
〔註77〕銷熔在這三段文字中的所有引文，主要出自灌頂撰寫的《隋天台智者大師別

在晷析十乘觀法的主要典據之前，先表列其結構及文獻位置：

表九：「十乘觀法」的結構及文獻位置一覽表

正修止觀	十乘觀法		卷次	《大正藏》	起訖頁
第一境：觀陰界入境	01	觀心是不可思議境	卷第五·上	第四十六冊	51^c～55^c
	02	發眞正菩提心			55^c～56^b
	03	善巧安心			56^b～59^b
	04	明破法遍	卷第五·下		59^b～86^a
			卷第六·上、下		
	05	識通塞	卷第七·上		86^a～87^c
	06	道品調適			87^c～91^a
	07	助道對治			91^a～97^b
	08	明次位	卷第七·下		97^b～99^a
	09	能安忍			99^a～99^c
	10	無法愛			99^c～100^b

第一目　觀心是不可思議境

灌頂是智顗的入室弟子，嫡傳天台法脈而爲天台宗第五祖。灌頂在二十六歲那年（陳後主至德元〔583〕年），禮謁智顗，「稟受觀法，研繹既久，頓蒙印可，因爲侍者，隨所住處，所說法門，悉能領解」，而得以親侍法筵，終智顗一生（597 入寂），凡十二年。灌頂所聽受、記錄、結集、整理、再治智顗所講說之法要，都達十八部一百三十六卷，〔註78〕是以對智顗的學思歷程，及其內在於智顗的思想旨義，皆有深刻的理解與把握，因此，灌頂說智顗的講說特質爲「正引經文，傍宗擊節，研覈考問」，「皆曉自裁」，「安無礙辯，契理符文」，合當信實而有徵。〔註79〕接下來的典據晷析，便是站在這個基礎上，對《摩訶止觀》的觀行思想「十乘觀法」的主要典據所作的「研覈考問」。

傳》，《大正藏》，第五十冊，頁 191^a～197^c。其次是志磐撰寫的《佛祖統紀》，卷第六，〈東土九祖第三之一·四祖天台智者〉，《大正藏》，第四十九冊，頁 180^c～186^b。不一一出註。

〔註78〕詳見表一、表二所臚列。

〔註79〕參見《佛祖統紀》，卷第七，〈東土九祖第三之二·五祖章安尊者灌頂〉，《大正藏》，第四十九冊，頁 186^b～187^b。

表十：思議境

《法華經》	〈序品〉： 於此世界，盡見彼土六趣眾生。（《大》，09-02^b）〔註80〕
	〈隨喜功德品〉： 施於四百萬億阿僧祇世界六趣眾生。（《大》，09-46^c）
	〈法師功德品〉： 三千大千世界六趣眾生，心之所行，心所動作，心所戲論。（《大》09-50^a）
《大智度論》	〈釋初品中善根供養義第四十六〉： 又摩訶衍中，《法華經》說有「六趣眾生」，觀諸義旨，應有六道。復次，分別善惡，故有六道，善有上、中、下，故有三善道：天、人、阿修羅；惡有上、中、下，故地獄、畜生、餓鬼道。（《大》25-280^a）
《摩訶止觀》	大乘亦明心生一切法，謂十法界也。若觀心是有，有善、有惡。惡則三品，三途因果也；善則三品，脩羅、人、天因果（《大》46-52^b）

在「思議法」中，因「不可思議境……難說」〔註81〕，為了使其易於彰顯出來，而使行者對「不可思議境」觀行有方，故在一乘圓實教的綱領下，就「心生一切法」，徵證《智論》所論《法華》經義，相對於亦說「心生一切法」的小乘而開摩訶衍乘，對「六趣眾生，心之所行，心所動作，心所戲論」，每失於空、有二邊，故據之以開決「實無身假作身，實無空假說空而化導之」的「菩薩因果法」。

表十一：不可思議境

《華嚴經》	〈明法品〉： 心如工畫師，畫種種五陰，一切世界中，無法而不造。（《大》09-456^c）
《摩訶止觀》	如《華嚴》云： 心如工畫師，造種種五陰，一切世間中，莫不從心造。（《大》46-52^c）

智顗在《摩訶止觀》，卷第一・下，「中約弘誓顯是者」中說：

　　三界無別法，唯是一心作，「心如工畫師」，造種種色，心構六

〔註80〕俟後，以表格整理用於對顯智顗主要典據的出典，概隨原典夾註於表內引文之後，其具體形式為「（《大》，09-02^b）」，依序是《大正藏》，第九冊，第二頁，b欄。

〔註81〕凡徵引自「表九、『十乘觀法』的結構及文獻位置一覽表」的文據，因隨行文敘陳其義，而不成原始文獻之文段，故在此範圍內之引文，於本節中，不予註明出典。

道，分別校記，無量種別。〔註82〕

　　首先拈出六道凡夫的根塵之於能所相應之際當體有作的對立特性。其次在講說「觀陰、入、界境」時，開宗明義的辨析其義理為：

> 若依《華嚴》云：「心如工畫師，畫種種五陰。」界內、界外，
> 「一切世間中，莫不從心造」！世間色心，尚叵窮盡，況復出世，
> 寧可凡心知？凡眼瞖，尚不見近，那得見遠？彌生曠劫，不觀界內
> 一隅，況復界外邊衣（表）？如渴鹿逐炎，狂狗齧雷，何有得理？
> 縱令解悟小乘，終非大道！〔註83〕

　　就圓頓止觀而言，藏、通、別、圓四教行人所證境，在欲界、色界、無色界三界之內，自是不同。在心法上，界內事教三藏教與理教通教行人所悟者，僅斷界內的見、思二惑，因此，是「終非大道」的小乘教，祇有界外事教別教與理教圓教行人所斷的界內、界外一切塵沙惑，纔是悟解大道的大乘教，纔是「破法遍」所說的「皆是菩薩從門入位」，「通至無生法忍」的「無生門觀心」。就諸法實相而論，界內、界外之於「心如工畫師，造種種五陰，一切世間中，莫不從心造」，是互具無礙的「一陰、界、入，一切陰、界、入」。

第二目　發真正菩提心

　　天台判四教菩薩所發菩提心，因四諦理而有推量上的不同，署說有十種，即「諸經明種種發菩提心，或言推種種理發菩提心，或睹佛種種相發菩提，或睹種種神通，或聞種種法，或遊種種土，或睹種種眾，或見修種種行，或見種種法滅，或見種種過，或見他受種種苦而發菩提心」〔註84〕，行人發菩提心以起弘誓的初心，智顗說是「思惟彼我，鯁痛自他」。

表十二：初發心的契機

《法華經》	〈信解品〉： 窮子歡喜，得未曾有，從地而起，往至貧里，以求衣食。……窮子聞之，歡喜隨來，為除糞穢，淨諸房舍。長者於牖，常見其子，念子愚劣，樂為鄙事。於是長者，著弊垢衣，執除糞器，往到子所。……長者有智，漸令入出，經二十年，執作家事，示其金銀，真珠頗梨，諸

〔註82〕《摩訶止觀》，卷第一・下，《大正藏》，第四十六冊，頁8^b。
〔註83〕同上，頁52^a。
〔註84〕同上，頁6^a。

	物出入，皆使令知，猶處門外，止宿草庵，自念貧事：「我無此物。」（《大》09-17ᵃ～18ᵃ）
《摩訶止觀》	假令隘路，叛出怨國，備歷辛苦，絕而復穌；往至貧里，傭賃一日；止宿草庵，不肯前進，樂爲鄙事。不信不識，可悲可怪！思惟彼我，鯁痛自他！（《大》46-56ᵃ）

　　智顗銷釋法華七喻之一的「窮子喻」，以明行人當如窮子之父─長者，愍念根器陋劣之子─凡愚的眾生，並在一開始的時候─亦即尚不堪受法之前，隱去自己的尊貴與富厚─佛陀法教的莊嚴與殊勝，並把自己的扮相裝扮成窮子的裝束，並在取得窮子的信賴之後，「示其金銀，眞珠頗梨」─諸法，直到窮子的心量「漸已廣大」，且機宜成熟之際，即把所有的家當「悉以付之」─付法。這是《法華》開會聲聞、緣覺入菩薩乘而爲一佛乘的法教，而其基礎便是從愍念眾生「受種種苦」這一大悲心所興發起來的，因此，智顗據經義論證，「任運拔苦，自然與樂。不同毒害，不同但空，不同愛見」的「發眞正菩提心」的要義與根由，俱在於「思惟彼我，鯁痛自他」。

第三目　善巧安心

　　「不可思議境」在圓頓止觀中，既是正確認識法性的觀心論，也是如法實修的行門，如果在觀法上認識不正確，在實修上不如法，儘管空有菩提心，空發弘誓願，不但終究說食不飽，也將因空想而生發諸種顛倒妄想。然而，圓法之所以爲圓法，其義理正在於體達當體的「妄想悉是法性」，而解悟妄想與法性都不可得，了透無明與法性，本來「無二無別」，所以智顗提出巧安止觀的觀法，要行人「善以止觀安於法性」，俾便開發定慧。

表十三：一、當體體達無明即法性

《法華經》	〈如來壽量品〉： 眾生見劫盡，大火所燒時，我此土安隱，天人常充滿，園林諸堂閣，種種寶莊嚴，寶樹多花果，眾生所遊樂，諸天擊天鼓，常作眾伎樂，雨曼陀羅花，散佛及大眾，我淨土不毀，而眾見燒盡，憂怖諸苦惱。（《大》09-43ᶜ）
《摩訶止觀》	譬如劫盡，從地上至初禪，炎炎無非是火。（《大》46-56ᵇ）

表十三：二、當體體達無明即法性

《大方等大集經》	〈海慧菩薩品〉： 如是三千大千世界滿中大水猶如大海，又如劫盡水災起時，⋯⋯有一世界名寶莊嚴，其土有佛，號海智神通如來，⋯⋯彼有菩薩名曰海慧，欲來至此大寶坊中，與無數菩薩，俱共已斷一切數想，欲來聽是《大集經典》。（《大》13-46ᶜ）
《摩訶止觀》	如海慧初來，所現一切皆水。（《大》46-56ᵇ⁻ᶜ）

　　智顗取《法華經》劫火不壞佛土的安穩爲譬，救拔墮在妄見疑網而徒生顛倒想的眾生，以「如來雖不實滅而言滅度」[註85]，辯證的說法性的本質是「不一不異」，因此劫火所燒，係苦惱眾生的肉眼所見，而不是佛眼所見的燒而不燒的實相。至於彌漫三千大千世界的劫水[註86]，在已證斷常想的海慧等諸菩薩來說，劫水與海智神通如來寶莊嚴佛土中的大寶坊，就「善以止觀安於法性」的行人而言，同樣是盈盈皆水，皆是寶莊嚴佛土，亦一切皆不是水，皆不是寶莊嚴佛土，如同智顗所指出的，「一切妄想」的顛倒、起滅，「皆如虛空，無二無別」，「悉是法性」，本來「不一不異」。

第四目　明破法遍

　　學人在行持修學的進程中，如果無法以確當的觀解，運用善巧的方便行門，發定得慧，悟入不可思議境，必仍心存顛倒惑想，以致無能體達實相。從現象面來看實相，縱使森羅萬狀，但就法性而論，本來不一不異，因此，合當進取即空、即假、即中之一心三觀，遍「破顛倒令不顛倒」。智顗說：「然破法須依門，經說門不同。」如通途廣說，有八萬四千法門。在此，相應於四教，當機不同，感通有別，如法華會上，初則「五千退席」，其時「世尊默然而不制止」，終至於「五百授記」[註87]，是以破法所依門，自是法席對機，各有其宜，亦且門門不同，唯圓教不思議，「橫豎諸法，悉趣於心；破心故，一切皆破，故言遍也」。茲舉智顗所徵證者一端，用例其餘。

[註85]　《妙法蓮華經》，卷第五，〈如來壽量品第十六〉，《大正藏》，第九冊，頁43ᵃ。

[註86]　劫火、劫水，詳佛陀耶舍共竺佛念譯，《佛說長阿含經》，卷第二十一，第四分，《世記經・三災品第九》，《大正藏》，第一冊，頁137ᵇ～141ᵃ。

[註87]　參見《妙法蓮華經》，卷第一，〈方便品第二〉，卷第四，〈五百弟子受記品第八〉，《大正藏》，第九冊，頁5ᵇ～10ᵇ、27ᵇ～29ᵇ。

表十四：實相觀

《大品般若經》	〈廣乘品〉： 菩薩摩訶薩摩訶衍，所謂三三昧。何等三？空、無相、無作三昧。空三昧名諸法自相空，是名空解脫門；無相名壞諸法相，不憶不念，是名無相解脫門；無作名諸法中不願作，是名無作解脫門；是名菩薩摩訶薩摩訶衍。（《大》8-254ᶜ）
	〈四攝品〉： 「云何爲三三昧？」「空三昧門，無相、無作三昧門。」「云何爲空三昧？」「以空行、無我行攝心，是名空三昧。」「云何爲無相三昧？」「以寂滅行、離行攝心，是名無相三昧。」「云何爲無作三昧？」「無常行、苦行攝心，是名無作三昧。」（《大》8-394ᶜ～395ᵃ）
《大智度論》	〈釋初品中三三昧義第三十二〉： 問曰：「是三種以智慧觀空、觀無相、觀無作，是智慧何以故名三昧？」 答曰：「是三種智慧，若不住定中，則是狂慧，多墮邪疑，無所能作；若住定中，則能破諸煩惱，得諸法實相。」（《大》25-206ᶜ）
《摩訶止觀》	或觀行爲門，《釋論》明菩薩修三三昧，緣諸法實相是也。（《大》46-59ᵇ）

　　智顗在論證「修大行」的四種三昧後，總括四種行法的差異時說：「四種三昧，方法各異，理觀則同。……若解理觀，事無不通。又，不得理觀意，事相助道亦不成，得理觀意，事相三昧，任運自成。」〔註88〕理觀就是實相觀，湛然在論證理觀與事觀時，舉唯識觀做爲相應的抉擇，說：

　　　　心色一體無前無後，皆是法界。修觀次第，必先內心。內心若淨，以此淨心，歷一切法，任運泯合。又，亦先了萬法唯心，方可觀心。能了諸法，則見諸法唯心唯色，當知一切由心分別諸法。……

　　　　實相觀理，唯識歷事，事理不二，觀道稍開，能了此者，可與論道。〔註89〕

　　這論證了「菩薩修三三昧，緣諸法實相」，正是《大智度論》所證成的以「智慧觀」破狂慧邪疑、「破諸煩惱」，從而證得「諸法實相」，而其根源一如《大品般若經》所示的三三昧是攝心行門的心法，也是觀達實相，開發定慧，以一心三觀，了達法性本來「不一不異」的助成之道，可見灌頂對三三昧做出「非智不禪」〔註90〕的結論，是融通智顗與龍樹的般若思想所必然要見到的解脫義理。

〔註88〕《摩訶止觀》，卷第二・上，《大正藏》，第四十六冊，頁18ᶜ。

〔註89〕唐・湛然述，《止觀義例》，卷上，《大正藏》，第四十六冊，頁452ᵃ。

〔註90〕隋・灌頂撰，《觀心論疏》，卷第五，《大正藏》，第四十六冊，頁616ᶜ。

第五目　識通塞

前論「心如工畫師」時，曾及「皆是菩薩從門入位」，以「通至無生法忍」之「無生門觀心」的「破法遍」，說的就是諸法實相「一陰、界、入，一切陰、界、入」的互具無礙。但行人於修學時，如何知道自己是否已經具足因位？儻若不能如法確知自家所行持的理路，並以定慧時時攝心檢束，難免失於塞礙，而偏離觀行的正軌，就像慧觀壅塞，而「行矯常倫」的慧邈禪師、「自矜禪學」的老僧法濟那樣，早已闇入邪乘，蹉跎歧路，卻仍兀兀而鳴，懵然不自知。

智顗認為，行人正入無生門者，則通，滯於是非對立者，則塞。如果遍破諸法之後，仍塞於是非，不能事理二觀兼舉，圓證不可思議義，義在諸法不一不異，那麼，更須發用智慧觀，在觀行時時轉深之際，或歧路自失之時，明辨通塞，方不至於通而更執於通，塞而猶作野干鳴，乃至行同外道。

表十五：破塞、存通

《別譯雜阿含經》	〈二五四經〉： 世有良醫能治四病應為王師。何謂為四。一善能知病。二能知病所從起。三者病生已善知治愈。四者已差之〔18〕病令更不生。……如來治眼病，過於彼世醫，能以智慧錍，決無明眼膜。（《大》02-426ᶜ）
《大智度論》	〈信行品〉： 譬如人眼瞖，見妙珍寶，謂為不淨。（《大》25-528ᶜ）
《禪法要解》	譬如真珠師：一者，善知珠相貴賤好醜；二者，善能治用。或有知相而不能用，或有治用而不知相，或有知相亦能治用。行者如是，……能觀實相，具禪定故，生四無量，四無量者，得解之法，以利用故，非為顛倒。（《大》15-290ᵇ）
《大智度論》	〈釋初品中八念義〉： 有漏戒似無漏，隨無漏同行因緣，是故智者合讚，如賊中有人叛來歸我，彼雖是賊，今來向我，我當內之，可以破賊，何可不念？諸煩惱賊在三界城中住，有漏戒善根，若煖法、頂法、忍法、世間第一法，與餘有漏法異故，行者受用，以是因緣故，破諸結使賊，得苦法忍無漏法財。（《大》25-226ᵇ）
	〈釋大方便品〉： 菩薩亦如是，破諸煩惱賊，具足六波羅蜜，而不著六波羅蜜，則為諸佛所念。諸佛不取是菩薩色故念，不取受、想、行、識故念。何以故？色等諸法，虛誑不實故，諸佛觀是菩薩身如實相故念。（《大》25-638ᶜ）

《菩提資糧論》	於此四無量中，習近多作已，得心堪能。得心堪能已，便入初禪那。……諸所應調伏眾生，悉令調伏。「四界如毒蛇，六入如空村，五眾如殺者，應作如是觀。」……雖守護將息長養，此地等四界，而速疾發動，不知恩養，……應當觀察，猶如毒蛇，……眼等諸入，有六賊眾，逼惱可畏故。應當觀察，猶如空村，共和與物，破壞打罰，不能遮障故。猶如殺者，於五受眾，應當日日如是觀察。（《大》32-537^c～538^a）
《法華經》	〈化城喻品〉： 譬如五百由旬，險難惡道，曠絕無人，怖畏之處，若有多眾，欲過此道，至珍寶處，有一導師，聰慧明達，善知險道，通塞之相，將導眾人，欲過此難。（《大》09-25^c）
《摩訶止觀》	但破塞、存通，如除膜、養珠，破賊、護將。若爾，即大導師，善知通塞，將導眾人，能過五百由旬。（《大》46-86^a）

　　當行人的眼目，誤認原本不一不異的實相為千差萬殊的法塵時，猶如生了白內障的人，即使珍寶在前，也要將之錯看成穢物，因此，生起不淨的顛倒想，且必欲將珍寶除之而後已。至於豢養珍珠貝的人，要想採得上善嘉品，就得汰選精砂餵食，一如鑲治珍珠的真珠師，不但要有一副明察秋毫的好眼力，嚴選嘉品，還得時刻保任串綴的絕頂功夫於不墜，纔能莊嚴供養。至若破賊之道，上上之策，不在於逞其蠻勇的把賊拿下，並予以當下斬決，而在於「我當內之」的從自家門庭之內防備起，因為外賊易守，自家身上出沒無端的內六賊難防。凡此，皆因不識實相之故，而失去守護將息生養慧命的般若波羅蜜，徒然滯塞於邪知邪見，致為六賊所獲，而為諸結使所纏，如此一來，終究不得出離生死。智顗初以三譬喻，喻說使用金錍剗除遮蔽慧眼的翳膜，俾行人等視實相。喻說慎始於擇法養珠，而以善以開決之功行，終使行人得能諦審實相。喻說偵破內賊之善策，使能觀之心，堪能調伏顛倒，一其得失，安住禪那，是謂不殺而殺，殺而不殺，當體具現能所實相，本來不一不異。然而，意欲造就這一切，除了要時時明覺的善自守護將養因位的觀行之外，在達到證悟妙覺的寶所之前，仍須「大導師」在二六時中，時時面命，方能順利越過滯塞難行的「險難惡道」，而後迳自通向與自己所曾誓願成就的佛國土，而以真正的菩提心，為來人廣開「珍寶處」。如此圓頓的聞圓法、信圓信、行圓行、住圓位、「以圓功德而自莊嚴，以圓力用建立眾生」〔註91〕，一旦順利的通「過五百由旬」，方得在果位上如法宣說：

〔註91〕《摩訶止觀》，卷第二・上，〈序論〉，《大正藏》，第四十六冊，頁2^a。

心佛及眾生，是三無差別〔註92〕。

第六目　明修道品

就藏、通二教方便說十乘觀法，自是層層轉深，以其所觀十法界，雖「邐迤淺深，皆從心出」〔註93〕，但因沈滯空有，品秩不明，所以說「並是二乘因果法」〔註94〕。如今，論旨既在「分別說」的前提之下，證成止觀不可思議之圓頓要義，是以二乘觀行，如或漸階失序，悟入無方，自當省察，得道所依、攝心所歸、行位所居、發相所適，是否都能與無漏聖智相應？茲舉「當分」一隅，以概智顗所揭示之「道品調適」諸行法，以為指歸之南鍼。

表十六：如實得道

《大品般若經》	〈遍學品〉： 爾時，須菩提白佛言：「世尊！是菩薩摩訶薩，大智慧成就，行是深法，亦不受果報？」 佛告須菩提：「如是！如是！菩薩摩訶薩大智慧成就，行是深般若波羅蜜，亦不受果報。何以故？是菩薩摩訶薩，諸法性中不動故。」 「世尊！何等諸法性中不動？」 佛言：「於無所有性中不動。復次，須菩提！菩薩摩訶薩色性中不動，受、想、行、識性中不動，檀那波羅蜜性中不動，尸羅波羅蜜、羼提波羅蜜、毘梨耶波羅蜜、禪那波羅蜜、般若波羅蜜性中不動，四禪性中不動，四無量性中不動，四無色定性中不動，四念處性中不動，乃至八聖道分性中不動；空三昧、無相三昧、無作三昧，乃至大慈大悲性中不動。何以故？須菩提！是諸法性即是無所有。須菩提！以無所有法，不能得所有法。」 須菩提言：「世尊！所有法能得所有法不？」 佛言：「不也！」 「世尊！所有法能得無所有法不？」 佛言：「不也！」 「世尊！無所有法能得無所有法不？」 佛言：「不也！」 「世尊！若無所有不能得所有，所有不能得所有，所有不能得無所有，無所有不能得無所有，將無世尊不得道耶？」

〔註92〕東晉・佛馱跋陀羅譯，《大方廣佛華嚴經》，卷第十，〈夜摩天宮菩薩說偈品第十六〉，《大正藏》，第九冊，頁446[a]。
〔註93〕《摩訶止觀》，卷第五・上，「觀心具十法門」，《大正藏》，第四十六冊，頁52[c]。
〔註94〕同上，頁52[b]。

	佛言：「有得，不以此四句。」 「世尊！云何有得？」 佛言：「非所有，非無所有，無諸戲論，是名得道。」（《大》08-380^{b~c}）
《大智度論》	〈釋初品中三十七品義第三十一〉： 「菩薩摩訶薩得是實相故，不厭世間，不樂涅槃，三十七品是實智之地。」 問曰：「四念處則能具足得道，何以說三十七？」…… 答曰：「四念處雖具足能得道，亦應說四正勤等諸法，何以故？眾生心種種不同，結使亦種種，所樂所解法亦種種，佛法雖一實一相，為眾生故，於十二部經八萬四千法聚，作是分別說。」（《大》25-198^a）
《維摩詰所說經》	〈菩薩品〉： 三十七品是道場，捨有為法故。（《大》14-542^c）
《大智度論》	〈釋乘乘品〉： 菩薩摩訶薩摩訶衍，一心應薩婆若，修四念處。……是名菩薩摩訶薩乘於大乘。（《大》25-389^b）
	〈釋四念處品〉： 菩薩摩訶薩內身中，循身觀勤，精進一心，除世間貪憂，以不可得故，外身、內外身亦如是。受念處、心念處、法念處，亦應如是廣說。須菩提！是名菩薩摩訶薩摩訶衍……菩薩摩訶薩摩訶衍，所謂四正勤……所謂四如意分……所謂五根……所謂五力……所謂七覺分……所謂八聖道分。（《大》25-406^{a~b}）
《摩訶止觀》	故云：「當依念處得道。」又云：「是道場。」又云：「是摩訶衍。」（《大》46-87^c）

智顗判釋化法教相，有「當分」、「跨節」二說。「當分」之於四教，就方便施設的「相待妙」而論，各有其教、理、行。在義門來說，佛陀應緣所宣講的經典，因為請法當機眾不同，所以部部別異。至於「跨節」，就《法華》開示實相而論，以其一音說法，則為究竟圓教之「絕待妙」。智顗說：「問：『教主不同，設教亦異，云何而言金口梵聲名為教通？』答：『此有兩義：一、當分，二、跨節。當分者，如三藏佛，赴種種緣，說種種教，緣異故教別，主一故教通，依此教行，有能契所契，種種名理。理無種種，經言：「即脫瓔珞，著弊垢衣，語言勤作，勿復餘去，并加汝價，及塗足油。」〔註95〕此則身、

〔註95〕 《妙法蓮華經》，卷第二，〈信解品〉，具云：「於是長者，著弊垢衣，執除糞器，往到子所，方便附近，語令勤作。既益汝價，并塗足油。」《大正藏》，第九冊，頁18^a。

口、行、理，齊分而說，不得作餘解也。通、別、圓等教、行、理，當分亦爾。斯義易解，而理難融云云。二、跨節者，何處別有四教主？各各身、各各口、各各說，祇隱其無量功德莊嚴之身，現爲丈六紫金輝，不說甘恬常樂之味，說於鹹酢，無常辛辣。棄王者服飾，執持糞器，名爲方便。若開方便門，示眞實相，即向身是圓常之身，向法是圓法，向行、向理皆即眞實。如此通是一音之教，而小大差別，能契有長短，所契唯一，極種種名，名一究竟，唯一究竟，應於眾名，作如此論，教、行、理通、別者，相則難解，理則易明。』〔註96〕就「當分」而論道品，旨在論證「十乘觀法」，行人既可因其觀行當體得法，以一心三觀單觀「一乘」而一超頓入無生門，也可層層遞進，兼觀餘乘，以符契自家根力，而漸悟圓理，不必乘乘相互假藉，方是如實得道、方顯無爲道場、方成摩訶衍乘。凡此，就智顗所概括之經論文據，可充分明白，其觀行機杼雖獨有自出之創見，然所融浹之本源，仍底蘊俱彰，不容翳眼「調停」。

第七目 助道對治

　　行人修四三昧而不得成就，在事理上，顯然仍存有惑障，這個時候，繼此前所舉，如「破法遍」詮明菩薩修三三昧，在於以智慧觀，諦觀諸法實相，如「修道品」捨有爲法而得道，如「識通塞」以六度對治六蔽而悟入，凡此等等，設若依然無法取得成果，就有必要從自身的資質上探查原因，尋找其他更加合適自己的觀行方法，纔不至於於一切法無所得。智顗認爲，資質明穎且能於一切法有所得的人；稟賦聰敏但不能有得於一切法，祇能依無漏的空、無相、無願三三昧入三解脫門的人；根機魯鈍而於一切法善得道品調適的人；這三種行人，則無須進學「助道對治」諸法。唯有根性陋劣，且在修觀行一切法之後，猶難以領會要義的人，就有必要改弦更轍，在六妙門、十六特勝、通明、九想、八念、十想、八背捨、八勝處、十一切處等出世禪法中，尋求愈加切合自己修持的方法，以便達成悟入三解脫門。

表十七：尋求合適的修持法門

《大品般若經》	〈廣乘品〉： 菩薩摩訶薩摩訶衍，所謂字等語等諸字入門。……遮字門，一切法終不可得故，諸法不終不生故。（《大》08-256ᵃ）

《大智度論》	〈初品十力釋論〉： 知眾生上、下根智力者：佛知眾生是利根、鈍根、中根。利智名爲上，鈍智名爲下。佛用是上、下根智力，分別一切眾生，是利根、是中根、是鈍根。……是人如是根，……如是知已，或爲畧說得度，或爲廣說得度，或爲畧廣說得度；或以軟語教，或以苦語教，或以軟苦語教。佛亦分別，……是人利根爲結使所遮，如鴦羣梨摩羅等；是人利根不爲結使所遮，如舍利弗、目連等；知根雖鈍而無遮，如周利般陀伽；有根鈍而遮者。知是人見諦所斷根鈍，思惟所斷根利，思惟所斷鈍，見諦所斷利，是人一切根，同鈍同利，是人一切根，不同鈍不同利。（《大》25-237^c～238^a）
	〈釋初品中三三昧義〉： 到處門：四禪等是助開門法。復次，三十七品是上妙法。欲界心散亂，行者依何地何方便得？當依色界、無色界諸禪定，於四無量心、八背捨、八勝處、九次第定、十一切處中試心，知得柔軟自在隨意不？（《大》25-206^a）
《摩訶止觀》	根利無遮，……根利有遮，……根鈍無遮，……根鈍遮重者，以根鈍故，不能即開三解脫門，以遮重故，牽破觀心。爲是義故，應須治道對破遮障，則得安隱入三解脫門。《大論》稱諸對治是「助開門法」，即此意也。（《大》46-91^a）

智顗根據《大智度論》所提出的色界四禪，做爲對破遮障一切法而不得要領的「助開門法」，以便在觀行上，爲「根鈍遮重」的學人，依龍樹論旨，指出更加根本的修持進路。爲便於明瞭，茲將色界四禪，開爲下表。

表十八：色界四禪一覽表

四　禪		初　禪		二　禪		三　禪			四　禪	
十八支	對治支	尋（覺）	伺（觀）	內等淨		行捨	正念	正知	捨清淨	念清淨
	利益支	喜	樂	喜	樂	樂			非苦樂受	
	自性支	心一境性		心一境性		心一境性			心一境性	

然而，龍樹所釋論的「四禪等是助開門法」，在智顗的止觀思想中，是做爲有漏凡夫所修的世間禪提出來，茲表解如下，用供參照。〔註97〕

〔註97〕　參見隋・智者大師說，法愼記，灌頂再治《釋禪波羅蜜次第法門》，卷第五，〈修證第七之一〉，卷第六，〈修證第七之二〉，《大正藏》，第四十六冊，頁508^a～524^a。

表十九：世間禪修習方法簡表

四　禪		初　禪		二　禪		三　禪			四　禪	
十八支	對治支	覺	觀	內淨		捨	念	智	捨清淨	念清淨
	利益支	喜	樂	喜	樂	樂			不苦不樂	
	自性支	一心		一心		一心			一心	
修習方法		阿那波那：辨風、喘、氣、息相，繫心數出息、入息。以能數之心轉數、隨、止、觀、還、淨爲進階之緣。		以不著、訶責、觀析三方便法離初禪，行：一、厭下：苦、麤、麤障，二、攀上：勝、妙、出，六行觀。		以不著、訶責、觀心窮檢三法捨二禪之大喜，具足苦、麤、麤障、勝、妙、出六行觀。			深見三禪樂有大苦之患，應一心厭離，以不著、訶責、觀析三法除遣，求四禪種不動定。	

第八目　明次位

湛然說：「下根障重，非唯正助不明，却生上慢，謂己均佛，未得謂得，未證謂證，須知次位，使朱紫不濫。夫小大眞似，非證不明，故三世諸佛，皆明諸位。」〔註98〕依化法四教的判釋，藏、通、別、圓所修證的果位，因所觀法門不同而各不相同，不可邪闇混濫，如藏教聲聞所證者，有七凡位、四聖位〔註99〕，而圓教與六即佛相應，凡聖共有八位〔註100〕。凡此，旨在論證行者修持觀行，務須如實檢證自己所證得的位次，並策勵自己在精進中位位升進，而不要生起「未得謂得，未證謂證」的增上慢心，因爲三世諸佛之所以證得妙覺，都是「次第四十二位〔註101〕，究竟妙覺，無有叨濫」的。

智顗在「明次位」一目中，依四教次第隨宜講說，而將所徵證的典據，雖逕自分別熔裁，但並未給出經論概念做爲總綱，爲明瞭起見，特將化法四教次位，合併成一個總表〔註102〕，使便於對照理解。

〔註98〕《止觀大意》，《大正藏》，第四十六冊，頁461^b。
〔註99〕藏教聲聞七凡位爲，外凡：五停心、別相念處、總相念處三位。內凡：煖法、頂法、忍法、世第一法四位。聖位有見道、修道、無學道三位。
〔註100〕圓教凡聖八位爲，外凡：觀行即─五品位。內凡：相似即─十信位。聖位：分證即─十住位、十行位、十迴向位、十地位、等覺位。究竟即─妙覺位。
〔註101〕具言：十住位、十行位、十迴向位、十地位、等覺位、妙覺位。
〔註102〕「四教次位對照總表」係根據釋聖嚴著之《天台心鑰：教觀綱宗貫註》，「附錄二：圖表」爲原始資料，重新整理而成，除形式不同之外，又在通、別二教下，依智旭述意，加上「六即」中的後四即。臺北，法鼓文化，2003，修訂一版，頁378、382、387、388。

表二十：四教次位對照總表

六即	三藏教聲聞之位次	通教三乘共十地	別教五十二位	圓教凡聖八位
理即				
名字即				
觀行即	凡位 外凡：五停心位、別相念處、總相念處	凡位 外凡：乾慧地	凡位 外凡：十信	凡位 外凡：五品
相似即	凡位 內凡：煖法、頂法、忍法、世第一法	凡位 內凡：性地	凡位 內凡：十住（習種性）、十行（性種性）、十迴向（道種性）	凡位 內凡：十信
分證即	聖位 見道：初果（須陀洹）；修道：二果（斯陀含）、三果（阿那含）	聖位：八人地、見地、薄地、離欲地、已辦地、支佛地、菩薩地（聲聞、緣覺、菩薩）	聖位：十地（聖種性）、等覺（等覺性）真因	聖位：十住、十行、十迴向、十地、等覺
究竟即	聖位 無學道：四果（阿羅漢）	聖位：佛地	聖位：妙覺（妙覺性）真果	聖位：妙覺

第九目　能安忍

　　持盈保泰，同時層樓更上，一般而言，總是困難的，除非學人，時時都能保有明覺的觀行，並善自珍衛，且能得之者不喜不傲，失之者不憂不惱，否則根塵搖蕩，或誇矜無度，或退行慢節，或知見固滯，每因不自覺知，而外招榮辱，內損觀行，甚至沈墜惑想，顛倒實相，致不能度脫生死，如此一來，雖說識得法門可貴，但終究徘徊牆外，不是入品行儀，縱使位登初品〔註103〕，也要「志念堅固，無能移易」，方許爲「勝術」。

表二十一：能忍成道事

《大智度論》	〈初品中菩薩釋論〉： 薩埵名或眾生、或大心。是人諸佛道功德盡欲得其心，不可斷不可破，如金剛山，是名大心。……其心不可動，能忍成道事，不斷亦不破，是心名薩埵。……復次，稱讚好法名爲薩，好法體相名爲埵。菩薩心自利利他故，度一切眾生故，知一切法實性故，行阿耨多羅三藐三菩提道故，爲一切賢聖之所稱讚故，是名菩提薩埵。（《大》25-86^a）
《摩訶止觀》	能忍成道事，不動亦不退，是心名「薩埵」。（《大》46-99^{a~b}）

　　能忍是世尊的別號之一。忍更是佛教重要的義理，簡單的說，就是堪忍、安忍。廣說如《大乘理趣六波羅蜜多經》所言：

　　　　菩薩安忍三十二種：所謂無貪是安忍、不害是安忍、無熱惱是安忍、無瞋是安忍、無恨是安忍、無忿是安忍、無諍論是安忍、不染欲境是安忍、能護自他是安忍、順菩提心是安忍、無分別心是安忍、不著生死是安忍、順業果是安忍、身清淨是安忍、口意清淨是安忍、堅固不退是安忍、言說自在是安忍、無遍計是安忍、自覺聖智是安忍、將護彼意是安忍、修四梵行不隨禪生是安忍、於人天樂得自在是安忍、相好圓滿是安忍、梵音深妙是安忍、滅除諸惡是安忍、遠離慳垢是安忍、除斷嫉妬是安忍、捨諸怨賊是安忍、近菩提分是安忍、離諸不善是安忍、樂處寂靜是安忍、獲諸佛法是安忍。〔註104〕

〔註103〕初品，乃至十信。十信以前的外凡位區別爲五品，即，在六即位中第三觀行即位的三藏教的五停心位、別相念處、總相念處，通教的乾慧地，別教的十信。參見「四教次位對照總表」。

〔註104〕唐·般若譯，《大乘理趣六波羅蜜多經》，卷第六，〈安忍波羅蜜多品第七〉，《大正藏》，第八冊，頁893^{a~b}。

所以在識知次位，轉障開慧之後，還得勤行毘梨耶波羅蜜，並在入品之後，層層升進，直至證得無上正眞道意。儻或一念不明，忽爲名聞利養所拘牽，而放失忍耐迫害、對治瞋恚、使心安住的羼提波羅蜜，便有墮爲龍樹所說的「敗壞菩薩」〔註 105〕之虞，爲了免於「臨終後悔」，智顗於觀行論中，體察其師慧思在〈立誓願文〉中所提出的懇切教說，說學人之於安忍，要以「擇」〔註 106〕字，善自覺照。

第十目　無法愛

諸法的起現和謝落，不出「因緣所生法」，青目釋論說：「『眾因緣生法，我說即是空。』何以故？眾緣具足和合而物生，是物屬眾因緣故無自性，無自性故空，空亦復空，但爲引導眾生故，以假名說，離有無二邊故名爲中道。是法無性故，不得言有，亦無空故，不得言無；若法有性相，則不待眾緣而有；若不待眾緣則無法，是故無有不空法。」〔註 107〕這是智顗一心三觀思想的直接根源，而龍樹所本的正是佛說的「深奧義」，佛說：「深奧處者，空是其義，無相、無作、無起、無生無染、離寂滅如法性，實際涅槃。」〔註 108〕這可從龍樹對經義的論說，看出龍樹理解「眾因緣生法」無自性的鮮明脈絡，

〔註 105〕龍樹造，後秦・鳩摩羅什譯，《十住毘婆沙論》，卷第四，〈阿惟越致相品第八〉說：「深著名利者，於布施財利供養稱讚事中，深心繫念，善爲方便，不得清淨法味故，貪樂此事。心不端直者，其性諂曲，喜行欺誑。悋護他家者，是人隨所入家，見有餘人得利養，恭敬讚歎，即生嫉、憂愁、不悅，心不清淨，計我深故，貪著利養，生嫉妬心，嫌恨檀越。不信樂空法者，諸佛三種說空法，所謂三解脫門，於此空法，不信、不樂、不以爲貴，心不通達故。但貴言說者，但樂言辭，不能如說修行，但有口說，不能信解諸法，得其趣味，是名敗壞相。若人發菩提心，有如是相者，當知是敗壞菩薩。敗壞名不調順，譬如最弊惡馬，名爲敗壞，但有馬名，無有馬用。敗壞菩薩亦如是，但有空名，無有實行。若人不欲作敗壞菩薩者，當除惡法，隨法受名。」《大正藏》，第二十六冊，頁38^c。

〔註 106〕〈南岳思大禪師立誓願文〉總結說：「世間所有道俗，殷勤請講供養者，乃至強勸請令講經者，此等道俗，皆非善知識，是惡知識耳！何以故？皆是惡魔所使，初即假作殷勤，似有好心，後即鬥〔鬥〕生忿怒，善惡二魔、俱非好事，從今已後，不應信此。所有學士，亦復如是，皆不可信，如怨詐親。苦哉！苦哉！不可思議，諸王刹利處，皆亦復如是，擇！擇！擇！擇！」參見《大正藏》，第四十六冊，頁 792$^{a\sim b}$。

〔註 107〕《中論》，卷第四，〈觀四諦品第二十四〉，《大正藏》，第三十冊，頁 33^b。

〔註 108〕後秦・鳩摩羅什譯，《摩訶般若波羅蜜經》，卷第十七，〈深奧品第五十七〉，《大正藏》，第八冊，頁 344^a。

龍樹說：

> 問曰：「……空無所有，以何為深？」
>
> 答曰：「非直口說名字故空，分別解諸有相，內不見有我，外不見定實法。得是空已，觀一切法相，皆是虛誑，有諸過罪；若滅諸相，更不作願生三界。此空是得道空，非但口說，是故言深。復次，空亦復空；若著是空，則有過失，是不名深；若空從破邪見有故出是為深；若於空中亦不著空故亦深。」〔註109〕

就法性而論，正確的理解「深奧義」的空義，是行者了達所修學諸觀行法，都不應「以法愛住著」的實相，方不致愛執於法，像通、別二教行人那樣，因迷於界內見思，無法證見真正道意，而從頂位墮落，進退失據。

表二十二：邪行頂退

《阿毘曇毘婆沙論》	〈雜犍度世第一法品之三〉： 「云何頂退？」…… 答曰：「……猶如有人，彼於餘時。不親近善知識者。親近惡友。不從他聞法者。不聽隨順方便法。不正觀思惟者。自身行邪行。失此信法。是名頂退。」 問曰：「頂退體相為是何耶？」 答曰：「是不成就性、不隱沒無記、心不相應行，行陰所攝。」 （《大》28-19^{b-c}）
《雜阿毘曇心論》	〈賢聖品〉： 頂法者在煖上故曰頂。……於此頂退名頂退、名頂墮。……頂墮者以多憂惱故有，三處起大憂惱，如失大寶，謂非想非非想離〔註110〕、欲退離〔註111〕、欲界欲〔離？〕〔註112〕，及頂法退者，名不成就性。（《大》28-909^c）
《摩訶止觀》	《毘曇》云，煖法猶退；五根若立，上忍發真，則不論退。頂法若生愛心，應入不入，退為四重、五逆。（《大》46-99^c）

〔註109〕《大智度論》，卷第七十四，〈釋燈炷品第五十七〉，《大正藏》，第二十五冊，頁 581^b。經〈深奧品〉龍樹作〈燈炷品〉，隋·吉藏撰，《十二門論疏》，卷上，〈同異門第五〉，在論證「空即是第一義」時，直接將龍樹的論旨，銷釋為：「《智度論》釋〈深奧品〉云：『深奧者空是其義，無生滅是其義。』」參見《大正藏》，第四十二冊，頁 181^c。

〔註110〕非想非非想處，係無色界第四天，即有頂天。

〔註111〕離欲退，指斷盡欲界九品修惑而得不還果的聖者，再起欲界煩惱而退墮者。

〔註112〕離欲地，指從斷除欲界思惑的滅淫怒癡地，再起欲界淫怒癡而退墮者。

就天台化法四教而論，頂位是三藏教內凡四善根位的第二位，就迦旃延子的說法，頂位具有雙重特性，一方面既是「於寶悅適」〔註113〕，也就是樂於信受佛法，但因其介於煖位和頂位之間，所以是動善根增長的依變項，很容易受到其自變項，即貪不善根、瞋不善根、癡不善根諸惡法的干擾，儻若行人在修持觀行上，對之生、養、增、長、益、持、廣布〔註114〕，守護不如法而偏生障礙，或以其小信而心生貪愛，偏離觀法的正軌，就會顯現出「不久住」〔註115〕的特性，而在「取相分別」時，因猶疑顧望，以致不知不覺的失去道意，從而退墮，誠如龍樹所論：「若菩薩摩訶薩，無方便心行六波羅蜜，入空、無相、無作中，不能上菩薩位，亦不墮聲、聞辟支佛地。愛著諸功德法，於五眾無常、苦、空、無我，取相心著，言：『是道、是非道、是應行、是不應行。』如是等取相分別，是菩薩頂墮。」〔註116〕

第十一目　結　語

從上述對十乘觀法主要典據所做的取樣晷析，可以脈絡清晰的理出智顗觀行思想體系的源流於一端。這一思想體系在發展與綜成的方法上，具有先經後論的次第，而且有以經證論、以論裁經的特色，祇是這一特色被智顗周備的該括在所有隨宜的講說之中，須就義理予以深細探查，纔能將其綱目彰示出來，因此，灌頂說：「止觀明靜，前代未聞。」並不是說由智顗所建構起來的天台止觀思想，是智顗向壁虛造出來的新學說，而是智顗在研覈三藏十二部小大偏真的法教之後，在「心淨行勤」的實際行持並藉以豁然悟入法華一乘圓實教之後，所體證出來的「契理符文」的縝密學理，此一學理的論述結構、詮釋檢證與觀行證立，都是因行與果德互為圓具的，自是不與他同。然而如此片面的說法，不免徒增外人的疑慮，故在鑑明智顗的思想學統的同時，仍須從其對當時代諸師及其先達的抉擇上，進行同一範疇的思想合會與

〔註113〕迦旃延子造，五百羅漢釋，北涼・浮陀跋摩共道泰等譯，《阿毘曇毘婆沙論》，卷第三，〈雜犍度世第一法品之三〉，《大正藏》，第四十八冊，頁17b。

〔註114〕五百大阿羅漢說，善根有：「能生善義是善根義、能養善義、能增善義、能長善義、能益善義、能持善義、能令善法廣流布。」唐・玄奘譯，《阿毘達磨大毘婆沙論》，卷第一百一十二，〈業蘊第四中惡行納息第一之一〉，《大正藏》，第二十七冊，頁582b。

〔註115〕迦旃延子造，五百羅漢釋，北涼・浮陀跋摩共道泰等譯，《阿毘曇毘婆沙論》，卷第三，〈雜犍度世第一法品之三〉，《大正藏》，第四十八冊，頁19b。

〔註116〕《大智度論》，卷第二十七，〈釋初品大慈大悲義第四十二〉，《大正藏》，第二十五冊，頁262b。

辨析，方能使學人確信何為「邊邪皆中正」〔註117〕之道，否則，諦理不達，但說「眾生隨類各得解」，就不共法而論，不論是「恐畏」，或「歡喜」〔註118〕，雖能成方隅之說，但終非持平之論。

第三節　智顗對觀法的抉擇

　　智顗的學統既然有本有源，而且在思想的源流上，又大體都可依所徵證的典據，或經其銷釋之文意，索冀出一個所以然來，因此，儘管其所講說的部帙眾多，且結體邃密恢廓，但卻不就此而成為令人望而生畏的煩瑣哲學，或使人徒生顛倒想的空論，反因其思惟進路多方圓具，理論方法洞達明朗，加諸五重玄義、七番共解、四意消文、悉曇義法，鑄成開啟其所建構之教相論、觀行論、思想論的鎖鑰，祇要行人把握得宜，勤行有方，咸信登其堂奧，入其開室，領受醍醐灌頂，應非難事。然而就智顗的思想本身而論，其之所以在中國佛教弘傳史上，從學派佛教過渡到宗派佛教的轉折進程中，顯得特別重要，並非在「正引經文，傍宗擊節，研覈考問」的治學功夫有多麼的深廣，或學究所為的餖飣能耐又有多麼使人生厭，而在於其理悟與行證「皆曉自裁」的機杼，是如何判釋一代時教，融通經論底據，淘汰格義俗說，從而給出東土學人的赴物機宜，與梯航自適的四教義海。當然，智顗之所融裁者，非止經論師說一端，亦且以其豁悟法華三昧之法眼，抉擇大法西來意，而與當時諸師及先達多所切磋，乃至於就義法多所校量，方見出真章。

第一目　智顗對法義的抉擇

　　在觀行論中，智顗是如何思想一代時教並據之以創建與之相適應的學理的？在《摩訶止觀》中，可從智顗的講說方法，理出一個憑藉的梗概來。在這個方法上，智顗所使用的語彙，主要有：依經、依修多羅、依佛藏經、依隨經法、依教、依《華嚴》、依《普賢觀》、依《釋論》、依《中論》、依《成

〔註117〕《摩訶止觀》，卷第一，〈序論〉，《大正藏》，第四十六冊，頁1c。

〔註118〕姚秦・鳩摩羅什譯，《維摩詰所說經》，卷第一，〈佛國品第一〉，具云：「佛以一音演說法，眾生隨類各得解，皆謂世尊同其語，斯則神力不共法。佛以一音演說法，眾生各各隨所解，普得受行獲其利，斯則神力不共法。佛以一音演說法，或有恐畏或歡喜，或生厭離或斷疑，斯則神力不共法。」《大正藏》，第十四冊，頁538a。

論》、依《毘曇》、依律、依摩訶衍、依大乘，乃至於依世智，爲便於明瞭，茲成舉隅表如次。

表二十三：智顗思想方法所依語彙舉隅表

語彙類別	《摩訶止觀》抉擇例	文獻位置
依經	今「依經」，更明圓頓。	《大》46-02[a]
	今「依經」釋名，覺者照了也。	《大》46-14[c]
	二、「依經」，《大品》云：「聲聞人依四念處行道，……」	《大》46-49[b]
依修多羅	前六重「依修多羅」以開妙解，今依妙解以立正行膏明相賴，目足更資。	《大》46-48[c]～49[a]
依佛藏經	「依佛藏經」，前四句亦吹亦唾，後兩句結前吹唾耳！	《大》46-61[a]
依隨經法	「依隨經法」，廣立名字，而爲作義，名爲法施。	《大》46-78[b]
依教	「依教」修行，通至無生法忍，因位具足。	《大》46-59[c]
	今且「依教」云云，此定雖無麤煩惱，成就十種細法。	《大》46-71[b]
	因聞名故，「依教」修行，入五品位名觀行乘。	《大》46-100[b]
依《華嚴》	「依《華嚴》」云：「有善知識魔、三昧魔、菩提心魔。」魔能使人捨善從惡。	《大》46-43[b~c]
	「依《華嚴》」云：「心如工畫師，畫種種五陰。」界內、界外，「一切世間中，莫不從心造。」	《大》46-52[a]
	若「依《華嚴》」〈十住品〉云：「菩薩因初發心得十力分。」正念天子問法慧云：「初心大士修十力方便，云何知家非家出家學道？云何方便修習梵行具十住道速成菩提？」	《大》46-96[a]
依《普賢觀》	若「依《普賢觀》」，即以五品爲十信五心。	《大》46-99[a]
依《釋論》	且「依《釋論》」，有十種戒，所謂不缺、不破、不穿、不雜、隨道、無著、智所讚、自在、隨定、具足，此十通用性戒爲根本。	《大》46-36[a]
	今「依《釋論》」，初、背捨，二、勝處，初禪攝。	《大》46-123[a]
依《中論》	今「依《中釋論》」，破四性訖，而論內出外來耳！	《大》46-199[a]
依《成論》	如灰覆火，愚者輕蹈之，若「依《成論》」，無未來禪，故云：「汝說未來禪，將非我欲界定。」	《大》46-118[c]
依《毘曇》	若「依《毘曇》」，判此十禪，皆名有漏。緣諦智修，名無漏禪。不爾！但緣事修，名有漏禪。	《大》46-117[c]
依律	若見有人不識機宜，行說此者，則戒海死屍，宜「依律」擯治，無令毒樹生長者宅。	《大》46-19[b]

	若「依律」，教應在不淨後，依行在不淨前。如《律》云：「佛爲比丘說不淨觀，皆生厭患，不能與臭身共住。」	《大》46-120^b
依摩訶衍	如此三義，共成中道觀相，此「依摩訶衍」，明三止、三觀之相，以義隨相，條然各別。	《大》46-25^b
依大乘	戒淨障轉止觀易明，若犯重者，佛法死人。小乘無懺法，若「依大乘」，許其懺悔。	《大》46-39^c
	若依聲聞，但九無十；若「依大乘」，三佛義，佛有報身；若依斷惑盡義，則無後報。九之與十，斟酌可解。	《大》46-53^c
依世智	初果無禪者，進修重慮，理用無漏智也。若俱解脫人，或用無漏智，或用世智。今且「依世智」，約得禪者爲便。	《大》46-70^c

　　如同在「十乘觀法主要典據署析」一節所述的那樣，以《摩訶止觀》做爲智顗思想最爲圓熟的基盤，遞次往梵漢譯佛典、論典溯流討源，可以綱領智顗的思想方法，是在自己對經論有了具體理解的前提之下，再依內在於智顗行持所悟得的論旨，所分門總結出來的。然而智顗之於南朝之前所譯漢的三藏，在部帙門類初成〔註119〕，卷帙浩繁〔註120〕的情況之下，仍然自有分判的依經、律、論，小乘、大乘，乃至於世智的不同屬性，做爲多向度把握與開決義理的根據。智顗一方面區別化法四教所應機感不同的經論之於各別的適用性，一方面區別諸師可能因誤讀而造成的混濫，一方面爲易於東土行者的義解而以方便法合會世學〔註121〕。關於正讀與偏讀，乃至於誤讀所導出的

〔註119〕在智顗的時代，智顗所可能讀到經錄，如曹魏·朱士行的《漢錄》、東晉·道安的《綜理眾經目錄》、梁·釋僧祐（445～518）編撰的《出三藏記集錄》等，是相當有限的，但這對探討智顗的思想，衹能做爲旁證來認識，根本問題是智顗時代對經論部帙的目錄分類法，並不以門類做爲區分的根據，而主要是以譯出年代排序，頂多衹能當譯經史的文獻來認識，以《出三藏記集錄》爲例，可見概餘。參見梁·釋僧祐編撰，《出三藏記集錄》，《大正藏》，第五十五冊。至於依內容來分類經藏，據呂澂的研究，當出現在刊刻於明太宗永樂（1398～1424，在位）年間的《南藏》。參見呂澂，《歷朝藏經署考》，臺北，大千，民92，頁70～73。

〔註120〕梁·僧祐說：「發源有漢，迄于大梁，運歷六代，歲漸五百，梵文證經，四百有十九部。」《出三藏記集錄》，上卷第二，《大正藏》，第五十五冊，頁5^c。

〔註121〕世學之見於《摩訶止觀》者，主要有：《詩經》、《禮記》、《論語》、《史記》、《後漢書》、《晉書》、《戰國策》、《荀子》、《韓非子》、《淮南子》、《老子》、《莊子》、《抱朴子》、《黃庭內經素問》、《楚辭》、《昭明文選》等十八種，

結果，智顗從閱讀與實踐的進路論證說：「《大論》云，所因處用通廣，所不因處用通劣〔註122〕。但禪是事，通是用，俱屬福德莊嚴，非所諍處，雖無理諍，校揣所因，通用悉異。次，韋陀不同者，若外外道所發，所讀治家濟世之書，部帙不同，詮述各異，發讀多則知廣，少則知狹，長慢自大，皆由文字不同也。若內邪不發，不讀外外道文字者則知狹，發讀則知廣；不發不讀三藏文字者，不知界內名相則知見狹，發讀者則知廣；不發不讀衍者，不知界外名相則知狹，發讀者則知廣；當知韋陀之法，句句不同耳。復次，結會不同，然內外諸邪，俱明理、慧、神通、文字，立德調心，尊人卑己，聲譽動物，如菴羅果生熟難知。」〔註123〕這樣精闢的見地，即使置之於當代學人的案頭，仍要發人深深爲之覃思的。

第二目　智顗對觀行思想的抉擇方式

前述「把握一個人的思想根源，最有效的方法，便是直接從他的著述來檢證」。同理，諦審一個人的內在精神，最有效的方法，不在於使用對立的態度，去限定彼此經過不同體會的觀解，是如何賦相同的概念予不同的意義，而是在同一學理的思惟系絡中，去正確的對顯出思想的流動，是否產生質變？茲將智顗的方式，整理成對顯表，以見一斑。

表二十四：智顗觀行思想抉擇對顯舉隅表

類　別	《摩訶止觀》抉擇例	文獻位置
違經	二乘不觀，尚自差機，況汝盲瞑無目師心者乎？自是「違經」，不當機理。何其愚惑，頓至於此？	《大》46-19^b
	故三藏止觀，不知圓實不「違經」。	《大》46-35^b
	此十境通能覆障，……《大品》云，聲聞人依四念處行道。菩薩初觀色，乃至一切種智，章章皆爾，故不「違經」。	《大》46-49^b

値得簡別的是智顗運用這些世典的內容，含蓋儒家、道家（不無玄學的成分）、史學、醫學、文學等思想、致用、辭章（「辯若懸河」、調伏當世「文雄」的辭采）等領域，其對智顗使佛教逐步中國化，是否具有積極的作用，允宜討論。

〔註122〕這是智顗融通龍樹對「義門」的論述所下的結論，龍樹說：「所問義雖一，所因處異，……如是等種種問，異門故義得差別。」《大智度論》，卷第八十六，〈釋次第學品第七十五〉，《大正藏》，第二十五冊，頁665^{a~b}。

〔註123〕《摩訶止觀》，卷第十·上，〈第二明諸見發有二〉，《大正藏》，第四十六冊，頁134^c～135^a。

異家	所引韋陀「異家」，名相莊嚴，因中有果，所立諸行，歸宗趣向，指極因中有果爲所執法，動身、口、意，造無量罪，如後說，由此驗知，是迦毘羅外道也。僧佉沙婆……犢子亦如是。	《大》46-135ᵃ
外道	聖人託迹同凡，出無佛世，誘誨童蒙，《大經》云，一切世間外道經書，「皆是佛說，非外道說」〔註124〕。《光明》云：「一切世間所有善論，……皆因此經。」〔註125〕若深識世法即是佛法。	《大》46-77ᵃ⁻ᵇ
	佛法外外道，如：迦毘羅外道，計因中有果。漚樓僧佉，計因中無果。勒沙婆，計因中亦有果亦無果。	《　大　》46-132ᵇ⁻ᶜ
	附佛法外道，如：方廣自以聰明讀佛經書而生一見。	
	學佛法成外道，如：不得般若方便入阿毘曇即墮有中，入空即墮無中，入昆勒墮亦有亦無中。	
有師	「有師」判《法華》十如，前五如屬凡是權，後五屬聖爲實。依汝所判，則凡無實永不得成聖，聖無權非正遍知。此乃專輒之說，誣佛慢凡耳！	《大》46-53ᵇ
文字法師	不與世間「文字法師」共。	《大》46-98ᵃ
事相禪師	不與「事相禪師」共。	《大》46-98ᵃ
世間法師	大乘諸門生執，尚須空破，終不同彼「世間法師」、禪師，稱老子《道德》、莊氏〈逍遙〉，與佛法齊，是義不然。	《大》46-32ᶜ
闇證禪師 誦文法師	意圓法巧，該括周備，規矩初心，將送行者到彼薩雲，非「闇證禪師」、「誦文法師」所能知也。	《大》46-52ᵇ
鼻隔禪師 散心法師	「鼻隔禪師」發得空見，多墮網中，不能自拔。「散心法師」雖分別諸使，亦不自知，空見過患。闇證凡龜，盲狗稸吠，自行化他，全無道氣。	《　大　》46-139ᵃ⁻ᵇ
鄴洛禪師	昔「鄴洛禪師」，名播河海。往則四方雲仰。去則千百成羣，隱隱轟轟亦，有何益利？臨終皆悔。	《大》46-99ᵇ
五經	五經似五戒，《禮》明撙節，此防飲酒；《樂》和心防婬；《詩》風刺防殺；《尙書》明義讓防盜；《易》測陰陽防妄語。如是等世智之法，精通其極，無能逾、無能勝。	《大》46-77ᵇ

〔註124〕劉宋・慧嚴等依《泥洹經》加之，《大般涅槃經》，卷第八，〈文字品第十三〉具云：「佛復告迦葉：『所有種種異論、咒術、言語、文字，皆是佛說。非外道說。』」《大正藏》，第十二冊，頁653ᵃ。

〔註125〕北涼・曇無讖譯，《金光明經》，卷第二，〈四天王品第六〉，具云：「如來爲諸眾生，演說如是《金光明經》，若閻浮提一切眾生及諸人王，世間、出世間所作國事，所造世論，皆因此經，欲令眾生得安樂故。」《大正藏》，第十六冊，頁344ᵃ。

老子	若得此意，料簡變化，即識眞僞。所以者何？魔亦能以有漏心作無漏形，變爲佛像，「老子」西升，亦云作佛化胡。	《大》46-80[a]
老莊思想	「老子」虛融，此約無明玄；「莊子」自然，約有無明玄；自外枝派源祖出此。	《大》46-135[a]
《史記》	《史記》云，周末有被髮祖身不依禮度者，遂犬戎侵國，不絕如綖，周姬漸盡。〔註126〕	《大》46-19[a]
阮籍	阮籍逸才，蓬頭散帶，後公卿子孫皆效之，奴狗相辱者，方達自然，撙節兢持者，呼爲田舍。……此乃佛法滅之妖怪，亦是時代妖怪。〔註127〕	《大》46-19[a]

　　從舉隅中，顯示出智顗對觀行思想的抉擇，或者說相應於法義抉擇的抉擇，以違不違經，也就是違不違佛說與佛行爲基礎，在對論中，雖具有一定的批判性，但並非當代學術意義下的批判，因此，與其說具有批判性，或批判的，不如還其抉擇的初發心而爲「校揀」的抉擇，是爲無諍的抉擇，因爲在智顗的觀行思想中，智顗的目的，不在於做學問，但智顗分明看到了當時代的佛學在思想的實踐上所暴露出來的諸多問題，而以佛子本具的菩提心爲命意、鎔裁的前提，自覺有責任在學理上荷擔起如來家業，從而在詳確的精梳經論，並與諸說就行法之所以可行不可行，有所憑藉或妄意臆度所爲等面向，做出深具建設性、創造性的詮釋與理論建設，如智顗在與外道抉擇時說：

第一、明諸見人法，二、明諸見發因緣，三、明過失，四、明止觀。

第一，明諸見人法，又二：

一、邪人不同。

二、邪人執法不同。

邪人不同，又爲三：

〔註126〕漢・司馬遷說：「至厲王之末，……宮之童妾，既亂而遭之，既笄而孕，無夫生子。……三年，幽王嬖愛褒姒，……犬戎攻幽王，……遂殺幽王驪山下。」從周武王滅殷於 1100BC 建國西周，至厲王、宣王、幽王因「禮崩樂壞」，加之幽王荒淫無度而亡於 771BC，國祚凡三百三十年。參見〔日〕瀧川龜太郎著，《史記會註考證》，卷四，〈周本紀第四〉，臺北，宏業，民64，頁 73[c]～74[c]。

〔註127〕阮籍（210～263），西晉正始文學七家之一，在思想上崇尚老莊，在行爲上則酣飲無度，放浪形骸，憤慨尖刻，消極遁世，字裏行間充斥著苦悶的情緒和頹廢思想，茲舉其作品〈詠懷〉第四首的上半首，以見一斑，詩云：「平生少年時，輕薄好絃歌；西遊咸陽中，趙李相經過；娛樂未終極，白日忽蹉跎。」參見清・沈德潛選評，王蓴父箋註，《評選古詩源箋註》，臺北，華正，民64，頁 160～166。唐・房玄齡、褚遂良等撰，《晉書・阮籍傳》，臺北，鼎文，民68。

　　一、佛法外外道。

　　二、附佛法外道。

　　三、學佛法成外道。

　　一、外外道，本源有三：

　　一、迦毘羅外道，此翻黃頭，計因中有果。

　　二、漚樓僧佉，此翻休睺，計因中無果；

　　三、勒沙婆，此翻苦行，計因中亦有果亦無果。……

　　二、附佛法外道者，起自犢子，方廣自以聰明，讀佛經書，而生一
　　　見，附佛法起故得此名，犢子讀舍利弗《毘曇》自制別義言，
　　　我在四句外，第五不可說藏中。〔註128〕……

　　三、學佛法成外道，執佛教門而生煩惱，不得入理，《大論》云，若
　　　不得般若方便入《阿毘曇》即墮有中，入空即墮無中，入昆勒
　　　墮亦有亦無中；《中論》云：「執非有非無名愚癡論。」倒執正
　　　法還成邪人法也。〔註129〕

　　其中的「佛法外外道」，不用校論，其與佛法的殊異之處，即分明可知。
問題是「附佛法外道」的類似佛法，與「學佛法成外道」墮落佛法，在義理
上倘若不予以適切的釐辨，就會有「執摩訶衍通、別、圓四門失意」〔註130〕
之虞。

第三目　智顗對諸師觀法的抉擇

　　智顗所處身的南北朝晚期及隋代早期，正是中國學派佛教流派紛呈的鼎
盛時期，與智顗在思想上有所交涉的學人，主要有地論宗、攝論宗、毘曇宗、
成實宗諸師。這些宗派佛教中的論師、禪師，在智顗講說《摩訶止觀》時，
常有不同的稱呼出現，或許不無為賢者隱的考量的緣故，智顗幾乎不曾明白
指出其所對之抉擇諸師的德號，因此，無形中增加了後學不少研究上的困難。
然而為了盡可能釐清彼此之間的思想關係，除了從《摩訶止觀》入手之外，

〔註128〕《大智度論》，卷第一，〈初序品中緣起義釋論第一〉，具云：「是佛法中，亦
　　　有犢子比丘，說如四大和合有眼法，如是五眾和合有人法。犢子《阿毘曇》
　　　中說，五眾不離人，人不離五眾，不可說五眾是人，離五眾是人，人是第五
　　　不可說法藏中所攝。」《大正藏》，第二十五冊，頁61ª。

〔註129〕《摩訶止觀》，卷第十·上，「第七觀諸見境者」，《大正藏》，第四十六冊，頁
　　　132ª⁻ᵇ。

〔註130〕《摩訶止觀》，《大正藏》，第四十六冊，頁133ª。

在俟後的相關章節中，將於必要之處，參照智顗其他的相關講說，如《四教義》、《釋禪波羅蜜次第法門》，以及諸宗論師的著作與僧傳等。

表二十五：智顗對諸師的稱呼方式例表

宗派	地論宗			攝論宗			毘曇宗					成實宗	
稱呼	地人	地師	地論師	攝師	論家	論人	阿毘曇人	薩婆多	毘曇師	數家	數人	數	成論師	成論人

在這四個佛教學派之中，成實宗與毘曇宗，形成於五世紀上半期，相去智顗的出生有一百年之久，但其學風所及，與形成於智顗出生的六世紀的攝論宗和地論宗一樣，活躍的講說，雖內在於各個宗派的支派與支派之間，以及宗派與宗派之間的論學內容，有著極大的分歧，卻都是終南北朝之世而不衰的。

表二十六：智顗對諸師觀法抉擇舉隅表

類　別	《摩訶止觀》抉擇例	文獻位置
地人	若爲上〔述〕「地人」說，應作法性佛現法性國，爲法性菩薩說之。何意相輔現此三界？爲欲度此凡俗故，論此妙法使其得修。	《大》46-46[b]
	「四句尚不可得，云何具三千法耶？」 答：「『地人』云：『一切解惑，眞妄依持法性，法性持眞妄，眞妄依法性也。』」	《大》46-54[a]
	「地人」以十信、住、行、向、地爲五百，此與《法華》乖。	《大》46-86[b]
地師	若從「地師」，則心具一切法。	《大》46-54[a]
攝師	若從「攝師」則緣具一切法。	《大》46-54[a]
論家	「論家」但在善、惡、無記無習續也。……「論家」鴿身及多婬，俱是報果。	《大》46-112[a]
論人	約有門明義：故王數相扶，同時而起，「論人」說識先了別，次受領納，想取相貌，行起違從，色由行感。	《大》46-51[c]～52[a]
阿毘曇人	當知三藏復說空門，「阿毘曇人」云何盡言是大乘空義？	《大》46-73[c]
	「云何名習因習果？」 「阿毘曇人」云：「習因是自分因，習果是依果。」	《大》46-112[a]
	「毘曇人」云：「唯是見有得道空屬大乘。」	《大》46-74[c]

薩婆多	「薩婆多」明此二人位在見道，因聞入者是爲信行。	《大》46-56^c～57^a
數家	「數家」明報得鴿雀身是報果。多婬是習果。	《大》46-112^a
數人	心爲一意入及法入少分，若俱迷者開爲十八界也。「數人」說五陰同時，識是心王，四陰是數。	《大》46-51^c
	「數人」云：「欲界爲貪，上界名愛。」	《大》46-70^a
	「數人」說：「『生死皆是不相應行，秖應法念處攝。』云何通三念處？」	《大》46-127^c
數	「若見道中無相，心利一發即眞，那得判信法之別？」「然『數』據行，《成論》據根性，各有所以，不得相非。」	《大》46-57^a
成論師	經言：「一念六百生滅。」「成論師」云：「一念六十刹那。」秖是一念從假入空得慧眼，照眞諦而得成佛。	《大》46-27^c
成論人	「成論人」難此語：「上界有味禪，貪下界有欲愛，愛貪俱通，何意偏判？若言下界貪重，上界貪輕，貪輕可非貪耶？」	《大》46-70^a
	《大集》云：「常見之人，說異念斷，即是溝港斷結之義。」豈非有門破假意耶？「成論人」云何斥言是調心方便而不得道耶？	《大》46-73^c
	佛不示人諍法，衆生不解，執而成諍。三藏淺近，四門相妨，執諍易生，如「成論人」撥《毘曇》云：「是調心方便，全不得道。」	《大》46-74^c
	「成論人」云：「散兼無知，癡能障定。」若爾，散兼瞋欲，何不障定耶？	《大》46-102^b

　　智顗在觀行思想上，對之抉擇以彰明經論義旨，使佛說之義法，不致偏論而黯蔽，在思想背景與觀解方法以及學理分析上是清楚的。雖然智顗所對之抉擇的論師、禪師，不秖舉隅表所列四宗，如小乘曇無德部的觀解，或以「舊云」做爲論例等等，都是值得以同等的立場來看待的。就思想背景而論，智顗總是思惟明晰的將相關的論題，在對顯的同時，繳還《大品》、《大經》、《法華》、《大集》、《維摩》、《釋論》、《中論》諸經論所建構起來的觀解義法，並在方法上精確的掌握著一定的論證系統，然後再給出結論。就論證系統而言，智顗總是視需要採取各種階段分明的步驟，諸如：一、首先提出論題。二、將該論題證以經論，論證論題與經論的義理是否符契。三、對論題做出觀行上的義理檢證。四、將所抉擇諸師所論的相關論點，運用提問語句做爲辯證的反例，並做出與反例相應的交叉檢證。五、綜合論評，並給出證立或

否證的結論。誠如智顗所言：「對經論不定，復須斟酌，不可苟執。」〔註131〕可見智顗的態度是堅定的，而其觀行論所欲達成的內證精神是以可實徵的行持做為前提的。

　　茲以十乘觀法第四乘「破法遍」第三項「無生門豎破法遍」第一觀「從假入空破法遍」第三目「四門料簡」之「三藏四門破法遍」第一門「三藏四門」之第一門「三藏有門破法遍」為例，說明智顗在抉擇上的論證方法。

　　　　夫見、思兩惑，障通、別二理；若破障顯理，非門不通。

　　　　「阿毘曇」明我、人、眾生，如龜毛、兔角，求不可得，唯有實法。迷此實法，橫起見、思。見、思無常，念念不住，實法遷動，分分生滅，如此觀者，能破單、複、具足諸見，亦破三界八十一品思，成因、果、惑、智等不生，是名三藏有門破法之意。鹿苑初開，拘隣五人先獲清淨。又，頻鞞說三諦，身子破見，經七日後，得阿羅漢。千二百等，多於有門，見第一義。

　　　　《大論》云：「若得般若方便，入阿毘曇，不墮有中。」

　　　　《大集》云，「常見之人」，說異念斷，即是溝港斷結之義，豈非有門破假意耶？

　　　　成論人云：「何斥言是調心方便而不得道耶？」〔註132〕

　　智顗順著「從見假入空」與「從思假入空」的論證理路，在破法的論旨下，進一步以有、空、亦有亦空、非有非空四門的辯證進路，提出「見、思兩惑，障通、別二理；若破障顯理，非門不通」的論題。也就是說，見惑與思惑在障蔽通教與別教之所以不得「從假入空」之理的問題，乃因塞於「三藏有門」的阻礙，致使通、別二教行人，無法從「無生門」來「豎破法遍」，從而證見空理。

　　智顗接著舉出「『阿毘曇』明：我、人、眾生，如龜毛、兔角，求不可得，唯有實法」做為反證。「阿毘曇」有「大乘阿毘曇」與「小乘阿毘曇」，這裏指的是「小乘阿毘曇」，亦即小乘上座部的部派之一的「說一切有部」〔註133〕的看法。阿毘曇人認為，從「眾生空」的視域來看現象，那麼從因

〔註131〕《摩訶止觀》，卷第六‧上，「三明破思假入空位者為四」，《大正藏》，第四十六冊，頁72^c。

〔註132〕《大智度論》，卷第六‧上，「三四門料簡者」，《大正藏》，第四十六冊，頁73^{b-c}。

〔註133〕關於說一切有部在部派佛教中的歷史位置，歷來說法不一，如《舍利弗問經》、

緣生法來理解，勢必都是新新生滅無常的，就像龜毛、兔角那樣，畢竟不可得，因爲在這個世上，之所以有龜毛、兔角等不存在於實在界的概念，而且這樣的概念之所以能被認識到，祇是「假名有」的但有假名而無實的緣念，因此，在事實上眾生也就無法把握到生命的本質，一旦持有這樣見解，將使眾生產生一切都必然斷滅的推論，然而阿毘曇人爲了解消這樣的疑慮，並否除「假名有」的必然不存在，所以主張有一個固定不變的實體存在，也就是實法，同時認爲這樣一種實體，就是「我」之所以得以輪迴的主體。

阿毘曇人的推論，就「無生門」做爲入菩薩位的不二法門而論，智顗就此檢證說，在「無生門」下執有實法，是迷於無常非無亦非有的實相的斷見，因此，觀行人應當回到對「因緣所生法」的正確理解的途徑上，纔不至於被橫起的見、思兩惑所障。智顗從破實法的立場指出，阿毘曇人爲了解消無常的疑慮所執以爲實有的實法，就如同阿毘曇人所認識的龜毛、兔角一樣的不實在，因爲阿毘曇人所執以爲實有的實法，在對緣生法的理解下，因其本質亦是「分分生滅」、念念遷動的，所以就實相所生起的諸法而論，是不能成立的。

《異部宗輪論》、《文殊師利問經》或《大史》等說法都各有所見，因文獻湮滅難見，在再有新資料出土之前，茲採印順導師之說，爲便於理解說一切有部的歷史位置，特整理成下表。

上　座　部	犢子部	正量部	
		法上部	
		賢冑部	
		密林山部	
	雪山部		
	說一切有部	說轉部	說經部
	分別說部	化地部	
		法藏部	
		迦葉部	
		銅鍱部	

參見《大正藏》，第十四、四十二、四十九冊。高永霄導讀，《異部宗輪論》，香港，密乘佛學會，1993。〔斯〕摩訶那摩等著，韓廷傑譯，《大史—斯里蘭卡佛教史》，臺北，佛光文化，1996。印順著，《說一切有部爲主的論書與論師之研究》，臺北，正聞，民81，頁12～14。

　　緊接著，智顗提出佛陀初轉法輪的教說爲證，說證得正等正覺之後的佛陀，來到鹿野苑爲拘隣、憍陳如、拔提、摩男拘利、十力迦葉、頞鞞五比丘初轉法輪，宣說四聖諦、八正道，離愛欲、棄苦行，而行中道行的基本教理，使五比丘首先獲得滅惡除漏的三業清淨。之後又爲頞鞞開示三諦的義理，使當時還是外道的舍利弗，在看到頞鞞端正的威儀之際，心生嚮慕，而跟隨頞鞞學習「諸法從因生，諸法從因滅」〔註134〕的緣起法，從而破除先前所學的外道執持實有身的身見，舍利弗經過短短七天的參究，即證得阿羅漢果，這一果位就藏、通、別、圓四教所證得的位次來看，正是藏教聖位的第四位無學位。至於陸續來向佛陀從學的外道，也都在領解佛陀的教說之後，紛紛對原先所執的有見做出修正，進而悟入中道第一義諦。〔註135〕

　　透過這一說明，智顗從佛陀教說的根源，以及後世論師的論證，提出更多的證例，來做爲交叉檢證的理據。茲以根源爲例，《大方等大集經》說：

　　　　若有比丘，觀於頂法、世第一法，觀三解脫，空，無相、願，

　　無常、苦、空，是名法行，是名空三昧。〔註136〕

　　這是說相對於有門的空三昧的基礎是三解脫，然而達成解脫的前提又是甚麼呢？佛陀在此明白的指出是「壞我見」〔註137〕，我見就是六十二見〔註138〕，就是生起煩惱的根苗，如不予以如法破除，就是非法行，因此，佛陀要行人「觀於身心」〔註139〕，並在引導執著於常見和斷見的人時，要爲執有斷見的人，說一念不生的「一念斷」，爲執有「常見之人」，說「十六心」

〔註134〕參見隋・闍那崛多譯，《佛本行集經》，卷第四十八，〈舍利目連因緣品・下〉，《大正藏》，第三冊，頁876ᵇ。

〔註135〕佛陀初轉法輪的教說，詳見《大正藏》，第一～四冊、第四十九～五十二冊，即「阿含部」、「本緣部」諸經、「史傳部」等文獻。

〔註136〕北涼・曇無讖譯，《大方等大集經》，卷第二十二，〈虛空目分第十之一初聲聞品第一〉，《大正藏》，第十三冊，頁158ᵇ。

〔註137〕同上。

〔註138〕表解六十二見爲：

六十二見	五蘊	過去	常	無常	常無常	非常非無常	斷見常見
		現在	有邊	無邊	有邊無邊	非有邊非無邊	
		未來	如去	不如去	如去不如去	非如去非不如去	

五蘊各具三時，三時各具四見，凡六十見，加斷、常二見，總爲六十二見。

〔註139〕北涼・曇無讖譯，《大方等大集經》，卷第二十二，〈虛空目分第十之一初聲聞品第一〉，《大正藏》，第十三冊，頁158ᵇ。

的「八忍斷」〔註140〕，使其邁入正斷三界見惑的解脫道，如此纔是「溝港斷結之義」。「溝港」〔註141〕就是三藏教聖位的第一位見道位所證得的須陀洹果，即是通途所知的聲聞乘四聖果中的初果，舊譯意譯爲「入流」，意思是凡夫人在斷盡見惑的煩惱結縛之後，從此進階到聖者的行列。智顗由徵證《大方等大集經》開決見惑，滅常見，破有門的論證，證立了「破障顯理，非門不通」的論題，旨在揚棄實法的謬誤，並以無生門爲通達會三歸一的路徑，而這也正是行人於行持觀行時，必須時時照察所證境爲何的「知次位」的前提。

第四目　結　語

　　在內在於智顗的思想系絡中，理解智顗的思惟方法，並盡可能客觀的認識其論證系統，就義法來看，於「義」既是「該括周備」的，於「法」更是「意圓法巧」的，也就是說，智顗思想的內涵，內在於其思想論、觀行論、教相論，在思想的根源上，在思惟的辯證上，在論證的進路上，不但在路路互通，法法互攝，門門互具方面展現爲義法整然的具足體系，而且在理解其思想內涵之於觀行的德用方面，更可體會其活化佛陀一代時教西來的豐沛力量，之於激揚東土學人的修學弘願——這與十乘觀法的「發眞正菩提心」是相呼應的，尤其開展爲活潑的宗派佛教黃金時代的來臨，而這正是智顗與當時代諸師多方的、深湛的抉擇，所必然要宏開的新局，如地論宗之於華嚴宗，攝論宗之於唯識宗，毘曇宗之於俱舍宗，成實宗之於成實宗〔註142〕，這些學派所導出的繼天台宗而爲宗派佛教的開展，興衰所應的因緣，雖各有不同，但就其之於智顗的抉擇，在思想的交涉上，方軌卻是清楚的。

〔註140〕八忍，即可印證欲界四諦的四法忍：苦法忍、集法忍、滅法忍、道法忍；可印證色界、無色界四諦的四類忍：苦類忍、集類忍、滅類忍、道類忍。八忍的功用，在正斷三界的見惑。八忍加上八智：苦法智、集法智、滅法智、道法智、苦類智、集類智、滅類智、道類智，就是十六心。

〔註141〕載《東晉錄》，失譯，《般泥洹經》，卷上，說：「三結盡，得溝港，離三惡道，生天人中，不過七世，當得應眞。」《大正藏》，第一冊，頁178ᵇ。

〔註142〕成實宗盛行於南北朝時代，至唐代被判爲小乘後，仍名成實宗。

第三章　天台圓教十乘觀法的架構

第一節　「法門改轉」與三種止觀

　　就智顗止觀思想的學統而論，灌頂說：「天台傳南岳三種止觀：一、漸次，二、不定，三、圓頓，皆是大乘，俱緣實相，同名止觀。」〔註1〕在這個學統的傳承與因革損益之間，灌頂祇是單純的描述，並沒有做進一步的論述，直到智顗圓寂一百五十年之後，以中興天台宗自任的第九祖湛然〔註2〕，纔對智顗傳承自南岳的止觀思想，在「金口祖承」與「今師祖承」之外，另立一個形塑智顗禪法源流的傳法譜系，即「九師相承」，這個譜系，除了總括智顗的止觀思想一如灌頂所言者之外，還對智顗的學統，做出「法門改轉」的解釋，並否定了慧文與智顗的傳承關係。湛然說：

　　　　第七諱文，多用覺心、重觀三昧、滅盡三昧、無間三昧，於一
　　切法，心無分別。

　　　　第八諱思，多如隨自意、安樂行。

　　　　第九諱顗，用次第觀，如《次第禪門》；用不定觀，如《六妙門》；

　　用圓頓觀，如《大止觀》。

〔註1〕《摩訶止觀》，卷第一‧上，〈序論〉，《大正藏》，第四十六冊，頁 1^c。

〔註2〕宋‧贊寧等撰，《宋高僧傳》，卷第六，〈義解篇第二之三‧唐臺州國清寺湛然傳〉說：「洎智者大師蔚然興於天台，而其道益大。……梁蕭學士，故摛鴻筆，成絕妙之辭，彼題目云：『嘗試論之，聖人不興，其間必有命世者出焉！自智者以法傳灌頂，頂再世至于左溪，明道若昧，待公而發乘此寶，乘煥然中興。』」《大正藏》，第五十冊，頁 739^b～740^a。

以此觀之，雖云相承，法門改轉。慧文已來，既依《大論》，則知是前，非所承也，故今歎文所行法云：「非世所知。」履地至厚者。〔註3〕此明文師，法行於世，如履地不知地之厚，戴天不知天之高，智者《觀心論》去，引證文師所承異也。〔註4〕

從湛然「九師相承」，的譜系來看，檢諸現存文獻，不知所本爲何？如就湛然所言，除與灌頂所述的由龍樹而慧文而慧思而智顗的「今師祖承」，誠如前一章分別討論龍樹、慧文、慧思思想與智顗的關係時所指出的，龍樹思想之於智顗的止觀實踐，特別是對大蘇妙悟，具有直接的啓迪關係，而慧文的「一依《釋論》」的「三智實在一心中得」與慧思的「悔常坐苦行」，更是增益智顗建構三止三觀與四三昧等觀行法門的理論來源，爲可考者之外，在湛然所述「九師相承」的譜系之中，就慧文之前的六師〔註5〕而論，雖然語焉不

〔註3〕灌頂具云：「南岳事慧文禪師，當齊高之世，獨步河淮，法門非世所知，履地戴天，莫知高厚。文師用心，一依《釋論》，《論》是龍樹所說，付法藏中第十三師。智者《觀心論》云：『歸命龍樹師。』驗知龍樹是高祖師也。」同上，頁1^b。

〔註4〕《止觀輔行傳弘決》，卷第一之一，《大正藏》，第四十六冊，頁149^b。

〔註5〕關於慧文之前六師的禪法，湛然說：「第一諱明，多用七方便，恐是小乘七方便耳！自智者已前，未曾有人立於圓家七方便故。第二諱最，多用融心，性融相融，諸法無礙。第三諱嵩，多用本心，三世本無來去，真性不動。第四諱就，多用寂心。第五諱監，多用了心，能觀一如。第六諱慧，多用踏心，內外中間，心不可得，泯然清淨，五處止心。」參見《止觀輔行傳弘決》，卷第一之一，《大正藏》，第四十六冊，頁149^{a-b}。然而這六師又是何許人呢？湛然既指出諸師之間有傳承的關係，那麼其活動時間由「當齊高之世，獨步河淮」的慧文所處身的北齊文宣帝天保年間（550～559，與在位時間等）爲下限，如以每代一紀三十年計，含慧文在內，可以從此一下限上溯二百一十年，直到與東晉同時裂土分疆的五胡十六國的晚期，這包括繼五胡十六國而興的整個北方政權即北朝的北魏與東魏在內。茲將六師的時代與活動範圍依當時代「北禪南講」的史觀，做如上的限定，除了相去慧文半個世紀之後的唐僧道宣（596～667）所撰寫的《續高僧傳・陳南岳衡山釋慧思二》，簡要的提到，慧思在「霍爾開悟，法華三昧大乘法門，一念明達，十六特勝，背捨除入，便自通徹，不由他悟。後往鑒、最等師，述己所證，皆蒙隨喜」之外，使後人得以假設九師中的第二師最師，與疑是第五師的監師爲鑒師，都是慧文及其弟子慧思同時代的禪師，如果這個假設成立的話，那麼，九師中印可第八師慧思禪師開悟的便不是其師父第七師慧文禪師，而是慧思的曾師祖及玄高師祖，問題曾師祖夠長壽的話，可能與曾徒孫同時在世，但上溯七代的玄高師祖，如何可能與往後相去七世凡二百一十年的法裔同時在世，並爲其以不同禪法而開悟一事印可？可見又後於道宣四十五年纔出世的湛然（711～782）的「九師相承」所排的譜系，應非來自道宣的著作，祇是在現存的文獻中，

詳，但卻不能因此而忽視了湛然對智顗的止觀思想，在傳承與因革損益之間，所看到的「法門改轉」的創造性。

不過在論述智顗的三種止觀之前，仍有必要對湛然的說法提出分析，庶免失之含糊。就「法門改轉」而論，湛然在否定慧文與智顗的傳承關係時，便意謂著同時否定了慧文「三智實在一心中得」之於智顗三止三觀的思想關係，這從智顗的止觀思想來檢視，顯然是有待商榷的，何況湛然否定智顗與慧文的「文師既依《大論》」〔註6〕而爲「非所承」的根據與方法，是把灌頂所說的「驗知龍樹是高祖師」〔註7〕的「高祖」兩字，以儒家的五常傳統來理解〔註8〕，如果「今師祖承」祇算到四祖智顗的話，那麼，便會得出這樣的結論：「言高祖者，若以智者所指，應以南岳爲父師，慧文爲祖師，龍樹爲曾祖師。」〔註9〕如果算到五祖灌頂自己的話，就會得出這樣的結論：「是則章安望於龍樹，方爲高祖耳！」〔註10〕

灌頂雖爲智顗的入室弟子，但在灌頂的時代，天台僧團做爲一支新興的佛教團體，不僅還稱不上與先於其前創立的地論宗、攝論宗、毘曇宗、成實宗等學派佛教在學統上並稱爲宗，而智顗也沒有爲天台的立宗，做出創宗立派的準備，因此灌頂怎麼可能在爲天台，或者說在爲智顗的學統比類於其他四宗的學統而確立自家學統的傳法譜系之際，就自稱「五祖」而把自己算了進去？假設灌頂有這個意圖，而且在事實上也這樣做了，那麼，慧文也應該是灌頂的曾祖師，就這一譜系來看，都沒有理由把慧文列爲「非所承」的排除在智顗乃至於整體天台學在思想傳承的譜系之外，是再明顯不過的了。更何況灌頂在說「驗知龍樹是高祖師」之前，已指出智顗是今師祖承「付法藏

一旦失去這條證據，那麼，關於「九師相承」的天台譜系的成立根據，非特無所憑藉，且在其禪法傳承的論證上，亦將因此而徒增後學的困擾。參見唐·道宣撰，《續高僧傳》，卷第十七，〈習禪篇之二·陳南岳衡山釋慧思二〉，《大正藏》，第五十冊，頁563[a]。

〔註6〕《佛祖統紀》，卷第六，〈東土九祖第三之一·二祖北齊尊者慧文〉，《大正藏》，第四十九冊，頁178[b]。

〔註7〕《摩訶止觀》，卷第一·上，〈序論〉，《大正藏》，第四十六冊，頁1[b]。

〔註8〕關於儒家的人倫秩序，《三字經》總共排了九代，如說：「高曾祖，父而身，身而子，子而孫，自子孫，至元曾，乃九族。」「元」原作「玄」，疑避清聖祖康熙帝愛新覺羅玄燁諱，被改作「元」，參見詹溢君編註，《三字經》，臺北，學生，民69，頁13。

〔註9〕《止觀輔行傳弘決》，卷第一之一，《大正藏》，第四十六冊，頁149[b]。

〔註10〕同上。

中第十三師」〔註11〕，案儒家倫常九族的倫序來說，從當事者上溯四代以上
的先人，都可敬稱爲「高祖」，《禮記》說：「有五世而遷之宗，其繼高祖者
也。」〔註12〕也有始祖的意思，《左傳》說：「我高祖少皞摯之立也，鳳鳥適
至。」〔註13〕是以，即使「若以智者所指」算起，依灌頂的意思，也不該出
現「龍樹爲曾祖師」的情形。

　　一個思想家思想的成熟，即使是佛陀，也要經過長時期努力的修爲與抉
擇，如佛陀出家時先師法六師外道〔註14〕，纔有可能在不斷試誤的過程中，
朝正確的方向，否除錯誤的知見，進而遞次發掘眞理、建構體系，終至於完
成，更何況祇是「東土一佛」〔註15〕的智顗！因此，在探討智顗止觀思想的
開展、形塑與完成的同時，就有必要從內在於智顗的講說過程來考察，灌頂
說，智顗「三十歲（567），辭師出金陵，居瓦官寺八年，講《大論》、說《次
第禪門》。……五十七歲（594），於玉泉寺講《摩訶止觀》」。〔註16〕志磐補充
說：「說《次第禪門》（法愼私記三十卷，章安治定爲十卷，即《禪波羅蜜》，
漸次止觀也），又爲毛喜出《六妙門》（即不定止觀也）。」〔註17〕由此，可以
排出漸次、不定、圓頓的發展次第，而其過程則長達二十年。

〔註11〕《摩訶止觀》，卷第一·上，〈序論〉，《大正藏》，第四十六冊，頁 1[b]。

〔註12〕《禮記·喪服小記第十五》，《十三經》，標點本，上冊，臺北，曉園，1994，頁 806。

〔註13〕《春秋左傳·昭公十七年·秋》，《十三經》，標點本，下冊，臺北，曉園，1994，頁 1500。

〔註14〕東晉·僧伽提婆譯，《增壹阿含經》，卷第三十二，〈力品第三十八之二·十一經〉說：「爾時，世尊遊在獼猴池側，國土人民，承事供養衣被、飯食、床、臥具、病瘦醫藥，隨其貴賤，各來飯佛及比丘僧，亦受八關齋，不失時節。是時，毘舍離城內，有六師在彼遊化，所謂六師者，不蘭迦葉、阿夷耑、瞿耶樓、波休迦栴、先比盧持、尼揵子等。是時，六師集在一處，而作是說：『此沙門瞿曇住此毘舍離城，爲人民所供養，然我等不爲人民所供養，我等可往與彼論議，何者得勝？何者不如？』」《大正藏》，第二冊，頁 727[c]。

〔註15〕宋·志磐說：「今智者示滅，章安結集，……章安結集之日，煬帝送供十年，挹流尋源，智者東如東土一佛。」參見《佛祖統紀》，卷第六，《東土九祖紀第三之二·六祖法華尊者智威》，《大正藏》，第四十九冊，頁 187[c]。

〔註16〕隋·灌頂纂，《國清百錄》，卷第四，〈智者大禪師年譜事跡〉，《大正藏》，第四十九冊，頁 823[b-c]。

〔註17〕《佛祖統紀》，卷第六，《東土九祖紀第三之一·四祖天台智者》，《大正藏》，第四十九冊，頁 182[a]。

第一目　漸次止觀

智顗說：「禪定幽遠，無由頓入，必須從淺至深故，應辯詮次。」〔註18〕漸次止觀立名的命意，是基於學人不同的學習能力而成立的，如根性平庸、領悟力不足的人，往往學思無方、行持無路，無法一超直入，而於入道之門卻步，或偏執外學而不自覺知，因此，不容易確當的體解「禪波羅蜜」修持注心一境的法門，所以必須爲其指出一個分明的次第，使其在禪師的善誘下，得以循序漸進。而循序的次第觀，智顗是根據《摩訶般若波羅蜜經》提出的，在《摩訶般若波羅蜜經》中，世尊在向須菩提詳細開示六波羅蜜的觀行順序之後，說：

> 是菩薩以是檀那波羅蜜、尸羅波羅蜜、羼提波羅蜜、毘梨耶波羅蜜、禪那波羅蜜、般若波羅蜜因緣及方便力，過聲聞、辟支佛地，入菩薩位，乃至是事不可得，自性無所有故。須菩提！是名初發意菩薩摩訶薩次第行、次第學、次第道。〔註19〕

所以，智顗總結「漸次」在經典中的意義時，以「住禪波羅蜜中」爲例說：「菩薩從初已來，住禪波羅蜜中，具足修一切佛法，……乃至坐道場，成一切種智，起轉法輪，是名菩薩次第行、次第學、次第道。」〔註20〕智顗的這種次第觀，是與其教相判釋論的次第思想是一致的，但必須詳爲體察的是智顗所說的「具足修一切佛法」的深意，旨在詮明，一即一切，一切即一的諸法實相觀，而這又正是與其法華一乘圓教的思想相一致的，是以，「漸次止觀」所開出來的次第論的義理，單就次第的向度而論，是易行門，然而雖說「漸則初淺後深，如彼梯隥」，但其悲心所及，一如灌頂的善解，纔能見出智顗所言「漸次」的三無漏學的深意，灌頂說：

> 漸初亦知實相，實相難解，漸次易行，先修歸戒，翻邪向正，止火血刀，達三善道；次修禪定，止欲散網，達色無色定道；次修無漏，止三界獄，達涅槃道。〔註21〕

唯在此務須附帶釐辨的是，就智顗的互具思惟方法而論，漸次止觀的次第意，本諸《大品》的「一切眾生行於有相，當令住無所有中。須菩提！菩薩摩

〔註18〕《釋禪波羅蜜次第法門》，卷第一，〈緣起〉，《大正藏》，第四十六冊，頁476ᵃ。
〔註19〕《摩訶般若波羅蜜經》，卷第二十三，〈三‧次品第七十五〉，《大正藏》，第八冊，頁385ᵇ。
〔註20〕《釋禪波羅蜜次第法門》，卷第一，〈緣起〉，《大正藏》，第四十六冊，頁476ᵃ。
〔註21〕《摩訶止觀》，卷第一‧上，〈序論〉，《大正藏》，第四十六冊，頁1ᶜ。

訶薩如是思惟已，發阿耨多羅三藐三菩提心，為度一切眾生故，菩薩摩訶薩所行次第行、次第學、次第道者，如過去諸菩薩摩訶薩所行道，得阿耨多羅三藐三菩提，是新發意菩薩應學六波羅蜜」〔註22〕，則又是即次第非次第的不次第論，因為智顗是以「圓妙法界」做為立論前提，而方便講說漸次止觀的：「文則畧，收諸佛教法之始終，理則遠，通如來之祕藏，一切圓妙法界，若教、若行、若事、若理，始從凡夫，終至極聖，所有因果行位，悉在其中。」〔註23〕

　　次第止觀可以說是智顗欲教予學人禪修的基本概念與守則，為便於理解，特將《釋禪波羅蜜次第法門》的大要，開為下表。

表二十七：次第止觀之大要表

一、修禪波羅蜜大意	「商畧禪波羅蜜，攝一切佛法，靡所不該；欲開發行者，起深信樂，歸宗有在。」〔註24〕並糾舉梵天、二乘等十種行人，無大悲正觀，不趣中道之非，而以菩薩行仍修禪所發心及所為，為菩薩行。
二、釋禪波羅蜜名	義釋「釋禪波羅蜜」為不共法，唯有菩薩、佛能因禪波羅蜜而通達中道佛性，並分析禪波羅蜜攝一切法、一切定的內涵。
三、明禪波羅蜜門	詮明禪波羅蜜有色、心二門。又開為三門：一、阿那波那門為世間禪門，二、不淨觀門為出世間禪門，三、心門為出世間上上禪門。
四、辨禪波羅蜜詮次	詮明「菩薩從初發心乃至佛果，修習禪定，從淺至深，次第階級」，是漸次止觀立義的思想核心，申明禪波羅蜜的次第意，以內色界定、外色界定、無色界定為有漏禪，以六妙門、十六特勝、通明觀為亦有漏亦無漏禪，並著重分析禪波羅蜜之於菩薩行與聲聞行在次第行、非次第行、次第行非次第行、非次第行次第行上的根本區別。
五、簡禪波羅蜜法心	分析有漏、無漏、亦有漏亦無漏、非有漏非無漏四種法心，且依序攝以世界、為人、對治、第一義悉曇，並總結法心的能所關係為：「法成於心，心依於法，如是等，於名字中，種種分別，法心之別，雖作此分別，皆如幻化，無所取著，同歸一相。」〔註25〕

〔註22〕 《摩訶般若波羅蜜經》，卷第二十三，〈三·次品第七十五〉，《大正藏》，第八冊，頁384[b-c]。
〔註23〕 《釋禪波羅蜜次第法門》，卷第一，〈緣起〉，《大正藏》，第四十六冊，頁475[c]。
〔註24〕 同上，卷第一，〈修禪波羅蜜大意第一〉，頁476[a]。
〔註25〕 同上，卷第一，〈簡禪波羅蜜法心第五〉，頁483[c]。

六、分別禪波羅蜜前方便	詮明定外用心之法爲具五緣、訶五欲、棄五蓋、調五法、行五事爲外方便，定內用心之法爲止門、驗善惡根性、安心法、治病患、覺魔事爲內方便。
七、禪波羅蜜修證釋	論修內外方便所經歷的觀行歷程，並證驗行持的成果，以世間禪之四禪、四無量心、四無色定，亦世間亦出世間禪的六妙門、十六特勝、通明觀，出世間修證無漏禪對治無漏的壞法的九想、八念、十想，不壞法的觀禪的八背捨、八勝處、十一切處，鍊禪的九次第定、三三昧，熏禪的獅子奮迅三昧，以及修禪的超越三昧爲具體實踐的內涵。
八、顯示禪波羅蜜果報	
九、從禪波羅蜜起教	不說
十、結會禪波羅蜜歸趣	

　　關於「釋禪波羅蜜修證第七」，智顗說：「行者若能專心修習，繫念禪門，必有證驗。」〔註26〕此一證驗，既是之前六項觀行的深入開展，也是次第的總結，可表解爲：

表二十八：釋禪波羅蜜修證次第表

一、世間禪	一、四禪			
	二、四無量心			
	三、四無色定			
二、亦世間亦出世間禪	一、六妙門			
	二、十六特勝			
	三、通明觀			
三、出世間禪	一、對治無漏	一、觀禪	一、壞法	一、九想
				二、八念
				三、十想
			二、不壞法	一、八背捨
				二、八勝處
				三、十一切處
		二、鍊禪	九次第定	
		三、熏禪	獅子奮迅三昧	

〔註26〕同上，卷第五，〈修證第七之一〉，頁 508[a]。

		四、修禪	超越三昧
	二、緣理無漏	不說	
四、非世間非出世間禪			

　　漸次止觀「出世間禪」的「對治無漏」，就四種禪相的發展而論，在《摩訶止觀》中，與四三昧並沒有必然的對應關係，而更多的是體現在十境的第六境「觀禪定境」的開合與發相中，有人認爲這裏的四種禪相發展爲《摩訶止觀》中「修大行」的四三昧，並指出漸次止觀的四種禪相，是智顗思想成熟以前借用小乘禪法的名相，直到智顗在以後的實踐過程中，纔與大乘法門的止觀有著相當大的區別。〔註27〕這顯然是有矛盾的。

　　一者，智顗在瓦官寺八年（567～574），首先弘講的是隨處都充滿著摩訶衍義的《大智度論》，之後纔講《釋禪波羅蜜次第法門》，並且在「釋禪波羅蜜名第二」中，明確的給出題旨，智顗說：「第一，簡別共不共名，即爲二意：一、共名，二、不共名。共名者，如禪一字，凡夫、外道、二乘菩薩、諸佛所得禪定，通得名禪，故名爲共。不共名者，波羅蜜三字，名到彼岸，此但據菩薩、諸佛故，《摩訶衍論》云：『禪在菩薩心中，名波羅蜜。』是名不共。」足見智顗一開始，就意識明確的說漸次止觀是不共法，且在觀行上所運用的禪法，即使是共法，也理當是摩訶衍義的共法，而不會衹是小乘的二乘義。

　　二者，在《摩訶止觀》中，智顗自己也是這樣說的：「問：『此中十門與《次第禪門》及對治，云何同異？』答：『《次第禪門》爲成禪波羅蜜禪，善根利故，禪門先發，後驗善惡；此中爲成般若禪，善根鈍〔故〕，先阻煩惱，遇業遭魔，後始發禪。對治中爲破遮障，修成助道；今此任運自發，仍爲觀境；禪門雖同，各有其意。』」〔註28〕意在漸次止觀的目的，不論「善根利」或「善根鈍」，都是爲了成就行人的觀行爲「禪波羅蜜」，「禪定境」所欲成就的則是菩薩乘的「般若波羅蜜」。

第二目　不定止觀

　　漸次止觀就像剛開始學習數學的人，學會加法之後學減法，然後學乘法

〔註27〕李四龍著，《智顗思想與宗派佛教的興起》，《中國佛教學術論典》，第十四冊，高雄，佛光山文教基金會，2001，頁104。

〔註28〕《摩訶止觀》，卷第九·上，「第六觀禪定境者」，《大正藏》，第四十六冊，頁118[a]。

和除法，在奠定四則運算的基礎上，有效的學習是依循由淺及深，由簡單而繁複的次第建構起完整的概念來的，然而一旦到了能夠無礙的運用四則運算時，還要學習者運用次第分明的建構方式，去運算複雜的程式時，不僅於事無補，反而會造成進階學習的障礙，甚至在實際運用時，產生倒退現象。因此，就止觀的學習方式而論，也有著異曲同工之理，所以在完成初階的觀行學習之後，於尋常應緣日用之中，對不定止觀的無礙發用，便成為行人是否能夠進階的驗證了。這說明了一個事實，就是不定止觀，一方面兼有漸次止觀的次第意，一方面又有自己的圓頓旨，而這就使得不定止觀的特色，在基本觀行上，既是漸次止觀的延續與跳脫，又是發展圓頓止觀的基礎，所以灌頂說：

> 不定者，無別階位，約前漸後頓，更前更後，互淺互深，或事或理，或指世界為第一義，或指第一義為為人、對治。息觀為止，或照止為觀，故名不定止觀。〔註29〕

至於不定的意思，以《六妙門》而論，灌頂概括說：「不定文者，如《六妙門》，以不定意，歷十二禪，九想、八背，觀、練、熏、修，因緣、六度、無礙、旋轉、縱橫自在。」〔註30〕就漸次止觀之於不定止觀的開展與跳脫來看，是以「亦世間亦出世間禪」，也就是「亦有漏亦無漏禪」之一的「六妙門」為「內行之根本，三乘得道之要逕」〔註31〕。然而智顗何以要這樣說呢？因為在漸次止觀中，智顗在講說「六妙門」時，曾對修習對象，做出根性上的規定，智顗說：

> 自有眾生，慧性多而定性少，為說「六妙門」。「六妙門」中慧性多故，於欲界初禪中，即能發無漏，此未必至上地諸禪也。〔註32〕

也就是說，在漸次止觀中，堪能修習「六妙門」的行人，資質比較好，但定性不足，所以在世間禪四禪中，很快的就能觀明貪、瞋等有漏煩惱的真相，而領解出離三惡道的無漏法，但若僅止於此，就止觀的修習而論，仍是遠遠有所不足的。然而，這「慧性多」的行人之所行，就不定止觀而言，卻是進學「三乘得道之要逕」的前提，前提之一：學定，即數、隨、止。前提

〔註29〕同上，卷第一・上，〈序論〉，《大正藏》，第四十六冊，頁1ᶜ。
〔註30〕同上，頁3ᵃ。
〔註31〕《六妙法門》，《大正藏》，第四十六冊，頁549ᵃ。
〔註32〕《釋禪波羅蜜次第法門》，卷第七，〈修證第七之三〉，《大正藏》，第四十六冊，頁524ᵃ⁻ᵇ。

之二：學慧，即觀、還、淨。如此一來，纔能「至上地諸禪」的「萬行開發，降魔成道。」〔註33〕

　　不定止觀亦開爲十門，茲撮其大要爲表解。

表二十九：不定止觀之大要表

一、歷別對諸禪六妙門	上承漸次止觀，以三乘行者爲修數、隨、止、觀、還、淨六門先定後慧的觀行法。又，爲詳明諸禪的內容與關係，將另行表解。
二、次第相生六妙門	詮明「次第相生」的「入道之階梯」〔註34〕，但與歷別門不同，相應於六門，強調有修有證，隨修隨證，即證三三昧，證非內觀、非外觀、非內外觀、不無觀的觀行智慧。
三、隨便宜六妙門	便宜，用現在的話來說就是方便。隨便宜門旨在申明學人行法時，要隨能觀之心之所觀境，「不簡次第」〔註35〕的善巧調伏，而主要的方法便是在障礙生起之時，「隨取一法，一一試用」〔註36〕，但要善於思惟取法之意，不可因「便宜」而妄行。
四、隨對治六妙門	對治是指三乘行人運用與能所相應的觀行，適時的破除報障、煩惱障、業障，以便證知次位之果，顯「見諸如來，自然成佛道」〔註37〕之理。
五、相攝六妙門	近論自體相攝，即行者於修持一門觀行時，能夠活活潑潑的「任運自攝」〔註38〕其餘五門。至於巧修則爲勝進相攝，即行者修持某一觀門時，除了成就該一觀門之外，還可成就其餘五門。
六、通別六妙門	詮明「凡夫、外道、二乘菩薩，通觀數息一法，而解慧不同，是故證涅槃殊別，隨、止、觀、還、淨亦復如。」〔註39〕
七、旋轉六妙門	旋轉的意思是轉前六門「從假入空觀，得慧眼、一切智」的共法，爲「從空出假」觀，得「法眼、道種智」〔註40〕的不共法。
八、觀心六妙門	指出諸法的根源是眾生心，而心生萬法的特性在於沒有次

〔註33〕《六妙法門》，《大正藏》，第四十六冊，頁549ᵃ。
〔註34〕同上，頁549ᶜ。
〔註35〕同上，頁550ᶜ。
〔註36〕同上，頁551ᵃ。
〔註37〕同上，頁551ᶜ。
〔註38〕同上。
〔註39〕同上，頁552ᵃ。以上六門係共法。
〔註40〕同上，頁552ᶜ。

	第，因此大根性的行人，也合當以沒有次第的觀行，「直觀心性」〔註41〕，這已有圓頓旨的涵義在其中。
九、圓觀六妙門	觀心一門爲大根性的行人而立，圓觀則純爲利根大士而開，利根大士但觀一念心源，就能在觀行時等觀「一心見一切心及一切法」，等觀「一法見一切法及一切心」〔註42〕，所以說：「是人行佛行處，住佛住處，入如來室，著如來衣，坐如來座。即於此身，必定當得六根清淨，開佛知見，普現色身，成等正覺。」〔註43〕
十、證相六妙門	就證果而論，證相的意思是證悟的行相。就不定止觀的特色而論，既言不定，那麼證悟的行相自然不一，有次第證、互證、旋轉證、圓頓證四種，次第證是漸次止觀的行相在不定止觀中的承續，而不定止觀之所以有別於漸次止觀者，在旋轉證後開圓頓證。

　　從表解中，可以掌握到智顗止觀思想在往後二十年的發展、成熟與完成在《摩訶止觀》中的脈絡，如說「次第相生六妙門」的證三三昧之於四三昧，「旋轉六妙門」的從假入空觀與從空出假觀之於一心三觀，「觀心六妙門」的直觀心性之於四三昧，「圓觀六妙門」的開佛知見之於以示一乘的圓教思想，「證相六妙門」的圓頓證之於與《法華》、《瓔珞》、《大品》、《大經》、《華嚴》等建構圓頓止觀的主要經論根據的必然聯繫等等。

　　在進入論述圓頓止觀之前，爲了更好的理解不定止觀的觀行內涵，內在於智顗三種止觀思想的關鍵性與互具性的邃密思惟，特依「歷別對諸禪六妙門」預開爲下表，以便詳明基本次第。

表三十：歷別對諸禪六妙門觀行內涵解析表

一、數爲妙門 能出生		01、四禪	01、初禪	01、覺支：初心在緣
				02、觀支：細心分別
				03、喜支：欣慶之心
				04、樂支：怡悅之心
				05、一心支：心與定法一
			02、二禪	01、內淨支：心無觀覺之渾濁
				02、喜支：欣慶之心

〔註41〕同上，頁554^a。
〔註42〕《六妙法門》，《大正藏》，第四十六冊，頁554^a。
〔註43〕同上，頁554^b。以上九門，是從修因上說的，所以不具足。

			03、樂支：怡悅之心	
			04、一心支：心與定法一	
		03、三禪	01、捨支：離喜不悔	
			02、念支：愛念	
			03、慧支：解知之心	
			04、樂支：怡悅之心	
			05、一心支：心與定法一	
		04、四禪	01、不苦不樂支：中庸之心	
			02、捨支：離樂不悔	
			03、念支：愛念	
			04、一心支：心與定法一	
	02、四無量心	01、慈無量心：能與他樂		
		02、悲無量心：能拔他苦		
		03、喜無量心：慶他得樂		
		04、捨無量心：無憎無愛		
	03、四無色定	01、虛空處定：滅三種色緣空而入定		
		02、識處定：捨空緣識而入定		
		03、無所有處定：捨識處心依無所有法而入定		
		04、非有想非無想處定：捨二邊之想而入定		
二、隨為妙門能出生	十六特勝	01、知息出：正依隨息，代初數息調心		身念處觀
		02、知息入：代數息初調心		
		03、知息長短：藉觀以調心，暗障轉薄		
		04、知息遍身：息之入出，遍身微微		
		05、除諸身行：顛倒所起身業，皆悉壞滅		
		06、心受喜：常與觀慧相應，喜生無過		受念處觀
		07、心受樂：常與觀慧相應，於樂不著		
		08、受諸心行：常與觀慧相扶，不起顛倒		
		09、心作喜：真喜從觀慧而生		心念處觀
		10、心作攝：倒想不起		
		11、心作解脫：雖得妙樂，心不耽著		
		12、觀無常：定中心識虛誑，念念生滅		法念處觀
		13、觀出散：緣空之識，自在逍散		

		14、觀離欲：識定虛誑不實，心不愛著			
		15、觀滅：觀達無所有處虛誑不實			
		16、觀棄捨：猶有細想，非是涅槃安樂眞法，心不愛著			
三、止為妙門 能出生	五輪禪	01、地輪三昧：未到地			
		02、水輪三昧：種種諸禪定善根發			
		03、虛空輪三昧：五方便人覺因緣無性如虛空			
		04、金沙輪三昧：見思解脫，無著正慧			
		05、金剛輪三昧：能斷三界結使，永盡無餘，證盡智、無生智入涅槃			
四、觀為妙門 能出生	01、 九想	01、脹想：觀人死屍，胖脹如韋囊盛風			
		02、青瘀想：觀死屍，皮肉黃赤瘀黑青黤			
		03、壞想：觀死屍，風吹日曝，轉大裂壞在地			
		04、血塗漫想：觀死屍，處處膿血流溢，污穢塗漫			
		05、膿爛想：觀死屍，蟲膿流出，皮肉壞爛，滂沱在地			
		06、噉想：觀死屍，蟲蛆唼食，鳥挑其眼，狐狗咀嚼，虎狼抓裂			
		07、散想：觀死屍，禽獸分裂，身形破散，筋斷骨離，頭手交橫			
		08、骨想：觀死屍，皮肉已盡，但見白骨			
		09、燒想：觀死屍，為火所焚，爆裂煙臭，薪盡形滅，同於灰土			
	02、 八念	01、念佛：遭恐怖及眾障難時，應當念佛			
		02、念法：有恐怖障難之時。應當念法			
		03、念僧：僧是佛弟子眾，應受供養禮事			
		04、念戒：	01、律儀戒：除身口諸惡		
			02、定共戒：遮煩惱惡覺		
			03、道共戒：破無明得慧解脫		
		05、念捨：	01、捨施捨：能生大功德		
			02、捨煩惱捨：因此得智慧入涅槃		
		06、念天：	1、六欲天	01、四大王天	
				02、三十三天	

				03、焰摩天		
				04、兜率天		
				05、化自在天		
				06、他化自在天		
			2、色界十八天	01、初禪	01、梵輔天	
					02、梵眾天	
					03、大梵天	
				02、二禪	01、少光天	
					02、無量光天	
					03、光音天	
				03、三禪	01、少淨天	
					02、無量淨天	
					03、遍淨天	
				04、四禪	01、小嚴飾天	
					02、無量嚴飾天	
					03、嚴飾果實天	
					04、無想天	
					05、無造天	
					06、無熱天	
					07、善見天	
					08、大善見天	
					09、阿迦尼吒天	
			07、念入出息：能除心亂，入於正道			
			08、念死	01、自死	常隨此身，無可避處	
				02、他因緣死		
		03、十想	01、無常想：觀一切有為法無常		01、眾生無常	
					02、國土無常	

		02、苦想：觀一切有爲法苦	01、三苦	01、苦苦
				02、壞苦
				03、行苦
			02、八苦	01、生苦
				02、老苦
				03、病苦
				04、死苦
				05、愛別離苦
				06、怨憎會苦
				07、求不得苦
				08、五陰盛苦
		03、無我想：觀一切法等無我		
		04、食不淨想：觀諸飲食不淨		
		05、世間不可樂想：觀一切世間不可樂	01、眾生世間	
			02、國土世間	
		06、死想：觀死智慧相應想	01、命盡死	
			02、外緣死	
		07、不淨想：觀自他身不淨	01、內三十六物	
			02、外則九孔	
		08、斷想：觀涅槃離生死，斷結使證涅槃		
		09、離想：觀涅槃離生死，離生死證涅槃		
		10、盡想：觀涅槃，結使及生死盡		
	04、八背捨	01、內有色相外觀色		
		02、內無色相外觀色		
		03、淨背捨身作證		
		04、虛空處背捨		
		05、識處背捨		
		06、無所有處背捨		
		07、非有想非無想背捨		
		08、滅受想背捨		
	05、八勝處	01、內有色想觀外色少勝處	依初禪與第二禪	

		02、內有色想觀外色多勝處	
		03、內無色想觀外色少勝處	
		04、內無色想觀外色多勝處	
		05、內無色想觀外色青勝處	依第四禪
		06、內無色想觀外色黃勝處	
		07、內無色想觀外色赤勝處	
		08、內無色想觀外色白勝處	
	06、十一切處	01 青一切處：遍一切處皆青	
		02 黃一切處：遍一切處皆黃	
		03 赤一切處：遍一切處皆赤	
		04 白一切處：遍一切處皆白	
		05 地一切處：使一切處皆地色	
		06 水一切處：使一切處皆水色	
		07 火一切處：使一切處皆火色	
		08 風一切處：使一切處皆風色	
		09 空一切處：使一切處皆空色	
		10 識一切處：使一切處皆有識	
	07、九次第定	01 初禪	其心次第而入，無有剎那雜念
		02 二禪	
		03 三禪	
		04 四禪	
		05 空處	
		06 識處	
		07 無所有處	
		08 非有想非無想處	
		09 滅受想次第定	

08、 獅子奮迅 三昧	01、入禪奮迅		
	02、出禪奮迅		
09、 超越三昧	01、 超入三昧	01、順入超	如來於六三昧而 入涅槃
		02、逆入超	
		03、順逆入超	
	02、 超出三昧	01、順超出	
		02、逆超出	
		03、順逆超出	
10、鍊禪			
11、 十四變化 心	01、 初靜慮	01、欲界之能變化心	
		02、初靜慮之能變化心	
	02、 第二靜慮	01、欲界之能變化心	
		02、初靜慮之能變化心	
		03、第二靜慮之能變化心	
	03、 第三靜慮	01、欲界之能變化心	
		02、初靜慮之能變化心	
		03、二禪之能變化心	
		04、三禪之能變化心	
	04、 第四靜慮	01、欲界之能變化心	
		02、初靜慮之能變化心	
		03、二禪之能變化心	
		04、三禪之能變化心	
		05、四禪之能變化心	
12、 三明	01、 小乘三明	01、宿命智證明	
		02、生死智證明	
		03、漏盡智證明	
	02、 大乘三明	01、菩薩明（般若波羅蜜明）	
		02、諸佛明（佛眼明）	
		03、無明明（畢竟空明）	
13、 六通	01、神足通		
	02、天耳通		
	03、他心通		

			04、宿命通	
			05、天眼通	
			06、漏盡智證通	
		14、八解脫	01、內有色想觀諸色解脫	
			02、內無色想觀外色解脫	
			03、淨解脫	
			04、超諸色想滅有對想不思惟種種想入無邊空空無邊處具足住解脫	
			05、超一切空無邊處入無邊識識無邊處具足住解脫	
			06、超一切識無邊處入無所有無所有處具足住解脫	
			07、超一切無所有處入非想非非想處具足住解脫	
			08、超一切非想非非想處入想受滅身作證具足住解脫	
五、還為妙門能出生		01、空無相無作		
		02、三十七品	01、四念處	01、身念處：觀身智慧爲念
				02、受念處：觀受智慧爲念
				03、心念處：觀內心智慧爲念
				04、法念處：觀法智慧名爲念
			02、四正勤	01、已生惡法爲除斷，一心勤精進
				02、未生惡法不令生，一心勤精進
				03、未生善法爲生，一心勤精進
				04、已生善法爲增長，一心勤精進
			03、四如意足	01、欲如意足：欲爲主得定
				02、精進如意足：精進爲主得定
				03、心如意足：心爲主得定
				04、思惟如意足：思惟爲主得定
			04、五根	01、信根：信正道及助道法
				02、精進根：行正道，勤求不息
				03、念根：念正道，更無他念

			04、定根：攝心正道不散		
			05、慧根：爲正道觀無常等十六行		
		05、五力	01、信力：信正道破諸邪信、煩惱		
			02、精進力：行是正破身心懈怠		
			03、念力：念正道破諸邪念		
			04、定力：攝心正道破諸亂想		
			05、慧力：爲正道遮三界見思		
		06、七覺分	01、擇法覺分：善能簡別諸法眞僞		
			02、精進覺分：常勤心在眞法中行		
			03、喜覺分：不依顛倒住眞法喜		
			04、除覺分：除諸虛僞不損善根		
			05、捨覺分：捨所見境永不追憶		
			06、定覺分：諸禪虛假不生見愛		
			07、念覺分：定慧均平心不沈沒		
		07、八正道	01、正見：修無漏行見四諦分明		
			02、正思惟：四諦無漏，思惟動發		
			03、正語：以無漏智慧攝口業		
			04、正業：以無漏智慧除邪業		
			05、正命：以無漏智慧住清淨正命		
			06、正精進：以無漏智慧勤修涅槃道		
			07、正念：以無漏智慧念正道		
			08、正定：以無漏智慧相應入定		
	03、四諦	01、苦諦	01、苦苦：受從苦緣生	對應	01、苦受

				02、壞苦：樂壞時生苦	02、樂受	
				03、行苦：常爲無常遷動	03、不苦不樂受	
			02、集諦	01、不善業	01、殺生	
					02、偷盜	
					03、邪淫	
					04、妄語	
					05、兩舌	
					06、惡口	
					07、綺語	
					08、貪欲	
					09、瞋恚	
					10、邪見	
				02、善業	非十不善即爲十善	
				03、不動業（十二門禪）	01、四禪	1、世間禪	根本味禪
						根本淨禪
						2、出世間禪
						3、出世間上上禪
					02、四無量心	
					03、四空定	01、空無邊處
						02、識無邊處
						03、無所有處
						04、非想非非想處

		03、滅諦：具三十四心斷結，則三界九十八使皆滅	
		04、道諦：正道實觀三十七品、三解脫門，緣理慧行。	
	04、十二因緣	01、無明：過去世一切煩惱	
		02、行：從無明生善不善業	
		03、識：從行生垢心	
		04、名色：從識生非色四陰及所住色陰	
		05、六入：從名色中生眼等六情	
		06、觸：由入對塵情、塵識合，以六塵觸六根	
		07、受：從觸觸六根、受六塵	
		08、愛：從受中受六塵中，心生渴愛	
		09、取：從渴愛因緣求取所愛之塵	
		10、有：從取則後世業因成，因能有果	
		11、生：從有還受後世四生、六道身	
		12、老死：從生五眾身熟壞	
	05、中道正觀		
六、淨為妙門能出生	九種大禪	01、自性禪：於菩薩藏聞思前，行世間、出世間善，一心安住	
		02、一切禪	01、世間禪
			01、世間現法樂住禪
			02、世間出生三昧功德禪
			03、世間利益眾生禪
			02、出世間禪
			01、出世間現法樂住禪
			02、出世間出生三昧功德禪
			03、出世間利益眾生禪
		03、難禪	01、菩薩第一難禪：哀愍眾生捨第一禪樂生欲界
			02、菩薩第二難禪：依禪出生無量不思議深三昧

		03、菩薩第三難禪：依禪得無上菩提	
	04、 一切門禪	01、有覺有觀俱禪	
		02、喜俱禪	
		03、樂俱禪	
		04、捨俱禪	
	05、 善人禪	01、不味著	
		02、慈心俱	
		03、悲心俱	
		04、喜心俱	
		05、捨心俱	
	06、 一切行禪	01、善禪	
		02、無記化化禪	
		03、止分正念禪	
		04、觀分正念禪	
		05、自利正念禪	
		06、他利正念禪	
		07、出生神通力禪	
		08、出生功德力禪	
		09、緣義住第一義禪	
		10、緣止相住第一義禪	
		11、緣舉相住第一義禪	
		12、緣捨相住第一義禪	
		13、緣現法樂住第一義禪	
	07、 除惱禪	01、呪術所依禪	
		02、除病禪	
		03、雲雨禪	
		04、等度禪	
		05、饒益禪	
		06、調伏禪	
		07、開覺禪	
		08、等作禪	

		08、 此世他世 樂禪	01、神足變現調伏眾生禪
			02、隨說調伏眾生禪
			03、教誡變現調伏眾生禪
			04、爲惡眾生示惡趣禪
			05、失辯眾生以辯饒益禪
			06、失念眾生以念饒益禪
			07、爲令正法久住世禪
			08、種種眾具禪
			09、暫息惡趣放光明禪
		09、 清淨禪	01、世間清淨淨不味不染污禪
			02、出世間清淨淨禪
			03、方便清淨淨禪
			04、得根本清淨淨禪
			05、得根本上勝進清淨淨禪
			06、住起力清淨淨禪
			07、捨復入力清淨淨禪
			08、神通所作力清淨淨禪
			09、離一切見清淨淨禪
			10、煩惱智障斷清淨淨禪

第三目　圓頓止觀

賢首菩薩說：

> 菩薩於生死，最初發心時，一向求菩提，堅固不可動。彼一念
> 功德，深廣無邊際，如來分別說，窮劫猶不盡。〔註44〕

這是賢首菩薩對文殊師利菩薩問如何纔能「了達深義淨德」時所做的回答，灌頂在撰寫《摩訶止觀》的〈序論〉時，特別徵引來做爲「更明圓頓」〔註45〕的經證。然而，灌頂爲甚麼要引這一段經證來確立其對智顗圓頓止觀的詮釋呢？因爲「以圓功德而自莊嚴」〔註46〕與「以圓力用建立眾生」〔註47〕的菩

〔註44〕東晉・佛馱跋陀羅譯，《大方廣佛華嚴經》，卷第六，〈賢首菩薩品第八之一〉，《大正藏》，第九冊，頁432ᶜ～433ᵃ。
〔註45〕《摩訶止觀》，卷第一，〈序論〉，《大正藏》，第四十六冊，頁2ᵃ。
〔註46〕同上。
〔註47〕同上。

薩，正是共爲一切菩薩之上首的普賢菩薩與文殊菩薩，文殊菩薩是智、慧、證的代表，普賢菩薩是理、定、行的代表，普賢與文殊共同爲詮顯世尊的理智、定慧、行證的圓滿，而廣爲遍行淨德，誠如《華嚴經·入法界品》〔註48〕所詳載的那樣。因此，灌頂在說明「圓頓」的意義時，便將《華嚴》絕對平等的一法界思想、《法華》的諸法實相思想，與智顗的「圓頓」思想融通起來，而以《法華》的諸法實相思想做爲詮釋的根據，所以灌頂開宗明義的說：

> 圓頓者，初緣實相，造境即中，無不眞實。〔註49〕

據此，灌頂指出了修持「圓頓止觀」的行人，在止息妄念，觀達眞智的同時，以能觀的一念心，體察所緣境的當下，即覺照所緣的諸法，在本質上即假、即空、即中的實相，而在即中的諦理中，所呈顯在行人的能所之間的諸法，不論其所展現的現象，或同時蘊藉於現象當體的本質，都是即體即用而「無不眞實」的。因此，在這個義理之上，灌頂進一步以法身德、般若德、解脫德三德，圓具法性中道第一義諦、空諦第一義空、假諦如來藏，就菩薩「聞圓法」辯證的說：

> 聞生死即法身，煩惱即般若，結業即解脫；雖有三名，而無三
> 體；雖是一體，而立三名。是三即一相，其實無有異。〔註50〕

這三體即一體，三名即一名的「一」，分開來看，法身德是實相的諦理，般若德是觀照的智慧，解脫德是修持的德行，所以就「圓信」而論，諸法實相在行人的心識上，就自然而然的被彰顯爲：

> 一切法，即空、即假、即中。無一、二、三，而一、二、三。
>
> 無一、二、三，是遮一、二、三；而一、二、三，是照一、二、三。
>
> 無遮無照，皆究竟清淨自在。〔註51〕

也就是說，行人在行持圓頓止觀法門時，就圓頓的「繫緣法界，一念法界」〔註52〕的「一念」而論，在觀照的當體，能觀的心與所觀的實相，是本然互具而無須通過對即空、即假的「一」與「二」的否證來證立即中的「三」，這樣一來，自然就沒有了遮與照的對立與矛盾的障礙存在了，唯其本來就是

〔註48〕晉譯《大方廣佛華嚴經》，卷第四十四至第六十，〈入法界品第三十四之一〉至〈入法界品第三十四之十七〉，《大正藏》，第九冊，頁676^a～788^b。
〔註49〕《摩訶止觀》，卷第一，〈序論〉，《大正藏》，第四十六冊，頁1^c。
〔註50〕同上，頁2^a。
〔註51〕《摩訶止觀》，卷第一，〈序論〉，《大正藏》，第四十六冊，頁2^a。
〔註52〕同上，頁1^c。

「無遮無照」的圓具，纔能說，不論是順向推論的「一、二、三」，即有階次的由即空而即假而即中來論證三相即一相，或逆向的反證「三、二、一」，即亦有次第的由即中而即假而即空來驗證一相即三相，都是「究竟清淨自在」的，纔是在「圓行」上，「直入中道」的「圓修」，否則，實相一旦被「無」所泯除，或被「有」所擾動，都不是在圓頓觀行中「專求無上菩提」〔註53〕的行人，所當行持的「圓法」，所以灌頂明白的確立起「即邊而中，不餘趣向」〔註54〕的「一色一香，無非中道」〔註55〕的圓頓義，從而使觀行者，得以在三無差別、「陰、入皆如」〔註56〕的前提之下，直接越過「初淺後深」〔註57〕的漸次相，越過「更前更後，互淺互深，或事或理，或指世界為第一義，或指第一義為為人、對治，或息觀為止，或照止為觀」〔註58〕的不定相，而直接指出，行持圓頓止觀的行者，在登初住位的同時，即「一住一切住，一切究竟，一切清淨，一切自在」〔註59〕。

然而「一住一切住」中行人得以「自在」的「自在」究竟是怎樣的「自在」呢？這樣的「自在」與「以圓功德而自莊嚴」的「圓自在莊嚴」的「圓自在」，在「自在」相上，以《法華》諸法實相的思想為根據，與《華嚴》絕對平等的一法界思想的內在聯繫，又是如何被修圓頓止觀的觀行者體現為「純一實相」〔註60〕的？

首先，澄觀詮釋《華嚴》的自在相說：

　　普觀一切法，悉自在者，智身解脫也。此有三義：一、以普眼
　於一切法，無不能觀；二、觀一切法，不壞事而全理；三、於一法
　中，見一切而無礙；並名自在。〔註61〕

這一段釋文，如果隱去澄觀的德號，大概沒有人不認為是出自智顗的講說的吧？因為「智身解脫」就是般若德，就是空諦第一義空，就是智顗所說的「了因佛性」。至於「以普眼於一切法，無不能觀；……觀一切法，不壞事

〔註53〕同上，頁 2^a。
〔註54〕同上。
〔註55〕同上，頁 1^c。
〔註56〕同上。
〔註57〕同上。
〔註58〕同上。
〔註59〕同上，頁 2^a。
〔註60〕同上，頁 1^c。
〔註61〕唐・澄觀撰，《大方廣佛華嚴經疏》，卷第六，《大正藏》，第三十五六冊，頁 542^b。

而全理；……於一法中，見一切而無礙」，理解這樣的自在相，最佳的途徑，捨「一心三觀」而外，還是「一心三觀」。職是之故，灌頂說：

> 彼經〔註62〕廣說自在相，或於此根入正受，或於彼根起出說，或於一根雙入出，或於一根不入出，餘一一根亦如是。
>
> 或於此塵入正受，或於彼塵起出說，或於一塵雙入出，或於一塵不入出，餘一一塵亦如是。
>
> 或於此方入正受，或於彼方起出說，或於一方雙入出，或於一方不入出，〔餘一一方亦如是〕〔註63〕。
>
> 或於一物入正受，或於一物起出說，或於一物雙入出，或於一物不入出，〔餘一一物亦如是〕。
>
> 若委說者，祇於一根一塵，即入即出，即雙入出，即不入出，於正報中一一自在，於依報中亦如是。〔註64〕

其次，灌頂說的「諸法實相」的自在相，是總結《華嚴》的自在相而提出用以證成智顗「一心三觀」的自在相，灌頂以能受的根做為論證的進路，論證觀行者所受的塵，在能所相應的觀行方所中所展現的即空、即假、即中的諸法，及其依因緣假而起現的實相，在依正二報之中，都體現為「祇於一根一塵，即入即出，即雙入出，即不入出」的自在相。

由灌頂的論證，證立了智顗「實相外，更無別法，法性寂然名止，寂而常照名觀」〔註65〕的圓頓法門。為了使學人能依形象思惟而做出更精確的理解，灌頂補充說：「譬如日光，周四天下，一方中、一方旦、一方夕、一方夜半，輪迴不同，祇是一日，而四處見異，菩薩自在亦如是。」〔註66〕而理解的目的，是為了讓修習圓頓止觀的學人，得以有效的行持，因為「於法自在，方能隨類調生」〔註67〕，方能行「陰、入皆如，無苦可捨；無明塵勞即是菩提，無集可斷；邊邪皆中正，無道可修；生死即涅槃，無滅可證」〔註68〕的菩薩行，從而於初發心之際，即在「圓自在莊嚴」與「圓建立眾生」之中，「即入即出，即雙入出，即不入出」的隨便宜發用三昧，而於「內自通達即空、

〔註62〕指東晉・佛馱跋陀羅譯的《大方廣佛華嚴經》，參見《大正藏》，第九冊。

〔註63〕為補足灌頂行文的文氣而加上的，下同。

〔註64〕《摩訶止觀》，卷第一，〈序論〉，《大正藏》，第四十六冊，頁 2$^{a\sim b}$。

〔註65〕同上，頁 1^c～2^a。

〔註66〕同上，2^b。

〔註67〕《大方廣佛華嚴經疏》，卷第六，《大正藏》，第三十五六冊，頁 545^c。

〔註68〕《摩訶止觀》，卷第一，〈序論〉，《大正藏》，第四十六冊，頁 1^c。

即假、即中，不動法性」〔註69〕的當體，普令眾生「獲種種益，得種種用」〔註70〕，是則圓頓止觀的摩訶衍義，纔能在「從初發心，即坐道場，轉法輪，度眾生」的一乘圓教的法義之中，不假藏、通、別之漸次的「證頓」。

　　茲將灌頂詳明「證頓」的經教與論說，開爲下表，以便一目瞭然。

表三十一：「證頓」的經教與論說內涵一覽表

《摩訶止觀》	「說法不有亦不無，以因緣故諸法生，無我無造無受者，善惡之業不敗亡。」此證頓教也。（《大》46-2ᶜ）
《維摩詰所說經》	〈佛國品第一〉： 說法不有亦不無，以因緣故諸法生，無我無造無受者，善惡之業不敗亡。（《大》14-537ᶜ）
《摩訶止觀》	從初發心即坐道場，轉法輪度眾生。此證頓也。（《大》46-2ᶜ）
《大品波羅蜜經》	〈往生品第四〉： 有菩薩摩訶薩初發意時，便得阿耨多羅三藐三菩提轉法輪，與無量阿僧祇眾生作益厚，已入無餘涅槃。（《大》8-226ᵃ）
《大智度論》	〈釋往生品第四之上〉： 利根心堅，未發心前，久來集諸無量福德智慧，是人遇佛聞是大乘法，發阿耨多羅三藐三菩提心，即時行六波羅蜜，入菩薩位，得阿鞞跋致地。……是菩薩亦利根堅心，久集無量福德智慧，初發心時，便得阿耨多羅三藐三菩提，即轉法輪，度無量眾生，入無餘涅槃。（《大》25-342ᵇ~ᶜ）
《摩訶止觀》	正直捨方便，但說無上道。（《大》46-2ᶜ）
《法華經》	〈方便品第二〉： 今我喜無畏，於諸菩薩中，正直捨方便，但說無上道。菩薩聞是法，疑網皆已除，千二百羅漢，悉亦當作佛。（《大》9-10ᵃ）
《摩訶止觀》	雪山有草，名曰忍辱，牛若食者，即得醍醐。此證頓也。（《大》46-2ᶜ）
《大般涅槃經》	〈師子吼菩薩品第十一之一〉： 我說一切眾生，悉有佛性。善男子！雪山有草，名爲忍辱。牛若食者，則出醍醐。更有異草，牛若食者，則無醍醐。雖無醍醐，不可說言：「雪山之中無忍辱草！」佛性亦爾，雪山者，名爲如來；忍辱草者，名大涅槃；異草者，十二部經。眾生若能聽受，諮啓《大般涅槃》，則見佛性，十二部中雖不聞有，不可說言無佛性也！（《大》12-525ᶜ～526ᵃ）

〔註69〕同上，2ᵇ。
〔註70〕同上，2ᵇ。

《摩訶止觀》	《華嚴》曰，娑伽羅龍，車軸雨海，餘地不堪。為上根性，說圓滿修多羅，二乘如聾如瘂。
	《淨名》曰，入瞻蔔林，不嗅餘香，入此室者，但聞諸佛功德之香。
	《首楞嚴》曰，擣萬種香為丸，若燒一塵，具足眾氣。
	《大品》曰：「以一切種智知一切法，……當學般若波羅蜜。」
	《法華》曰：「合掌以敬心，欲聞具足道。」
	《大經》曰：「譬如有人，在大海浴，當知是人，已用諸河、……之水。」
	《華嚴》曰，譬如日出，先照高山，次照幽谷，次照平地。平地，不定也；幽谷，漸也；高山，頓也。（《大》46-2ᶜ）
《晉譯華嚴經》	〈十地品第二十二之五〉：
	是菩薩成就如是智慧，隨順菩提，成就無量念力，能於一念頃，至十方無量佛所，無量法明，無量法雨，皆能受持。譬如」娑伽羅龍王所澍大雨，唯除大海，餘不能受。菩薩摩訶薩亦復如是，如來微密，雨大法雨，一切眾生、聲聞、辟支佛，……乃至九地菩薩所不能受，唯此菩薩住法雲地，悉能受持。（《大》9-573ᵃ）
《維摩詰所說經》	〈觀眾生品第七〉：
	以大悲法化眾生故，我為大乘。舍利弗！如人入瞻蔔林，唯嗅瞻蔔，不嗅餘香。如是，若入此室，但聞佛功德之香，不樂聞聲聞、辟支佛功德香也。（《大》14-548ᵃ）
《首楞嚴三昧經》	卷上：
	菩薩住首楞嚴三昧，六波羅蜜，世世自知，不從他學，舉足下足，入息出息，念念常有六波羅蜜。……譬如有王，若諸大臣，百千種香，擣以為末，若有人來索中一種，不欲餘香共相熏雜。……是菩薩以一切波羅蜜熏身心故。（《大》15-633ᵇ）
《大品波羅蜜經》	〈序品第一〉：
	菩薩摩訶薩，欲以一切種智知一切法，當習行般若波羅蜜。……菩薩摩訶薩以不住法住般若波羅蜜中。以無所捨法應具足檀那波羅蜜。……應具足尸羅波羅蜜。……應具足羼提波羅蜜。……應具足毘梨耶波羅蜜。……應具足禪那波羅蜜。於一切法不著故，應具足般若波羅蜜。（《大》8-218ᶜ～219ᵃ）
《法華經》	〈方便品第二〉：
	舍利弗……「合掌以敬心，欲聞具足道。」……
	佛告舍利弗：「諸佛如來，但教化菩薩，諸有所作，常為一事，唯以佛之知見，示悟眾生。舍利弗！如來但以一佛乘故，為眾生說法，無有餘乘，若二若三。」（《大》9-6ᶜ～7ᵇ）

《大般涅槃經》	〈光明遍照高貴德王菩薩品第十之四〉： 譬如有人，在大海浴，當知是人，已用諸河、泉、池之水，菩薩摩訶薩，亦復如是，修習如是金剛三昧，當知已爲修習其餘一切三昧。（《大》12-509^b）
《晉譯華嚴經》	〈寶王如來性起品第三十二之二〉： 譬如日出，先照一切諸大山王，次照一切大山，次照金剛寶山，然後普照一切大地。……如來、應供、等正覺，亦復如是，成就無量無邊法界智慧日輪，常放無量無礙智慧光明，先照菩薩摩訶薩等諸大山王，次照緣覺，次照聲聞，次照決定善根眾生，隨應受化，然後悉照一切眾生，乃至邪定，爲作未來饒益因緣。如來智慧日光，……但放大智光，普照一切。（《大》9-616^b）

　　爲了免於斷章取義之失，在上開「『證頓』的經教與論說內涵一覽表」中，盡可能將灌頂從諸經論中，徵引來證立圓頓止觀之所以爲圓爲頓的出典，意義完整的銜接起來，以便更清楚的把圓頓止觀的思想底蘊，如灌頂所論證的那樣，給符契文理的彰顯出來。當然，關於灌頂所用於論證《摩訶止觀》純然是摩訶衍義的徵證，如果要予以別解派說的話，單就〈序論〉片面的來看，很容易啓人選擇性的疑竇。祇是，誠如前述，智顗止觀思想的開展、形塑與完成，其過程長達二十年，而且一開始就在徹底掌握共法的基礎上，建構不共法的觀行論，這意謂著智顗的觀行論，在圓融互具的思惟方法上，是一直將小與偏的禪法，不離不棄的朝大與圓的觀行實踐之路，沿路向上導引，所以灌頂總結說：「止觀，諸佛之師。以法常故，諸佛亦常；樂、我、淨等，亦復如是。」〔註71〕因此，《摩訶止觀》就其內在於智顗個人的學思歷程而言，儘管可以將之單純的看成「天台智者說己心中所行法門」〔註72〕的禪觀修證報告，但卻不能忽署了智顗之所以要講說的願行，是「即如來使，如來所使，行如來事」〔註73〕的德業。

第四目　智顗的止觀思想

　　簡要的說，智顗的止觀思想傳自慧思，即持戒修定，以漸次悟入實相的漸次止觀；順應學人不同的質器，行持次第不定的不定止觀；以及，一開始

〔註71〕《摩訶止觀》，卷第一，〈序論〉，《大正藏》，第四十六冊，頁3^a。
〔註72〕同上，頁1^b。
〔註73〕同上。《妙法蓮華經》，卷第四，〈法師品第十〉，具云：「於我滅度後，愍眾生故，生於惡世，廣演此經。若是善男子、善女人，我滅度後，能竊爲一人說《法華經》，乃至一句，當知是人，則如來使，如來所遣，行如來事，何況於大眾中，廣爲人說？」《大正藏》，第九冊，頁33^c。

修學即以實相做為觀行對象，且在解行上圓滿頓證的圓頓止觀。然而，誠如前述，不能忽視湛然對智顗的止觀思想，在傳承與因革損益之間，所看到的「法門改轉」的創造性。因此，智顗對止觀的看法，在建構圓教思想的同時，自有必要提出新的詮釋，並賦予內在於圓教思想體系中的定義，智顗於是提出一系列相互對應的概念，且做出論述，就「相待」義而論，智顗說：

> 止觀各三義：息義、停義、對不止止義。……觀亦三義：貫穿義、觀達義、對不觀觀義。〔註74〕

表三十二：相待止觀各三義一覽表

相待止	息義	諸惡覺觀，妄念思想，寂然休息。……此就所破得名。	對生死之流動，約涅槃論止息。心行理外，約般若論停止。約智斷通論相待。
	停義	緣心諦理，繫念現前，停住不動。……此就能止得名。	
	對不止止義	無明即法性，法性即無明；無明亦非止非不止，而喚無明為不止；法性亦非止非不止，而喚法性為止；此待無明之不止，喚法性而為止。	約諦理論相待。
相待觀	貫穿義	智慧利用，穿滅煩惱。……此就所破得名。	通對生死彌密而論貫穿。迷惑昏盲而論觀達。通約智斷相待明觀。
	觀達義	觀智通達，契會真如。……此就能觀得名。	
	對不觀觀義	無明即法性，法性即無明；無明非觀非不觀，而喚無明為不觀；法性亦非觀非不觀，而喚法性為觀。	別約諦理〔論相待〕。

在智顗的思惟中，與「相待」義對觀的是「絕待」義，智顗之所以提出這樣一組並列的概念，是其總結法華圓教跡本互形的思想，而會通到止觀實踐的判準，判準之一：「相」是指彼此互為不等的狀態，如說山丘，同為積土所成，但在意義與實質上，並不相等同而為互形。判準之二：「待」是指彼此的不同狀態，如說山海，山為積土所成，海為貯水所成，在意義與實質上都不同，但並不相互對立，而是各有在其自己的本然特質。智顗根據法華思想，說為「相待妙」與「絕待妙」，除了合會《大般涅槃經》從乳乃至於醍醐的五味譬，以

〔註74〕《摩訶止觀》，卷第三・上，〈第二釋止觀名者〉，《大正藏》，第四十六冊，頁21^{b-c}。

爲化法四教的判釋根據之外，若相應於「相待」而論「絕待」，則義在待龘成妙。因此，智顗從橫豎兩路說止觀有「絕待」義，即以不次第義橫破，以次第義豎破「相待」，如此一來，除了對「相待」義做出隔歷不融的規定外，還同時成立了不縱不橫的「絕待」義。智顗用極爲精警的講說，如是論證道：

> 絕待止觀者，絕橫豎諸待，絕諸思議，絕諸煩惱、諸業、諸果，絕諸教、觀、證等，悉皆不生，故名爲止。止亦不可得，觀冥如境，境既寂滅清淨，尚無清淨何得有觀？止觀尚無，何得待不止觀說於止觀？待於止觀說不止觀，待止不止說非止非不止，故知止不止皆不可得，非止非不止亦不可得，待對既絕，即非有爲。不可以四句思，故非言說道，非心識境。既無名相，結惑不生，則無生死，則不可破壞，滅絕絕滅，故名絕待止，顛倒想斷，故名絕待觀，亦是絕有爲止觀，乃至絕生死止觀。〔註75〕

表三十三：絕待止觀的內涵一覽表

絕待止	絕橫豎諸待	破除相對意義下的次第不次第觀，而爲圓融絕待的不思議止觀。
	絕諸思議	泯除事理相待的思議推論，一超直入的觀達諸法實相不可思議。
	絕諸煩惱	破除煩惱，煩惱少則十纏，多則九十八結，俱爲遮礙清淨慧的智障。
	絕諸業	業是造作的力量，輪迴的途徑，絕諸業則離三障，出生死，登法界。
	絕諸果	由因而生果，絕諸業則滅諸果，既絕因果相對，則無有輪迴。
	絕諸教	隨應機緣的教說，或爲思議之論，或爲顛倒想，故須予以勤絕絕滅。
	絕諸觀	能所相應而起諸觀，破一念三千之妄心，而爲三諦不思議之妙境。
	絕諸證	有教即有觀，有觀即有行，有行即有證，絕諸欲證所證，則教觀俱泯。
	既無名相，結惑不生，則無生死，則不可破壞，滅絕絕滅。	
四句推檢	非言說道	待於止觀說不止觀，待止不止說非止非不止，故知止不止皆不可得，非止非不止亦不可得。
	非心識境	

〔註75〕同上，頁22ᵃ。

絕待觀	顛倒想斷。
絕待止觀	絕有爲止觀、絕生死止觀、不思議止觀、無生止觀、一大事止觀。

從智顗論證「絕待」之所以爲「絕待」的「純一實相」的圓教義理而論，正足以說明「生死即法身，煩惱即般若，結業即解脫」的恩德、智德、斷德，在「相待止觀」中的相待性，是既縱且橫的，然而，就「絕待」義而論，則是議論所無法擬議的，也不是以陰妄爲性的心識所能捉摸的，所以，智顗爲了領眾〔註76〕，不得不隨便宜而說漸次、說不定、說「相待」、說「破」、說「絕」，說這一切之所以要說觀行的目的，即使是四句推檢，亦無所得說，因爲，「絕待」義的圓頓止觀，本來就是「一色一香，無非中道」，就是「心行處滅」，就是「不可說」的。祇是智顗慈悲，法門一旦證成，仍須在「眾生無邊誓願度」的願力下，應緣赴會，依經教立說，說：

> 若有四悉檀因緣故，亦可得說；若有世界因緣，則會異而說；
> 若有爲人因緣，則通三德而說；若有對治因緣，則相待而說；若有
> 第一義因緣，則絕待而說。說爲止觀，此之名字，不在內外兩中間，
> 亦不常自有，是字不住亦不不住；是字不在橫四句豎四句中，故言
> 是字不住；亦不在無橫無豎中，故言亦不不住；是字不可得故，故
> 名絕待止觀，亦名不思議止觀，亦名無生止觀，亦名一大事止觀。……
> 無可待對，獨一法界，故名絕待止觀也。〔註77〕

表三十四：止觀四悉曇義一覽表

世界悉檀	眾生五陰、十二入、十八界，一切諸法名相，隔別不同，……爲說正因緣世界之法。（《大》38-520ᶜ）	會異而說
爲人悉檀	大聖觀人心而爲說法，人心各各不同，故於一事，或聽、不聽。……爲破執生信，增長善根。（《大》38-520ᶜ）	通三德而說
對治悉檀	有法對治則有，實性則無。對治則有者，即是貪欲多教修不淨觀，瞋恚多教修慈心觀，愚癡多教觀因緣也。……爲斷其惡故名對治悉檀也。	相待而說
第一義悉檀	一、約不可說相明第一義悉檀者，即是諸佛、辟支佛、羅漢所得眞實法，名第一義悉檀也。故《大智論》云：「言論盡竟，心行亦訖，不生不滅，法如涅槃，	絕待而說

〔註76〕智顗回答智朗說：「吾不領眾，必淨六根，爲他損己，祇是五品位耳！」參見《隋天台智者大師別傳》，《大正藏》，第五十冊，頁196ᵇ。
〔註77〕《摩訶止觀》，卷第三·上，〈第二釋止觀名者〉，《大正藏》，第四十六冊，頁22ᵃ⁻ᵇ。

說諸行處，名世界，說不行處，名第一義。」〔註78〕（《大》38-520ᶜ）	
二、約可說相辨第一義悉檀相者，如《大智論》云：「一切實一切不實，一切亦實亦不實，一切非實非不實，皆名諸法之實相。」〔註79〕佛於如是等處處諸經，說第一義悉檀相。（《大》38-520ᶜ）〔註80〕	

　　爲使學人在行持時，心無所取著的悟入諸法實相，智顗依四悉檀義說修習止觀的諸種因緣，旨在申明，天台觀行法門，雖以圓頓旨爲月，但指向月亮的那根手指頭，就各隨因緣而初入門者而言，仍有存在的德用，因此，智顗舉出標月指有四，即一者會異而說，二者通三德而說，三者相待而說，四者絕待而說。爲了確當理解智顗三止三觀不縱不橫的不思議思想的互具關係，特將「通三德而說」的論述，開展爲關係表。

表三十五：止觀通三德關係表

通三德	定門攝	理 攝	觀門攝	法 性	從能緣之智得名	從所離得名	共 通
法身德	止息止	非觀觀		非止止 非觀觀			非止非觀
般若德			停止止 觀達觀		停止止 觀達觀		觀
解脫德	貫穿觀	非止止				止息止 貫穿觀	止

表三十六：止觀各通三德關係表

各通三止	具足解脫	各通三觀	具足般若	各通三身	具足法身
止息止	方便淨解脫	貫穿觀	道慧般若	色身	一止一觀
停止止	圓淨解脫	觀達觀	道種慧般若	法門身	一止一觀
非止止	性淨解脫	非觀觀	一切種慧般若	實相身	一止一觀

〔註78〕《大智度論》，卷第一，〈序品中緣起義釋論第一〉，具云：「言語盡竟，心行亦訖，不生不滅，法如涅槃，說諸行處，名世界法，說不行處，名第一義。」參見《大正藏》，第二十五冊，頁61ᵇ。

〔註79〕同上，具云：「一切實一切非實，及一切實亦非實，一切非實非不實，是名諸法之實相。」參見《大正藏》，第二十五冊，頁61ᵇ。

〔註80〕「四悉檀義」引自智顗撰寫的《維摩經玄疏》，卷第一，《大正藏》，第三十八冊，頁520ᶜ。

從「止觀通三德關係表」與「止觀各通三德關係表」中，就智顗圓頓止觀不縱不橫的體系而論，在「通」義的開合上，如次第的看是「不並」，所以是非次第的不異，如不次第的看是「不別」，所以是非次第的不一；因此，智顗爲三止三觀通三德在通義上，爲使其「不可思議」義，得以明白的顯露出來，而分別以理〔註81〕、行〔註82〕、教〔註83〕的順序，依《大般涅槃經》所說的「諸佛所師，所謂法也，是故如來恭敬供養，以法常故，諸佛亦常」〔註84〕的涅槃義，總爲如來法身所具足的，「一一皆常樂我淨」〔註85〕的結論。

第五目　結　語

上來所論之天台三種止觀，就思想而論，是智顗在觀行實踐中，具體實踐佛陀的教說所總結出來的學理，既然是學理，就必須具備使學人得以從之受學的認識方法、思惟方法、理解方法與實踐方法；易言之，智顗的觀行論，不祇是片面的知識，而是已被建構完成的知識體系，且內在於此一思想體系的圓具上，智顗已將一切相應的學理與方法，該括靡遺，鉅細周備；亦即就其體系自身而論，具有鮮明的辯證的有機的統一性。因此，內在於此一體系的思惟的合理性的提出與檢證，便成爲被正確理解的憑藉，觀行者一旦掌握了此一憑藉，即能用於自行考覈實踐的有效性如何？如果考覈的結果，效度過低，或效標不明，那麼，就應該以時時明覺的一念法性心，務實的檢束自己對天台觀行論的義理，在其性具實相的宇宙論、三諦圓融的眞理觀、一心三觀的觀心論上，是否已依天台的止觀學理如實觀解，或已能言語道斷的當下直觀，並在觀行上掌握得宜，證知位次是否得所？而這一學理的應用與驗證，不論由漸次而入，或由不定而入，或一超直入，在理論與實踐上，都需要學人審愼的自覺自己的觀行基礎何在？也就是說，修習天台止觀的行人，在行持開始之際，合當以自我

〔註81〕 理藏釋：「今明三德皆不可思議，那忽縱？皆不可思議，那忽橫？皆不可思議？那忽一？皆不可思議，那忽異？」《摩訶止觀》，卷第三・上，「四通三德者」，《大正藏》，第四十六冊，頁23ᵇ。

〔註82〕 行因釋：「身常、智圓、斷具，一切皆是佛法，無有優劣，故不縱。三德相冥，同是一法界，出法界外，何處更別有法？故不橫。能種種建立，故不一。同歸第一義，故不異。」同上。

〔註83〕 字用釋：「即一而三，故不橫。即三而一，故不縱。不三而三，故不一。不一而一，故不異。」同上。

〔註84〕 北涼・曇無讖譯，《大般涅槃經》，卷第四，〈如來性品第四之一〉，《大正藏》，第十二冊，頁387ᶜ。

〔註85〕 同上。

鑑別為前提，而鑑別的要件之一，即自覺根鈍根利；要件之二，隨利鈍與願行
或為藏，或為通，或為別，或為圓；要件之三，隨根應緣之便宜，自覺下手處
或為漸次、為不定、為圓頓？要之，天台止觀的特質，向來都祇是「祇於一根
一塵，即入即出，即雙入出，即不入出」的能所不一亦不異的自在相的體現，
因此，不論智顗是就真諦說、俗諦說，或「即說是無說」〔註86〕，或「不說而
是說」〔註87〕，在一心三觀的諦理之中，要不外都是「無二無別，即事而真」
〔註88〕的「究竟清淨自在」的大悲說。

第二節　所觀十境指要

　　就《摩訶止觀》的整體結構而論，所觀十境總為「第七正修止觀」，這十
境與之前的「初釋大意」，乃至於「第六明方便者」，在智顗的立意上，有理
論與實踐上的不同。理論的提出，是觀念建構的完成，智顗以其廣為融通佛
陀教說的經典、律典與諸論師的論典為前提，將蘊涵在三藏十二部中的禪法
概念，依主題分門別類的集中起來，並重新思惟與抉擇諸概念彼此之間，在
對應不同稟賦的學人時，是否有因觀解的差異，而產生片面性的矛盾現象，
從而破壞了諸禪法因應請法眾的不同機感，而以不同的理論，散見於諸經、
律中的有機的深湛的聯繫，終至於內化為組織詳明的止觀思想體系。

　　智顗在長達三十年（567～597）的慇懃講說中，從駐錫瓦官寺講《次第禪
門》開始（567～575），一直到圓寂之際（597），仍以弘揚止觀法門為念，而
在「將恐深廣大法，不久停留，眾生眼滅，失正法利，是以閑生悲傷，煩究難
忍」〔註89〕的悲切願心中，口授《觀心論》，申明止觀的圓妙義理，確立觀一
境而隨順十乘觀法，與十法觀成即能證諸地住位的實踐根要，是在合理性的理
論認識中，給出具體可行的方案。因此，不論是在理論上的建構，或實踐上所
觀十境與能觀十乘的開展，分開來看，雖說有「依修多羅以開妙解」與「今依
妙解以立正行」〔註90〕的側重面的不同，但如果一味的從「分開來看」的視域，
來看待智顗建構天台止觀思想的思惟方法，便會出現見樹不見林的有失圓頓旨

〔註86〕《摩訶止觀》，卷第一，〈序論〉，《大正藏》，第四十六冊，頁3ᵃ。
〔註87〕同上。
〔註88〕同上，頁3ᵇ。
〔註89〕隋‧智者述，《觀心論》，《大正藏》，第四十六冊，頁584ᵇ。
〔註90〕《摩訶止觀》，卷第五‧上，〈第七正修止觀者〉，《大正藏》，第四十六冊，頁48ᶜ。

的盲點。就天台止觀思想的理論與實踐的並時關係而論，智顗說：

> 十章通是生起。別論，前章爲生，次章爲起。緣由趣次，亦復
> 如是。所謂無量劫來，癡惑所覆，不知無明即是明，今開覺之，故
> 言大意。既知無明即明，不復流動，故名爲止。朗然大淨，呼之爲
> 觀。既聞名得體，體即攝法，攝於偏圓。以偏圓解，起於方便。方
> 便既立，正觀即成。成正觀已，獲妙果報。從自得法，起教教他。
> 自他俱安。同歸常寂。〔註91〕

從智顗的自述中，分明說通義是並時的，是觀行者行持觀行法門以修三止三觀的義理底據，是當體證頓的。祇是爲了易解之故，如佛陀善說譬喻一般，而以隨便宜的善巧作畧，爲學人指出一條貫時的線性途徑，使學人得以在入門的階級上，分別次第論說，說依修多羅而有理論環環相緣的必要，說依正行而有互發的現象。然而，此間的通義纔是智顗的命意所在，如灌頂在「私料簡」中，明確回答疑者問法界義所綜成的結論那樣，灌頂說：「法性自爾，非作所成，如一微塵，具十方分。」〔註92〕「十方分」就是沒有非得如此，或不如此就得如彼的依一定的方所來認識法界之所以爲法界的圓義，而此一圓義內在於智顗的觀行實踐，正是「法爾如是」的具體而微的圓教思想的體現。

表三十七：「所觀十境」的結構及文獻位置一覽表

正修止觀		標　名	卷次	《大正藏》	起訖頁
所觀十境	01	觀陰入界境	卷第五・上至 卷第七・下	第四十六冊	051^c～102^a
	02	觀煩惱境	卷第八・上		102^a～106^a
	03	觀病患境	卷第八・上		106^a～111^c
	04	觀業相境	卷第八・下		111^c～114^c
	05	觀魔事境	卷第八・下		114^c～117^a
	06	觀禪定境	卷第九・上		117^a～113^c
	07	觀諸見境	卷第十・上		113^c～140^c
	08	觀增上慢境	不說		
	09	觀二乘境			
	10	觀菩薩境			

〔註91〕同上，卷第一・上，〈今當開章爲十〉，頁3^b。
〔註92〕同上，卷第五・上，〈第七正修止觀者〉，頁51^c。

關於開解所觀十境以立行的準備條件，是具足二十五遠方便，已在「表二十七、次第止觀之大要表」的第六項「分別禪波羅蜜前方便」中畧及，唯以其係十境與十乘的觀行基礎，所以有必要做進一步的概說。

第一目　具足開解立行的條件

「方便」是「正修」的前提，可見方便的立義，旨在詮說學人在修習觀行之際，須先以此方便爲基礎，以便在行持的過程之中，明白覺知自己的修學是否如法且踏實，智顗說：「此二十五法，通爲一切禪慧方便。」〔註93〕那麼，怎樣的方便，纔是修習圓頓止觀所必備的前方便呢？內在於智顗圓頓止觀的觀行體系之中，智顗自有相應的定義提出，智顗說：「方便名善巧，善巧修行，以微少善根，能令無量行成解發，入菩薩位。」這是以順應眾生，權巧攝化的思惟來定義方便，因此，學人在初入門時，堪能被造就的善根，儘管微少，祇要授學者善於運用種種應機的巧妙方法，依其特有的資質，予以適切的攝化，就能使學人漸階而登，循序行成，終至發無量解，圓證菩薩位。這是方便的第一義。

關於第二義，智顗說：「方便者，眾緣和合也。以能和合成因，亦能和合取果。」就佛教的宇宙論來看諸法實相，凡緣起的必是和合的，亦必是因果法則的表現，即使是佛陀之所以能證成正等正覺，也是眾緣和合所取證的果位。因此，學人在學修止觀的時候，也必須有相對應的因緣境，使做出和合的感應，進而形成具體去實踐行持的正因，如此一來，透過不間斷的實修實證，纔能成就前方便所能成就的果德。

二十五方便，在天台觀行論中，智顗主要是依據《大智度論》的論說所建立起來的〔註94〕，在圓頓止觀中，其結構與《次第禪門》的外方便，基本相同，原理原則也大體一致，但在內涵的深細上，卻有更詳密的發展，茲依文意解析成一覽表。

〔註93〕同上，卷第四·下，〈第五行五法者〉，頁48ᶜ。
〔註94〕關於智顗建立及論證二十五方便的思想根據，除《大智度論》之外，還涵概所有大乘佛教的主要經律論，如《大品般若經》、《華嚴經》、《法華經》、《涅槃經》、《維摩詰所說經》、《十誦律》、《中論》等凡數十部，在此不遑具論。

表三十八：二十五前方便內涵解析一覽表

1、具五緣	1、持戒清淨	1、持戒	1、律儀戒	01、不缺戒	但是因緣所生法——觀境
				02、不破戒	
				03、不穿戒	
			2、定共戒	04、不雜戒	
			3、初果所持	05、隨道戒	觀因緣生法即是空——空觀持戒
			4、三果所持	06、無著戒	
			5、菩薩所持	07、智所讚戒	觀因緣生法即是假——假觀持戒
				08、自在戒	
			6、大根性所持	09、隨定戒	觀因緣生法即是中——中觀持戒
				10、具足戒	
		2、犯戒	1、破律儀戒		以惡空撥佛禁法
			2、破定共戒		空見擾心
			3、破即空戒		堅執己見
			4、破即假戒		污他善心
			5、破即中戒		不信見心與虛空等，即是佛法畢竟清淨
		3、懺淨	1、順流十心	01、妄計人我	起顛倒想、流轉生死
				02、外值惡友	扇動邪法，勸惑我心
				03、內外惡緣	內滅善心，外滅善事
				04、無惡不為	縱恣三業
				05、惡心遍布	惡事雖不廣，惡心廣
				06、惡心相續	晝夜不斷
				07、覆諱過失	不發露、不欲人知
				08、不畏惡道	魯扈底突
				09、無慚無愧	不知懺悔
				10、撥無因果	作一闡提
			1、逆流十心	01、正信因果	翻破一闡提心
				02、自愧剋責	翻破無慚無愧心
				03、怖畏惡道	翻破不畏惡道心
				04、發露莫覆	翻破覆藏罪心
				05、斷相續心	翻破常念惡事心

			06、發菩提心	翻破遍一切處起惡心	
			07、修功補過	翻破縱恣三業心	
			08、守護正法	翻破無隨喜心	
			09、念十方佛	翻破順惡友心	
			10、觀罪性空	翻破無明昏闇	
2、衣食具足	1、衣者	1、雪山大士	結草爲席，被鹿皮衣	上人	
		2、十二頭陀	但畜三衣	中士	
		3、多寒國土	少有所得即便知足	下士	
		4、觀行爲衣	1、比丘雖服袈裟	心猶未染大乘法服	
			2、如來衣	柔和忍辱心	
	2、三處論食	1、深山絕跡	但資甘果美水、一茱一果而已，或餌松柏以續精氣	上士	
		2、阿蘭若處	不遠不近乞食	中士	
		3、不能絕穀餌	外護檀越送食供養	下士	
	3、大乘食法	＊、法喜禪悅	平等大慧，觀一切法無有障礙		
3、閑居靜處	1、好處有三	1、深山遠谷	途路艱險，永絕人蹤，恣意禪觀，念念在道	最勝	
		2、頭陀抖擻	極近三里，交往亦疎，覺策煩惱	爲次	
		3、蘭若伽藍	閑靜獨處，閉門靜坐，正諦思惟	爲下	
	2、觀心處	1、幽遠深邃	雖住城傍，不起二乘心	上品處	
		2、頭陀處	出假之觀，安心俗諦	次處	
		3、閑寺一房	從假入空，即假而空	止觀處	
4、息諸緣務	1、生活緣務	經紀生方，觸途紛糾，得一失一，喪道亂心			
	2、人事緣務	慶弔俯仰，低昂造聘，倒裳索領，鑽火求水			
	3、技能緣務	卜筮、棊書、呪術、皮文美角，膏煎鐸毀，己自害身			

	4、學問緣務			讀誦經論，問答勝負，領持記憶，心勞志倦，言論往復，水濁珠昏			
	5、得善知識	1、外護知識		1、不簡白黑，但能營理所須		事知識	
				2、佛威神覆護			
				3、助道發正道		理知識	
				4、境是所師，冥熏密益			
		2、同行知識	1-1、不須伴	隨自意行法		事知識	
				安樂行法			
			1-2、須伴	方等行法			
				般舟行法			
			2、聖人脫瓔珞，著弊垢衣，和光利物				
			3、正助合			理知識	
			4、境智相應				
		3、教授知識	1、隨順善師學，得見恆沙佛			事知識	
			2、三諸佛菩薩，一音演法，開發化導				
			3、依此正助，不失規矩，通入三解脫門			理知識	
			4、修我法者證乃自知				
		4、觀心知識	1、佛、菩薩、羅漢				
			2、六波羅蜜、三十七品				
			3、法性實際				
2、呵五欲	1、呵色欲	貪	眼貪色	呵	素頸翠眉，色害尤深，生死根本		呵色入空
	2、呵聲欲		耳貪聲		嬌媚妖詞，婬聲染語，絲竹絃管		呵聲入空
	3、呵香欲		鼻貪香		蘭馨麝氣，芬芳酷烈，男女身分		呵香入空
	4、呵味欲		舌引味		酒肉肥腴，甘甜酸辣，酥油鮮血		呵味入空
	5、呵觸欲		身著觸		冷暖細滑，輕重強軟，名衣上服		呵觸入空
	*、觀心呵		心緣法		常無常、我無我、淨不淨、苦樂空有		善滅戲論
3、棄五蓋	1、棄貪欲蓋	相			心生醉惑，忘失正念。心入塵境，無有間念	棄	不淨觀

	2、棄瞋恚蓋	三世九惱，怨對結恨。恣其毒忿，暢情爲快				慈心觀
	3、棄睡眠蓋	增心數法，密來覆人。大闇無見，日日欺誑				勤精進
	4、棄掉悔蓋	無住遊行，無益談笑。心中憂悔，懊結繞心				數息觀
	5、棄疑蓋	障定疑	1、疑自	謂我身，必非道器		道眼未開
			2、疑師	此人身口不稱我懷，將不誤我		我今無智
			3、疑法	所受之法，何必中理		法眼未開
4、調五事	1、調食	1、不應食	增病、增眠、增煩惱等食			不飢不飽
		2、應食	安身愈疾之物			
	2、調眠	1、苦節	增於心數			不節不恣
		2、上恣	損失功夫			
	3、調身	初入定時，調身令不寬不急				發戒之由
	4、調息	初入定時，調息令不澀不滑				入定之門
	5、調心	初入定時，調心令不沈不浮				生慧之因
	*、觀心	1、空觀	眞諦所生定慧，多爲入空，消淨諸法			飢相
		2、假觀	俗諦所生定慧，多是扶俗假立諸法			飽相
		3、中觀	禪悅法喜，調和中適，無二邊之偏			不飢不飽
5、行五法	1、欲	1、《釋論》說	欲從欲界到初禪			
		2、自行說	欲從生死，而入涅槃			
			欲聞般若，不自惜身命			
		3、化他說	欲廣化眾生，成就佛法			
		4、中道說	欲從二邊，正入中道			
	2、精進	1、《釋論》說	欲界難過，不精進不能得出			
		2、自行說	不雜有漏名精，一向專求名進			
			爲聞般若，七日夜，閑林悲泣，七歲行立，不坐不臥			
		3、化他說	雖眾生性多，佛法長遠，誓無退悔			
		4、中道說	不雜二邊爲精，任運流入爲進			

3、念	1、《釋論》說	常念初禪，不念餘事	
	2、自行說	但念涅槃寂滅，不念餘事	
		常念我何時當聞般若，更無餘念	
	3、化他說	悲心徹骨，如母念子	
	4、中道說	繫緣法界，一念法界為念	
4、巧慧	1、《釋論》說	分別初禪，尊重可貴，欲界欺誑可惡	
	2、自行說	分別生死過患，賢聖所呵，涅槃安樂，聖所稱歎	
		雖有留難，留難不能難	
	3、化他說	巧知諸病，明識法藥，逗會適宜	
	4、中道說	修中觀方便名善巧	
5、一心	1、《釋論》說	修此法時，一心專志，更不餘緣	
	2、自行說	決定怖畏，修八聖道，直去不迴	
		決志不移，不復二念	
	3、化他說	決定化他，誓令度脫，心不異不二	
	4、中道說	息於二邊，清淨常一	

　　首先，二十五方便以「持戒」做為行門的入手處，這明顯表示，持戒，特別是持大乘圓頓戒〔註95〕，是修學觀心的必要條件，不可忽畧的受法基礎。其次，從「二十五前方便內涵解析一覽表」中，可一眼看出具有明顯的可操作性，一旦運用於觀行實踐，也就更加容易被行者從義理及法門兩方面確實的把握，而這也正是智顗慇切說方便的命意。然而如同智顗的圓教思想本身，具有不可方分的整體一致性，因此，智顗在說竟前二十五方便之際，將題旨繳還佛陀的法教，佛陀說：

　　　　非內觀得故，見是智慧；非外觀得故，見是智慧；非內外觀得

　　故，見是智慧；亦不無智慧觀得故，見是智慧。〔註96〕

　　佛陀之所以這樣說，因為智慧是沒有定相的，不可以「分別、解知、稱量、思惟」〔註97〕的方式四處推求〔註98〕，所以智顗用反問句，要學人於行

〔註95〕參見隋・智顗說，灌頂記，《菩薩戒義疏》，《大正藏》，第四十冊，頁 563[a]～580[b]。

〔註96〕《摩訶般若波羅蜜經》，卷第三，〈集散品第九〉，《大正藏》，第八冊，頁 236[a]。

〔註97〕同上。

〔註98〕參見《大智度論》，卷第四十二，〈釋集散品第九〉龍樹的論證，《大正藏》，第二十五冊，頁 369[a-b]。

持二十五方便時，時時覺照自心，智顗說：

> 今用此二十五法，爲定外方便，亦名遠方便。因是調心，豁然
> 見理，見理之時，誰論內外？豈有遠近？〔註99〕

因此，智顗同時叩響了「不可定執，而生是非」〔註100〕的警鐘。由上所論可知，修習圓頓止觀，須以經典的法教與律典的軌範，做爲圓融禪觀與行門實踐的根據，這纔是是非不生的無諍法。

第二目　修習止觀的普遍前提

智顗開所觀境爲十境，之所以把「觀陰、入、界」放在第一境，是基於「現前」與「依經」二義而做如此安排的。就「現前」一義而論，智顗說：「行人受身，誰不陰、入？重擔現前，是故初觀。」〔註101〕五蘊縱使假合，然而身爲衆生之一的人，一旦受身，有誰能不被十八界所限制？又有誰能不被難以制馭的六根所干擾而得以自在？得以不被宿業的重擔所繫縛？尤其是做爲人道衆生，因具有靈覺的心識，所以時時都會感受到各種身業在十二處中到處流竄，彷彿彌天的網羅，如影隨形的束縛，因爲「五陰與四大合，若不照察，不覺紛馳，如閉舟順水，寧知奔迸？」〔註102〕也就是說，五蘊的類聚，有高度的不穩定性，且時時表現爲紛馳的現象，並具有「現前」的特質，所以不論是在主觀的作用上，或在客觀的塵境中，其相應的狀態，以其切近之故，比較容易被覺知。因此，智顗認爲，在切近的意義下，要對現前的重擔之所以現前的根由，做出有效的「照察」，就得依循具體可行的原理。

智顗根據迦旃延子〔註103〕對界、入、陰「爲何等受化者說界？何等說入？何等說陰」所給出的五種回答〔註104〕，提出「三科開合」之說：

〔註99〕《摩訶止觀》，卷第四·下，〈第五行五法者〉，《大正藏》，第四十六冊，頁48^c。

〔註100〕同上。

〔註101〕同上，卷第五·上，〈第七正修止觀者〉，頁49^b。

〔註102〕同上。

〔註103〕迦旃延子（別譯：迦陀衍那子、迦甄延尼子、迦陀衍尼、迦旃延子），部派佛教時期說一切有部的論師。

〔註104〕迦旃延子造，五百羅漢釋，北涼·浮陀跋摩共道泰等譯，《阿毘曇毘婆沙論》，卷第三十八，〈使揵度十門品之二〉，具云：「於界中愚者爲說界，於入中愚者爲說入，於陰中愚者爲說陰。復次，受化者，或是初行，或是已行，或是久行。爲初行者說界，爲已行者說入，爲久行者說陰。下根、中根、上根，樂廣、樂署、樂廣署者說亦如是。復次，若恃性憍慢縱逸者爲說界。所以者何？性義是界義故。若恃財憍慢縱逸者爲說入。所以者何？

　　　若迷心，開心爲四陰，色爲一陰。若迷色，開色爲十入，及一入
　　少分，心爲一意入，及法入少分。若俱迷者，開爲十八界也。〔註105〕

湛然詮釋說：

　　　但從迷，言少分者，以法入法界中，具含心色。今文署界，且
　　從入說，故云法入含於色心，成兩少分。意但是心，餘十唯色。若
　　約界者，法界亦二：十界是色，七界是心；陰中四陰，既純是心，
　　故不須簡於法入法界。〔註106〕

　　因爲陰、入、界「現前」的特質在於「迷」，因此，智顗以「心是惑本」爲
之「揀境」說：「若欲觀察，須伐其根，如炙病得穴，今當去丈就尺，去尺就寸，
置色等四陰，但觀識陰，識陰者，心是也。」〔註107〕所以行人在開始修習觀行
法門之際，一旦先擯除外境的十二入、十八界之「丈」，觀行的範圍，就會縮小
到內在於個人身內的五陰之「尺」，而使所觀的對象，更加容易的被把握到。

　　誠如智顗在論證《法華》本跡權實思想在互照本末無遺而於佛法無所損
減之後說：「但眾生法太廣，佛法太高，於初學爲難。然心佛及眾生，是三無
差別者，但自觀己心則爲易。」〔註108〕祇是這樣一來，如果「初學」者還感
到「爲難」的話，那麼，不妨進一步就五陰之「尺」，簡除色、受、想、行等
四陰，但取識陰之「寸」心。也就是說，在初初修學的階段，以「但自觀己
心，則爲易」的朝向自己的內在來集中觀察自己的心、意、意識的生滅，以
便在清楚的覺照中，遞次伐除「惑本」。這是智顗在實證中體悟出來的心要，
智顗說：「陰、入一境，常自現前，若發不發，恆得爲觀。」〔註109〕

　　　輸門義是入義故。恃命憍慢縱逸者爲說陰。所以者何？陰說名殺賊。復次，
　　於色心愚者爲說界。所以者何？界中廣說色心，署說數法，於色，愚者爲
　　說入。所以者何？入中廣說色，署說心、心數法，於心數法，愚者爲說陰。
　　所以者何？陰中廣說心、數法，署說色心。復次，爲計我者說界，爲於所
　　依緣愚者說入，爲我憍者說陰，佛爲如是受化眾生說陰、界、入。」《大
　　正藏》，第四十六冊，頁 279^a。

〔註105〕《摩訶止觀》，卷第五・上，〈第七正修止觀者・第一觀陰、入、界境者〉，《大
　　　　正藏》，第四十六冊，頁 51^c。

〔註106〕《止觀輔行傳弘決》，卷第五之二，「次私料簡中都十六番問答」，《大正藏》，
　　　　第四十六冊，頁 290^b。

〔註107〕《摩訶止觀》，卷第五・上，〈第七正修止觀者・第一觀陰、入、界境者〉，《大
　　　　正藏》，第四十六冊，頁 52$^{a\sim b}$。

〔註108〕《妙法蓮華經玄義》，卷第二・上，「依三法更廣分別」，《大正藏》，第三十三
　　　　冊，頁 696^a。

〔註109〕《摩訶止觀》，卷第五・上，〈第七正修止觀者〉，《大正藏》，第四十六冊，頁 49^c。

第三目　所觀境中的循環論證

一如本節伊始所說的，《摩訶止觀》「十章通是生起」的通義，可以明顯的看出，智顗的思惟方法，深刻的受到梵漢譯大乘經論文本表現結構的影響，如《摩訶般若波羅蜜經》、《大智度論》等循環論證〔註110〕空義的語句。因此，智顗就大主題十章論通義，對十境也以通義的思惟方式進行圓教的論證。在別義的基礎上，智顗先說：「既觀陰果，則動煩惱因，故次五陰，而論四分也。四大是身病，三毒是心病，……故次病說業也。以惡動故惡欲滅，善動故善欲生，魔遽出境，作諸留難，或壞其道，故次業說魔。若過魔事，則功德生，或過去習因，或現在行力，諸禪競起，或味、或淨、或橫、或豎，故次魔說禪。禪有觀支，因生邪慧，逸觀於法，僻起諸倒，邪辯猛利，故次禪說見。」〔註111〕然後通過化法四教的判釋，總結為通義的「互發」論證〔註112〕，因為學人如果不能明確瞭解互發的理則，就不免要在昧於互發的前提之下，以其對境不次第或不成就，而生起失去修觀憑藉的「疑網」，就像在岐路上找尋走失的亡羊，不知從何找起，以至於滿心充斥著「變怪」的妄念：如果學人事先瞭解互發的義理，在修持觀行時，不論所觀境如何的恣肆「變怪」，也就不至於以為怪了。因此，智顗不無防範學人於岐路之未然的說：「若不解諸境互發，大起疑網，如在岐道，不知所從。先若聞之，恣其變怪。」〔註113〕

智顗之所以將「觀煩惱境」，緊接著安排在「觀陰、入、界境」之後，是在其「去正道近，至此位時，不慮無觀」〔註114〕的考量之下提出來的。易言之，「煩惱境」在學人行持觀行的所觀之際，雖然不見得產生或不產生，也不具備「陰、入、界境」有「恆得為觀」的特性，但「煩惱境」確是最接近「正道」的所觀境，因為學人在實際修學的過程之中，相應於恆發的「陰、入、界境」，「煩惱境」最容易被「擊動」，而且難以調伏。智顗認為，學人在觀行「陰、入、界境」之後，仍沒有辦法悟入諸法實相之於陰、入、界的發相，而繼續觀行的話，就會有三毒從學人內在的能觀之心的觀境上發作，設若未

〔註110〕circular resoning
〔註111〕《摩訶止觀》，卷第五・上，〈第七正修止觀者〉，《大正藏》，第四十六冊，頁49^b。
〔註112〕智顗論證「互發」的主要項目為：次第不次第、雜不雜、具不具、作意不作意、成不成、益不益、久不久、難不難、更不更、三障四魔等「九雙七隻」。參見，同上，頁49^c。
〔註113〕同上。
〔註114〕同上。

能及時明察在本性上難以控制的煩惱已經發作，且因行者的不知不識，不但於止觀無益，還會把修觀的人，牽引到更造罪愆的黑闇深坑裏，不得出離生死，就像拿錯處方箋配錯藥的庸醫，把病不至致死而又毫無藥學常識的患者，給藥到命除了。

煩惱有許多名字，更有許多的譯法，就漢語而言，全部都帶著負面的意義，使人在乍看之下，想不生起煩惱心、顛倒心、恐怖心，乃至於無明妄念都很難，如「纏」、「隨眠」、「蓋」、「結」、「縛」、「漏」、「繫」、「垢」、「暴流」、「軛」、「塵垢」、「客塵」等等，實在沒有一個好字眼。廣說煩惱，則有「八萬四千」種〔註115〕，根本的說，最少也有貪、瞋、癡三種，如說：「無明之心，雖有八萬四千煩惱情慾，及恆沙眾惡，無量無邊。取要言之，皆由三毒以為根本，其三毒者，即貪、瞋、癡也。此三毒心，自能具足一切諸惡。」〔註116〕在瞭解煩惱的本色之後，智顗指出煩惱生起的三種因緣說：

> 一、習因種子，二、業力擊作，三、魔所扇動。
>
> 習者，無量劫來，煩惱重積，種子成就，薰習相續。……行人
> 任煩惱流，沿生死海，都不覺知。……
>
> 業者，無量劫來，惡行成就，如負怨責，那得令汝修道出離？
> 故惡業卓起，破壞觀心，使善法不立。……
>
> 魔者，若作魔行，是其民屬，故不動亂；若行道出界，去此投
> 彼，十軍攝擒，故深利之惑，欻然而至。……〔註117〕

可見煩惱的發作根源有二：一者，業習所染，二者，一念明覺。所言一念明覺的意思，是說不願再自蔽於魔行，就像有意改邪歸正的惡棍，在金盆洗手之後，忽然發現，還在當惡棍的時候，覺得所做所為並沒有甚麼不妥，甚至還有幾分沾沾自喜的自在與快樂，然而一旦想學做好人，卻生出許多做不好好人的煩惱來，而頻頻產生內心的衝突，進而認為「好人難做」！於是煩惱蜂起，終至於被憂愁、怖畏、疑悔、瞋恚等煩惱大軍所擒獲。

〔註115〕 如說：「依八萬四千眾生行故有八萬四千煩惱差別。」參見後魏・勒那摩提譯，《究竟一乘寶性論》，卷第四，〈無量煩惱所纏品第六〉，《大正藏》，第三十一冊，頁837ᶜ。

〔註116〕 佚名，《觀心論》，《大正藏》，第八十五冊，頁1270ᶜ。

〔註117〕 《摩訶止觀》，卷第八・上，〈第七正修止觀者・第二觀煩惱境者〉，《大正藏》，第四十六冊，頁102ᶜ。

在事象上儘管如此不堪，但內在於智顗的止觀義理中，智顗在以十乘原理與四教的教相分判修止觀「觀煩惱境」之前，預先提出了小乘與大乘觀行的調伏之道，茲開爲「觀煩惱境對治法解析一覽表」。

表三十九：觀煩惱境對治法解析一覽表

三乘	項　目	對治方法	四悉曇
小乘	1、對治	一種煩惱有生、住、異三種對治方法，對治我癡、我見、我慢、我愛等四種根本煩惱，就有十二種。而對治的態度，要像不是你死便是我亡的對敵佈陣那樣審愼。	三悉曇
	2、轉治	轉的意思就換另一種有效的方法，如觀行貪欲，本來該運用不淨觀，使得以解脫，如果無效的話，可改用慈心觀，觀想淨穢平等，無有對立。	
	3、不轉治	不轉與轉的不同不在方法而在內容的變與不變，如不淨觀對治貪欲，如果不淨觀治不了貪欲，針對貪欲本身，可採用其他的方法，如慈心觀、因緣觀。	
	4、兼治	兼治是轉治與不轉治的交叉觀行法門的靈活運用，如要同時對治貪欲及瞋恚，可同時運用不淨觀與慈心觀。	
	5、具治	指同時使用不淨觀、慈心觀、因緣觀來對治或貪、或癡、或見、或慢一項。也就是集中所有的方法，單單對治一項重症，直至其被消弭爲止。	
大乘	非對非兼	如阿竭陀藥，能治眾病，因爲在摩訶衍義的無生門中，沒有有煩惱的人，也沒有誰需要去克服煩惱，何況無生法是諸法實相，既無生滅，亦無無生無滅，而這正是學人修習圓頓止觀所悟得的證境。	第一義悉曇

第四目　自我照察的觀行進路

三毒所引起的「煩惱境」，偏指心病而言，至於由四大不調所激發的「病患境」，則偏指身病。智顗在綜合論證「陰、入、界境」與「煩惱境」的關係時，就已經把生起「病患境」的連帶關係給同時考慮進去了，因爲四大是五陰之所以成立的必要條件，沒有四大就沒有受身，沒有身就沒有陰、入、界，沒有陰、入、界就沒有煩惱，煩惱既然沒有了，自然就不會有依存四大而產生的「病患境」，因此，智顗說：

　　大分俱觀，衝擊脈藏，故四蛇偏起，致有患生。〔註118〕

〔註118〕《摩訶止觀》，卷第五・上，〈第七正修止觀者〉，《大正藏》，第四十六冊，頁49^b。

也就是說，同時觀行四大與四分煩惱對修習觀行者所造成身心的雙重衝擊，如果照察不得法的話，就會導致地、水、火、風跟著彼此交惡，致使原為修善而行持止觀的學人，不知不覺的遠離諸善，最終損害慧命，誠如佛陀的教示，佛陀說：

> 觀身如篋，地、水、火、風如四毒蛇，見毒、觸毒、氣毒、齧毒，一切眾生，遇是四毒，故喪其命；眾生四大，亦復如是，或見為惡，或觸為惡，或氣為惡，或齧為惡，以是因緣，遠離眾善。……云何為觀？是四毒蛇，常伺人便。何時當視？何時當觸？何時當齧？何時當齧？四大毒蛇，亦復如是，常伺眾生，求其短缺。……若為四大之所殺害，必至三惡道，定無有疑。〔註119〕

佛陀反問：「云何為觀？」意思是行人對四大的所觀境，應該照察到失調的四大，對色身所產生的破壞結果，將直接導致慧命的淪喪，並且必然要使之退墮到下三道裏，可見行者在觀照「煩惱境」所相應生發的「病患境」時，要確實覺知四蛇「常伺眾生，求其短缺」的習性，纔能採取適切的觀行進路，對之做出合宜的照察，而善為調伏「四大休否」。智顗認為，因四蛇「重擔」現前的「病患境」，以實法和權法來觀察，有「因中實病」與「果上權病」兩種表現方式。「果上權病」如維摩「託疾興教」、如來「寄滅談常」都是權宜示現，並非修習止觀的所觀境，修習止觀的對境是「因中實病」，是學人在觀行的實修中，自己就能夠覺察得到的具體病相。也就是說行持止觀的學人，自己患病了不但自己要能夠立時覺知，而且還要知道患的是甚麼病，如「多惛惛」、「多忘失前後」、「多恐怖」、「多悲笑」、「多迴惑」、「多悵怏」，而使六臟「失魂」、「無神」、「無魄」、「無志」、「無意」、「無精」等病相。而以這些病相因緣所生起的十法界，都是思議境，也都不是持修觀行的學人所觀的對境，因為止觀所行持的對境是不思議境，智顗說：

> 一念病心，非真非有，即是法性法界。一切法趣病，是趣不過。唯法界之都，無九界差別。如如意珠，不空不有，不前不後。病亦如是，絕言離相，寂滅清淨，故名不可思議。達病實際，何喜何憂。作是觀時，豁爾消差。〔註120〕

〔註119〕北涼・曇無讖譯，《大般涅槃經》，卷第二十三，〈光明遍照高貴德王菩薩品第十之三〉，《大正藏》，第十二冊，頁499^{b-c}。

〔註120〕《摩訶止觀》，卷第八・下，〈第七正修止觀者・第三觀病患境者〉，《大正藏》，第四十六冊，頁110^c。

然而，行人又該如何體達「達病實際」，纔能如法領解不思議境的不可思議？循著內在於天台圓頓止觀的思惟進路，隨其抑揚反覆，就不難找到權諸法藥的衡器。也就是說，對治行人所觀的「因中實病」，還得如實解悟非行人所能觀，而是諸佛、菩薩在學人行持十乘觀法時權宜示現的「果上權病」，如何以其有疾「慰喻」，以無上慈悲，不忍眾生，「隨見思流，沒分段海」〔註121〕，所給出的四教諸樂。為易解故，特開為「有疾菩薩調伏實病解析表」。

表四十：有疾菩薩調伏實病解析表

	對　象	拔苦與樂	三觀調伏	權病所生土	慰　喻	
有疾菩薩	一切眾生	深生悲愍 與非有即空道滅之樂	以空觀調伏其心 實疾除愈	以慈悲故 生分段土	體析慰喻	一音演說
	二乘	拔無知苦 與道種智分別之樂	以假觀調伏其心 實疾除愈	以慈悲故 生方便土	別教慰喻	
	三賢十聖	拔無明苦 與究竟樂	用中道觀調伏其心 實疾除愈	以慈悲故 生實報土	圓教慰喻	

當然，體達與領受有疾菩薩慈悲的調伏，智顗是設有一道門檻做為前提的，如前二十五方便行五法第二精進法的自行說，修習觀行中的人，在觀對所觀境時，最好能自行以三止三觀覺照所現境的體相，並以善修四三昧，以「道力」、「冥持」、「推死殉命」的為法忘軀的精神自行調和，如此一來，眾病必可獲癒，因此，智顗說：「但一心修三昧，眾病銷矣！」〔註122〕

第五目　觀行境界的可實徵性

在論證「觀煩惱境」時，智顗提出煩惱生起的條件有三種，即一、習因種子，二、業力擊作，三、魔所扇動。而其結果，則引致四大失調。若行者於修觀中，無所覺照，或觀行不如法，嚴重的話，勢必損害慧命。不論陰、入、界、煩惱、病患或業相境，都是因修學止觀而生起的，亦即在修觀的過程中，都可能因諸境的現前，而在達到證悟諸法實相之前，受到各種各樣的境界所干擾。因此，眾生如果祇是用非善非不善的無記心，渾渾噩噩的虛耗

〔註121〕同上。
〔註122〕同上，卷第八・上，頁110^a。

生命，那麼，甚麼善的惡的境界也不會生起。設或偶爾有境界現前，也會因其渾然無所覺知，而不認為那樣的現象，究竟有甚麼意義？所以大多都會視若無睹，或採取選擇性的規避態度，任其生生滅滅，同時放任自己，「隨見思流，沒分段海」，而無所謂明與無明的困惑。

業緣相牽，業感相招，業識流轉，業網深密，業報分明，可見業力不可思議，但這一切並非不證自明的道理，智顗認為，諸業境的發相，都是修習止觀所可能現前的境界，智顗說：

> 行人無量劫來，所作善惡諸業，或已受報，或未受報，若平平運心，相則不現，今修止觀，能動諸業，故善惡相現。〔註123〕

內在於智顗的實證所觀達的體悟，一經學理化的建構之後，展現在學人面前的，就自然而然的成為觀行境界之所以現前的方式的原理，不論行者所觀境是自發的或互發的，都離不開隨著能所兩重深入的相應而紛紛彰顯。因此，究竟的說，諸法都是一念心所圓具的無為性的法性，或廣說其性相為三千，所以不論或善或惡或無記三性是有漏是無漏，其之於迷悟，就「介爾一念心」而論，雖然都是當體無欠無缺的。然而能觀之心，一旦隨著行人修持功行的發展朝內心深入，在頓證未得之前，已有少分自覺的德用，所以所見境，也就會愈來愈多，乃至於無量無邊，更何況十境？所以智顗說：「止觀研心。」〔註124〕這就指出了因修持觀行所生的業相，具有可實徵性，即：

> 一、報果相現，二、習因相現，三、報前現習後現，四、習前現報後現，五、習報俱時現，六、前後不定。〔註125〕

在這個原理上，智顗從六度與六蔽兩方面，進行正反論證，茲將繁文精簡為大要表。

表四十一：六度與六蔽業相境精簡表

六度	1、檀相	1、報果相	見福田勝境，三寶形像，聖眾大德，父母、師僧，受己供養。
		2、習因相	不見報果相，心爵然欲行惠施，恭敬供養三寶父母師僧等。

〔註123〕同上，〈第七正修止觀者‧第四觀業相境者〉，頁111c。
〔註124〕同上，頁112a。
〔註125〕同上。

	2、戒相	1、報果相	見十師衣鉢壇場羯磨歡喜，或自身衣裳淨潔威儀蓋眾。
		2、習因相	不見報果相，欝然持戒心生，或欲匡正諸破戒，者皆令如法。
	3、忍相	1、報果相	見能忍人、見身行忍事、自見其身端正淨潔，手腳嚴整。
		2、習因相	直發忍心、解忍法門。
	4、精進相	1、報果相	見精進人、見己精進事、見常行精進人、晝夜無廢稱讚精進。
		2、習因相	不見報果相，但發精進心，不自惜身，或通達精進法門。
	5、禪相		觀禪定境所論，如特勝、通明、八背捨、大不淨、慈心、因緣等。
	6、智慧相		觀菩薩境，不說。
六蔽	1、慳蔽報果相		見三寶、師僧、父母，形容憔悴、裸袒、衣裳藍縷、飢餓惵然等。
	2、破戒報果相		見三寶形像、師僧、尊長、父母，頭首斷絕、身體破裂，寺舍零落等。
	3、瞋蔽報果相		瞋同行外護、瞋現事，或追緣昔嫌、恣瞋毒傾蕩無遺。
	4、婬罪報果相		見屎尿死屍、交昔婬人、己身臭處、多婬人來說放逸事、禽獸人等交。
	5、盜相報果相		見一生所盜物處，所盜物主來瞋詬縛切此物，或見好盜人來勸說盜事。
	6、口四過報果相		見父母、師僧及外人，諍計瞋毒種種間構、誹謗於己，或見多口過人來。

依例，智顗之於檢束諸業相，都是以內在於化法四教能觀十乘的不同，予以對破，以為證立《法華》開決犯五逆罪，破壞僧團，與佛陀敵對的惡比丘提婆達多的「罪福相」，而向上升進為：「深達罪福相，遍照於十方，微妙淨法身，具相三十二，以八十種好，用莊嚴法身。」〔註126〕

第六目　以正法諦察微細惑

依天台四教五十二位的證果位次而論，釋迦牟尼在菩提樹下將要從等覺

〔註126〕《妙法蓮華經》，卷第四，〈提婆達多品第十二〉，《大正藏》，第九冊，頁35$^{b~c}$。

位證悟正等正覺而入妙覺位究竟成佛之際，欲界第六天他化自在天的魔王波旬，帥領八十憶魔民，長夜嬈亂〔註127〕，這說明了魔是專門斷行者慧命的惡鬼神，因此，即使行者在修行到了臨成佛之際，都免不了諸魔的破壞，可見魔事對行持止觀的學人，所造成的困擾，具相當嚴重的危害性，所以龍樹說：

> 除諸法實相，餘殘一切法，盡名為魔，如諸煩惱、結使、欲、縛、取、纏、陰、界、入、魔王、魔民、魔人，如是等，盡名為魔。〔註128〕

龍樹舉《雜法藏經》〔註129〕中，佛用偈語告訴魔王，魔的意思有十種：「欲是汝初軍，憂愁軍第二，飢渴軍第三，愛軍為第四，第五眠睡軍，怖畏軍第六，疑為第七軍，含毒軍第八，第九軍利養，著虛妄名聞，第十軍自高，輕慢於他人。」〔註130〕《雜法藏經》的佛說，與「觀煩惱境」的煩惱生起的因緣之一「魔所扇動」的「若作魔行，是其民屬，故不動亂；若行道出界，去此投彼，十軍攝擒，故深利之惑，欻然而至」，在智顗的止觀實踐中，所憑據的學理，便有了合理的觀行聯繫，所以智顗說：「陰魔已屬陰、界、入境，煩惱魔已屬煩惱境，死魔病是死因，已屬病患境，今正明天子魔也。」〔註131〕從而舉出「魔事境」在行人的所觀中生起的現象及意義：

> 行人修四三昧，惡將謝，善欲生，魔恐迥出其境。又當化度於他，失我民屬，空我宮殿。又應其得大神力、大智慧力，復當與我興大戰諍，調伏控制，觸惱於我。遮其未成，壞彼善根，故有魔事也。〔註132〕

行人在修行四三昧的任何一種三昧中，當事惡就要泯沒，滅除理惑的圓教界外理善就要生發的時候，學人唯恐諸魔在所觀境中進進出出，所言進的意思，是破壞修持者的功行，所言出的意思，是擾亂世界，因此，行人就有必要預先諦察，從仍有微細惑的心念中，魔事之所以生起的緣由，並明確了

〔註127〕參見元魏·吉迦夜共曇曜譯，《雜寶藏經》，卷第七，〈佛在菩提樹下魔王波旬欲來惱佛緣〉，《大正藏》，第四冊，頁481^{b-c}。

〔註128〕《大智度論》，卷第五，〈初品中摩訶薩埵釋論第九〉，《大正藏》，第二十五冊，頁99^{b}。

〔註129〕《雜法藏經》，經查所有梵漢譯佛典及諸經錄，皆未見譯本。

〔註130〕《大智度論》，卷第五，〈初品中摩訶薩埵釋論第九〉，《大正藏》，第二十五冊，頁99^{b}。

〔註131〕《摩訶止觀》，卷第八·上，〈第七正修止觀者·第五觀魔事境者〉，《大正藏》，第四十六冊，頁115^{a}。

〔註132〕同上，頁114^{c}。

知，諸魔事一旦在所觀境中出現，不僅不可以用顢頇的態度來觀對，或假裝不予以理會，諸魔就會自討沒趣的自行退開，而是在行持觀行的當頭，以正法來化度諸魔，不然諸魔不但會把具有善念的眾生攝為魔民，也會把做為正法象徵的道場給搞空，這是為了護持眾生的弘誓，而在所觀境中所該正確觀行的事。如果化度諸魔無方，且對治無效，魔就會進一步用其所獲得的邪行神通或大邪慧，來與行人諍競鬥訟，甚至控制行人的所觀境，或誤導行人正確的觀行，或用十煩惱軍嬈觸行人，使其失去正念。茲將所觀境中「觸惱於我」的過患，為易明故，開為簡表。

表四十二：所觀境中「觸惱於我」的過患簡表

1、令人病		生理及心理的病苦，就生理而論，舉凡五臟六腑等不適皆屬之，就心理而論，舉凡惛沈、忘失前後、恐怖、悲笑、迴惑、悵怏等令人六神無主、失魂迷荒等皆屬之。這些病都能置行人於「喪禪致死」之地。
2、失觀心		學人修持觀行，對所觀境，本來已修得善法安隱，但因諸魔的嬈觸，從五根見聞已後，心地昏忽，無復次序。
3、得邪法	01、有者	色從眼入，見山河星辰，亦見幽中，種種相貌，指點方面，是有太過
	02、無者	色從眼入，便謂諸法猶如斷空，說灰無法，甚可怖畏，是無太過
	03、明者	色入已，谺谺常明，如日月照
	04、闇者	昏闇漆黑，鏗然不曉
	05、定者	色入已，心如木石，塊然直住
	06、亂者	色入已，狡擲攀緣
	07、愚者	色入已，闇短鄙拙，脫裸無恥
	08、智者	色入已，聰黠捷疾
	09、悲者	色入已，憂惱泣淚
	10、喜者	色入已，歌逸恆歡
	11、苦者	百節疼痛，如被火炙
	12、樂者	身體暢醉，如五欲樂
	13、禍者	自恆招禍，亦為他作禍，亦知他禍祟
	14、福者	恒自招福，亦能為他作福
	15、惡者	無惡不造，又令他作惡
	16、善者	自行檀等，亦令他行檀

17、憎者	不耐見人，遠他獨住
18、愛者	戀重纏著
19、強者	其心剛強，出入不得自在，猶如瓦石，難可迴變，不順善道
20、軟者	心志軟弱，易可敗壞，猶若軟泥，不堪爲器

從「觸惱於我」的過患簡表，可以明白魔之使人招致之過患於一端，因此，當行人在修觀行中，如果遇到魔事境忽然生起，就得當下一念明覺，並善自守護自家的六根，不要讓諸魔的勢力在所觀境中坐大，直到危害行人的善根，而不可收拾。所以智顗認爲，當魔事境生發之際，就要有如法的正確覺照，智顗說：

> 若達邪正，懷抱淡然，知魔界如，佛界如，一如無二如，平等
> 一相，不以魔爲戚，佛爲欣，安之實際，若能如是，邪不干正，惱
> 亂設起，魔來甚善也。〔註133〕

天台圓教諸法實相的根本義理，在智顗的這一段講說中，被具體的體現出來，就像天女對惡魔所說的法界是絕待的實相那樣，詮明了「魔事境」與佛界法絕對平等的摩訶衍義，天女說：「魔界如即是佛界如。魔界如，佛界如，不二不別。我等不離是如，魔界相即是佛界相，魔界法、佛界法，不二不別。我等於此法相，不出不過。魔界無有定法可示，佛界亦無定法可示。魔界、佛界，不二不別。我等於此法相，不出不過，是故當知，一切諸法無有決定，無決定故，無有眷屬，無非眷屬。」〔註134〕然而，學人在修持觀行的途程中，因爲還沒有證成「平等一相」的諸法實相，所以，便有必要對出現在所觀境中的諸魔，依循能觀十乘的方法，進行即空即假即中的照察，直到「妙決圓理，無明已盡」〔註135〕，纔能夠「究竟魔事」〔註136〕。

第七目　對情執定境的否除

或有疑者要覺得奇怪，修習觀行的目的，不是爲了禪定，那麼，所爲何來？殊不知行人如果因定而情執定境，不但無益於能觀之心的修持，反因執

〔註133〕同上，頁115ᵃ。

〔註134〕姚秦・鳩摩羅什譯，《佛說首楞嚴三昧經》，卷第二，《大正藏》，第十五冊，頁693ᶜ。

〔註135〕《摩訶止觀》，卷第八・上，〈第七正修止觀者・第五觀魔事境者〉，《大正藏》，第四十六冊，頁115ᵃ。

〔註136〕同上。

著於所觀境而徒生弊害，如「歷別對諸禪六妙門觀行內涵解析表」所明諸門所發之境界，一旦貪著並對禪味有所耽溺，便會招來迷妄，而產生對諸法實相正觀的障礙，從而背離了轉迷開悟的正道。因此，行人如未能體達禪定祇是證入諸法實相的前提，並非目的，就會跟著境界流轉，被境界所繫縛，陷於闇昧之中不能覺知，如此一來，不但無法解脫自身的生死，也不能有效的度化眾生，且還會因得著些許禪定的況味，生起高傲自大的增上慢心，凡此，都是修學圓頓觀行的人，所宜於照察的。然而，學人為甚麼會在修習觀行入定之中，被定境所繫縛呢？智顗認為，這是行人在定境中生發過去的習染現前所致。就「發過去習」〔註137〕而論，這又是與內在於業相境的「習因種子」及「業力擊作」相應而生的。安藤俊雄則認為：「行者一旦對禪定境有所體驗，因宿習深固，比一般染著色塵的人，更加難以斷除。」〔註138〕

　　關於行人情執定境，所生的耽著，「不可具記」〔註139〕，智顗以其「對諸師觀法的抉擇」，概括為十門，茲將的抉擇的內涵，見諸於禪定境的部分，精簡為下表。

表四十三：智顗「對諸師觀法的抉擇」精簡表

01、根本四禪	三界頂禪，世為極妙，外道計為涅槃，實是闇證，具足苦集，垂盡三有，還墮三途。
02、特勝法	根本闇證，謂無身、床鋪等者，非實無也。如灰覆火上，愚者輕蹈之；如夜噉食，如盲觸婦，皆不暢其情。
03、通明禪	此禪事理既備，階位具足。成論人應用此明道定，入八解脫，於義為便，而不肯用。阿毘曇約八背捨，得有事理，俱異外道，成俱解脫人。成論但有理無事，便無俱解脫人。
04、不淨禪	諸相轉時，定心隨轉。……安快之相，說不可貲。不壞法人，所觀齊此。未見此相，愛染甚強，若見此已，欲心都罷。
05、八背捨	《毘曇》明得滅定，是俱解脫，不得此一定，但名慧解脫。《成論》得電光，名慧解脫，具得世間禪，名俱解脫。《成論》後四，更無別法，以無漏心，修此可然。前三何意無別法？而約外道禪耶？

〔註137〕同上，卷第九・上，〈第七正修止觀者・第六觀禪定境者〉，頁117^{b}。

〔註138〕〔日〕安藤俊雄，《天台學：根本思想及其開展》，京都，平樂寺，1982，頁228。

〔註139〕《摩訶止觀》，卷第九・上，〈第七正修止觀者・第六觀禪定境者〉，《大正藏》，第四十六冊，頁117^{b}。

06、大不淨觀	若勝處成時，身尚不惜，況財物他身耶？上古賢人，推位讓國，還牛洗耳，皆是昔生，經修此觀，自然成性，無復愛染，不得此意，貪之至死，何能忽榮棄位耶？
07、慈心	眾生薄福，不信禪定，設信一法，不信無量功德，如山左不識珍羞，井蛙之非海若，甚可憐愍！其能信者，知聖境難思，不生誹謗。
08、因緣	北師取後品中救義，六因四緣為宗，此乃是生滅因緣。後兩品意，非論正宗。佛去世後，人根轉鈍，取著因緣決定相，不解佛意。
09、念佛	若內闇隱沒，不識一箇功德法門，而外見光相溢目者，此是魔也。……今時人見佛，心無法門，皆非佛也。若得此意，但取法正，色相非正也。若專取色相者，魔變作相，泥木圖寫，皆應是佛？
10、神通	唯得因禪發通，不得因通發禪。……若就諸禪之體，或內心得解，或外相不明，而有隱沒之義。

在「慧思思想與智顗的關係」與「智顗對諸師觀法的抉擇」兩個論題中，曾提出：「三番兩次意欲加害慧思的『眾惡論師』，在中國佛教史『大變動』的南北朝晚期，是指哪些論師？那些論師又是基於怎樣不同於慧思對佛法的修行方法及其所講說的大乘佛法的觀解，而非得違背佛陀『慈心不殺』的教說，意欲置其於死地？這對智顗在《摩訶止觀》中，時時與之相互抉擇的『地人』、『攝師』、『毘曇師』、『成論師』諸師的異解，是否有必然的聯繫？」並指出「智顗所處身的南北朝晚期及隋代早期，正是中國學派佛教流派紛呈的鼎盛時期，與智顗在思想上有所交涉的學人，主要有地論宗、攝論宗、毘曇宗、成實宗諸師。這些宗派佛教中的論師、禪師，在智顗講說《摩訶止觀》時」，對天台觀行論的建構，曾發生過怎樣的影響？從智顗「對諸師觀法的抉擇」精簡表中，可以明顯的理解智顗為糾舉當時代諸師禪法的偏失，及其對所觀境界，或因「不解佛意」〔註140〕，或因「約外道禪」〔註141〕，致令「心眼不開，全無理觀」〔註142〕的邪執，因此，「師弟俱墮」〔註143〕，所以智顗在此，以自己的實踐所悟為基準，運用大量的經論做為正確修習觀行的憑據，無非悲心發用，希冀行人如佛所說，在圓頓旨之下，證悟諸法實相。

〔註140〕同上，頁 126^b。
〔註141〕同上，頁 123^c。
〔註142〕同上，頁 132^a。
〔註143〕同上，卷第十・上，〈第七正修止觀者・第七觀諸見境者〉，頁 134^a。

第八目　對失據禪觀的抉擇

　　見的本義，在佛教的經論中，原來祇有觀視、推度、主張等簡單易明的意思，但相對於錯誤的見解，如佛法外外道、附佛法外道、學佛法成外道等所持的主張，也可以稱之為見，如妄計一切法為一、為異、亦一亦異、非一非異等四執的四見，或六十二見等。因此，見既有反義，就難保不被誤解，乃至於誤用，如智顗在禪定境中說：「禪樂美妙，喜生耽味，垢膩日增，若謂是道，墮增上慢。」〔註144〕也是一種偏義的見，就是通途所知的執見，但智顗在論述觀行思想時，則賦予相應於學人在所觀境中所生起的邪解義，智顗說：「邪解稱見。又，解知是見義。推理不當，而偏見分明，作決定解，名之為見。」〔註145〕而這樣的邪見之所以會在行人的觀法中生發，仍與智顗對當時代的禪觀失據的抉擇分不開的，智顗說：

　　　　夫聽學人，誦得名相，齊文作解，心眼不開，全無理觀，據文者生，無證者死。夫習禪人，唯尚理觀，觸處心融。闇於名相，一句不識。誦文者守株，情通者妙悟。兩家互闕，論評皆失。〔註146〕

　　行人一旦在修持觀行時，對所修的觀法斷章取義，甚至對正確的義理，不能領解、通達，就不能理悟所證境是否為實相，如此一來，便有誤執所見境為未得謂得，未證謂證之虞，而這顯然是不如正法義的狂惑之心所致。智顗將執持邪解的人，大分為邪人不同與邪人執法不同兩種，茲開為表解。

表四十四：「邪解稱見」一覽表

邪人不同	1、佛法外外道	1、迦毘羅外道，計因中有果。	三見
		2、漚樓僧佉，計因中無果。	四見
		3、勒沙婆此，計因中亦有果亦無果。	
	2、附佛法外道	起自犢子，方廣自以聰明，讀佛經書，而生一見。附佛法起，故得此名。犢子讀舍利弗《毘曇》，自制別義，言：「我在四句外，第五不可說藏中。」云何四句？外道計色即是我，離色有我，色中有我，我中有色，四陰亦如是，合二十身見。	
	3、學佛法成外道	執佛教門，而生煩惱，不得入理。	

─────────

〔註144〕同上，卷第九・上，〈第七正修止觀者・第六觀禪定境者〉，頁117[b]。
〔註145〕同上，卷第十・上，〈第七正修止觀者・第七觀諸見境者〉，頁131[c]～132[a]。
〔註146〕同上，頁132[a]。

邪人執法不同	1、一切智外道	各於所計，生一種見，解心明利，將此見智，通一切法。
	2、神通外道	發得五通，變城爲鹵，轉礫爲羊，停河在耳，捫摸日月。
	3、韋陀外道	世間文字，星醫兵貨，悉能解知。

　　龍樹說：「解脫有三種：一者，於煩惱障礙解脫；二者，於定障礙解脫；三者，於一切法障礙解脫。是中得慧解脫阿羅漢，得離煩惱障礙解脫。共解脫阿羅漢及辟支佛，得離煩惱障礙解脫，得離諸禪定障礙解脫。唯有諸佛具三解脫，所謂煩惱障礙解脫，諸禪定障礙解脫，一切法障礙解脫，總是三種解脫故，佛名無礙解脫。」〔註147〕修習觀行的學人，如果能順著智顗對紹承龍樹論證解脫之於諸法實相的證立，是以互具的圓頓義做爲破障前提的話，那麼，必然能夠在見境生發的當下，將能障的煩惱與所障的解脫，給一齊破除掉，也就不會困於邪解，橫受弊害仍不自覺知，而失去百法成乘以勤持觀行的目的－從不斷斷的九法界中究竟解脫。

第九目　結　語

　　學人修習觀行以能觀的一心觀所觀境的目的，就是爲了破除因境界所生發的諸種障礙，而其檢證的原理原則，就是以能觀境的十乘觀法，做爲自覺實踐的準據，關於其詳細的學理，將在第三節逐序論證。本節論述的目的，在於精要的點出智顗的止觀思想體系，不但是自己的實踐所證，更是對一切經論相應義理的有效建構，同時爲了確保正法義不爲當時代偏離佛陀教說的邪解所壞，而對之進行抉擇所體現的意義，具有一定的必要性與時代性。

〔註147〕龍樹造，《十住毘婆沙論》，卷第十一，〈四十不共法中善知不定品第二十三〉，《大正藏》，第二十六冊，頁83[a-b]。關於「無礙解脫」，《摩訶止觀》作「無疑解脫」，參見《大正藏》，第四十六冊，頁133[a]。《摩訶止觀引用典據總覽》「備考」註明「《講義》『文未檢』」，也就是說，沒有查出典據的來源，但在「引用文」中已將「疑」改爲「礙」，可見日本學者已發現《大正藏》的字是誤植的，而且《望月佛教大辭典》「解脫」條，也已根據《十住毘婆沙論》對「三解脫」做出詳解，且「無疑」用的正是「無礙」。參見，中國佛教研究會編，《摩訶止觀引用典據總覽》，東京，中山書房佛書林，昭62，頁83：〔日〕塚本善隆等編，《望月佛教大辭典》，東京，世界聖典刊行協會，平成5，頁888[c]。又，上及《《講義》》一書，《總覽》未說明是怎樣的一部著作，但根據該書頁1的序文提到「調查」的主要參考文獻之一的《佛教大系》來推論，可能指輯錄在《大系》第二十至二十六冊的慧澄癡空所著的《止觀輔行講義》？

第三節　能觀十乘指要

在第二章第二節「十乘觀法主要典據署析」的開頭，曾提出「智顗是如何開悟的」一問，這一問，既是問智顗開悟的根據是甚麼？也是問智顗實踐開悟的必要條件是甚麼？誠如灌頂所說，智顗開悟的根據是「誦《法華經》、《無量義經》、《普賢觀經》〔註 148〕，歷涉二旬，三部究竟」，而智顗實踐開悟的必要條件則是「進修方等懺，心淨行勤」。而在本章第二節第二目「觀陰、入、界境」中，亦就智顗把「觀陰、入、界」境放在所觀境第一境的立義，是「現前」與「依經」，並以《法華》本跡權實的共構思想，參覈《阿毘曇毘婆沙論·使犍度十門品》對五陰之「迷」所以為「迷」的「名」、「體」的「假」、「實」論析，〔註 149〕做為「三科開合」的前提，點出行人何以要從覺照己心入手修習的關鍵。因此，在智顗的觀行論中，就內在於智顗的圓融思想而論，實在有必要在觀心與行持兩個法門彼此互為具足的體系之中，對能觀十乘之所以是能觀的，以及如何能觀，做進一步的論證。

關於智顗在能觀十乘中所建構的圓融思想，體現在智顗的兩條思惟的進路上：

首先，智顗的圓融思想，是在正依佛陀的教示之下，對當時代偏執禪觀的不斷否除所逐漸證成的，其見諸於能觀十乘的總綱領「觀陰、入、界境」的第一次抉擇中，智顗說：「數人說，五陰同時，識是心王，四陰是數。約有門明義，故王數相扶，同時而起。」〔註 150〕智顗認為說一切有部的薩婆多師，以「有門」的執見，「隨義以論」〔註 151〕五陰是「王數相扶」是「一」、是「同時」的主張，與第二次抉擇的「論人說，識先了別，次受領納，想取相貌，

〔註 148〕《無量義經》、《法華經》、《普賢觀經》，宋僧贊寧（919～1001）撰寫《宋高僧傳》時，首度在卷第七，〈義解篇第二之四·宋東京天清寺傳章傳〉統稱為「法華三經」，《大正藏》，第五十冊，頁 751ᵃ。

〔註 149〕智顗說：「《毘婆沙》明三科開合：若迷心，開心為四陰，色為一陰。若迷色，開色為十入，及一入少分，心為一意入，及法入少分；若俱迷者，開為十八界也。」《摩訶止觀》，卷第五·上，〈第七正修止觀者·第一觀陰、入、界境者〉，《大正藏》，第四十六冊，頁 51ᶜ。

〔註 150〕《摩訶止觀》，卷第五·上，〈第七正修止觀者·第一觀陰、入、界境者〉，《大正藏》，第四十六冊，頁 51ᶜ。

〔註 151〕隋·遠法師撰，《大乘義章》，卷第八，〈五陰義七門分別〉，《大正藏》，第四十四冊，頁 623ᵇ。

行起違從，色由行感。約空門明義，故次第相生」〔註152〕，智顗指出成實師以「空門」的執見，主張「陰起前後，不得一時」〔註153〕的「異」論，不論是從觀心論所觀的「能生所生」，或從實踐論的「修行」次第而論，就圓教的圓頓意來照察，全都「不得以數隔王」〔註154〕，因爲薩婆多師以「心聚是一」〔註155〕破成論師所持的能觀五陰有「前後」次第相生的異解，與成論師破薩婆多師的五陰「自有其體，而共相應」〔註156〕的同一論，都是違經之論，在此，智顗融通經典的教示，論證說：「常見之人，說異念斷；斷見之人，說一念斷。」〔註157〕而將之淘汰爲「皆墮二邊，不會中道」〔註158〕的邪解。也就是說，執持有門的薩婆多師是「常見之人」，所以指責執持空門的成論師：而執持空門的成實師，則是「斷見之人」，所以相對的指責執持有門的薩婆多師。但其偏離正法義的結果，都是與中道缺乏交涉的邊見，纔會因各執己見，而在名相上打轉，在是非不明之中，相互競諍；何況龍樹在論證第一義空的義理時，就已滅除了「五陰一、異、同時、前後」〔註159〕的戲論，而證立了觀行諸法實相的止觀祕要爲「一法攝一切法」〔註160〕的「菩薩諸三昧海」〔註161〕。因此，智顗以在大蘇山的觀行實踐爲建構圓頓止觀的基

〔註152〕《摩訶止觀》，卷第五・上，〈第七正修止觀者・第一觀陰、入、界境者〉，《大正藏》，第四十六冊，頁 51^c～52^a。

〔註153〕隋・遠法師撰，《大乘義章》，卷第八，〈五陰義七門分別〉，《大正藏》，第四十四冊，頁 623^c。

〔註154〕《摩訶止觀》，卷第五・上，〈第七正修止觀者・第一觀陰、入、界境者〉，《大正藏》，第四十六冊，頁 52^a。

〔註155〕《止觀輔行傳弘決》，卷第五之一，《大正藏》，第四十六冊，頁 290^c。

〔註156〕同上。

〔註157〕《摩訶止觀》，卷第五・上，〈第七正修止觀者・第一觀陰、入、界境者〉，《大正藏》，第四十六冊，頁 52^a。世尊對憍陳如説：「斷見之人，言一念斷；常見之人，言八忍斷。」參見北涼・曇無讖譯，《大方等大集經》，卷第二十二，〈虛空目分第十之一初聲聞品第一〉，《大正藏》，第十三冊，頁 158^c。

〔註158〕《摩訶止觀》，卷第五・上，〈第七正修止觀者・第一觀陰、入、界境者〉，《大正藏》，第四十六冊，頁 52^a。

〔註159〕同上。龍樹説：「若我是五陰，我即爲生滅；若我異五陰，則非五陰相；若無有我者，何得有我所？滅我我所故，名得無我智；得無我智者，是則名實觀；得無我智者，是人爲希有。內外我我所，盡滅無有故，諸受即爲滅，受滅則身滅。」見姚秦・鳩摩羅什譯，《中論》，卷第三，〈法品第十八〉，《大正藏》，第三十冊，頁 23^c。

〔註160〕東晉・佛馱跋陀羅譯，《大方廣佛華嚴經》，卷第四十五，〈入法界品第三十四之二〉，《大正藏》，第九冊，頁 684^c。

〔註161〕同上，頁 684^b。

礎，綜成經義與論說，終於在玉泉寺提出能觀的基準爲「但觀識陰」。

其次，此前已論明智顗以通義的思惟方式論析十章與所觀十境之於圓教的止觀義，就能觀的「觀心具十法門」的實踐而言，仍然平準如一，智顗說：

> 既自達妙境；即起誓悲他；次作行塡願，願行既巧；破無不遍；遍破之中，精識通塞；令道品進行；又用助開道；道中之位，己他皆識；安忍內外榮辱；莫著中道法愛。故得疾入菩薩位。〔註162〕

由智顗的思惟方式開解智顗的思想體系，就思想的進路做表象的理解，雖說仍舊具有貫時性的局限，但卻不能因此就認爲那是智顗思想本身的局限，而是智顗在證立諸法實相之後，以其行佛轉法輪由華嚴時而鹿苑時之所行，爲付法藏之故，爲了「將送行者到彼薩雲」〔註163〕之故，而在行者入門之際，特開觀行次第，以爲「規矩初心」做方便，所以在申明「此十重觀法，橫豎收束，微妙精巧。初則簡境眞僞，中則正助相添，後則安忍無著。意圓法巧，該括周備」〔註164〕之後，所說的「己心中所行法門」，可見這「橫豎收束」，如同鏡與鏡像不一不異的關係，不能以鏡邊論鏡像邊之所以成立的條件，也不能以鏡像異論鏡一之所以存在的前提，也不能說鏡是因鏡像是果的非一，更不能倒果爲因逆論鏡的必然存在的非異，因爲諸法之所以爲諸法，就智顗所證成的諸法實相的經義而論，早已非貫時與並時的方所所能具論，而是圓義不縱不橫、無有方所的究竟體現。

第一目　智顗開悟的根據

智顗既然根據《法華經》、《無量義經》、《普賢觀經》的教說而開悟，而在得到慧思印證時，慧思說智顗所證的定境是「法華三昧前方便」，而其所得者則爲「初旋陀羅尼」，那麼，學人就有必要正確理解，甚麼樣的三昧叫做「法華三昧」？「前方便」的具體涵義指的是甚麼？「初旋陀羅尼」又是甚麼？這三個問題如果沒有得到內在於圓教的觀行論的義解，而想在實踐中確當的領會智顗的止觀精神，是否有失憑藉之虞？

首先，《法華經》說「三昧」是「大三昧」，而且「法華三昧」祇是「百

〔註162〕《摩訶止觀》，卷第五・上，〈第七正修止觀者・第一觀陰、入、界境者〉，《大正藏》，第四十六冊，頁52^b。

〔註163〕同上。

〔註164〕同上。

千萬億恆河沙等諸大三昧」〔註165〕之一，《法華經》中所說的「大三昧」，
是指在淨華宿王智如來的淨光莊嚴國土中，「久已殖眾德本，供養親近無量
百千萬億諸佛」〔註166〕的妙音菩薩所「悉成就」的「甚深智慧」〔註167〕的
不共法，在智顗卷帙浩繁的講說中，並未對「大三昧」多做解說，祇有在駐
錫瓦官寺的弘法初期，第一次講說止觀基礎的《次第禪門》時，簡畧的提到，
智顗說：

> 以心爲禪門者，若用智慧反觀心性，則能通行心，至法華、念
> 佛、般舟、覺意、首楞嚴諸大三昧，及自性禪，乃至清淨淨禪等，
> 是出世間上上禪門，亦名非出非滅法攝心。〔註168〕

智顗所講說的諸種大三昧，雖然祇有「法華三昧」與《法華經》所示的
一樣，但並不能因此就認爲其他的三昧，就不在《法華經》的「諸大三昧」
的「大」數之中，諸如《無量義經》所示的「首楞嚴三昧」就是「諸大三昧
始出生處」〔註169〕，準此以觀，就大三昧的法義而論，《大乘理趣六波羅蜜
多經》所示的「念佛三昧」，《摩訶般若波羅蜜經》所示的「覺意三昧」，《佛
說般舟三昧經》所示的「般舟三昧」，既然共爲佛說的法教，就理當同爲大三
昧，同爲「用智慧反觀心性」的「出世間上上禪門」。從表三十「歷別對諸禪
六妙門觀行內涵解析表」中，可以清楚的看出第五妙門「還爲妙門能出生」
的第三項「四諦」、之二「集諦」、之三「不動業」、之一「四禪」、之三就是
「出世間上上禪」，而這「能出生」的「出生」義，與「首楞嚴三昧」是「諸
大三昧始出生處」的「出生」義，就「非出非滅法攝心」即「眞實之性，是
一切法無罣礙門」〔註170〕而論，正是智顗「一色一香，無非中道」的圓頓義，
智顗說：

> 自性禪者，即是觀心實性，名爲上定。一切諸法，頗有不由心

〔註165〕《妙法蓮華經》，卷第七，〈妙音菩薩品第二十四〉，《大正藏》，第九冊，頁
55^b。
〔註166〕同上，頁55^a。
〔註167〕同上。
〔註168〕《釋禪波羅蜜次第法門》，卷第一之上，〈釋禪波羅蜜名第二〉，《大正藏》，第
四十六冊，頁479^b。
〔註169〕宋・釋元照述，《觀無量壽佛經義疏》，卷第一，《大正藏》，第三十七冊，頁
280^c。
〔註170〕北涼・曇無讖譯，《大方等大集經》，卷第二十二，〈虛空目分中淨目品第五〉，
《大正藏》，第十三冊，頁168^c。

者，心攝一切，如如意珠。此九大禪，皆是法界，一切趣禪，造境即眞。〔註171〕

　　如意寶珠，能含藏萬法，詮明了「出世間上上禪」在學人的觀行實踐中，所證觀的境界，既是諸法無不由心生的實性觀，而且是非出非滅的無罣礙門，也就是三諦的即中義，因此，「造境即眞」，證立了能觀之於所觀的大三昧，就是「法華三昧」，就是「甚深智慧」所成就的「百千萬億恆河沙等諸大三昧」，即破無明垢的諸法實相，也就是說，智顗所證悟的「法華三昧」，次第的看，雖然祇是四種三昧的一種，但圓頓的看，卻是內在於智顗一三三一不一不異的辯證思惟，在觀行論中體現爲四一一四不一不異的絕待與圓融，而由此反證與智顗所對之抉擇的薩婆多師的「王數相扶」的同一論，與成實師「能生所生」的異論，在中道正觀與斷常邊見的義理分判上，可以說，邊見是相對於邊見與相對於中道都是既縱且橫的執見，而中道則祇是斷如、常如、一如無二如的不縱不橫的方便圓詮。

表四十五：智顗開悟的根據之一「法華三昧」釋義表

【經典說】《法華經》的說法	〈妙音菩薩品第二十四〉： 爾時，一切淨光莊嚴國中，有一菩薩名曰妙音，久已殖衆德本，供養親近無量百千萬億諸佛，而悉成就甚深智慧，得妙幢相三昧、法華三昧、……得如是等百千萬億恆河沙等諸大三昧。(《大》9-55^b)
【經典說】《佛說法華三昧經》的說法	法華三昧現，不出不入住，無見不見空，是爲疾得如，便能行施法，以慧爲布施，說慧等如是，諸佛皆稱歎。(《大》9-287^b)
【智顗的師父說】《法華經安樂行義》的說法	《法華經》者，大乘頓覺，無師自悟，疾成佛道，一切世間，難信法門。凡是一切新學菩薩，欲求大乘，超過一切諸菩薩，疾成佛道，須持戒、忍辱、精進、勤修禪定，專心勤學法華三昧。(《大》46-697^c)
【智顗自己說】《妙法蓮華經文句》的說法	〈釋妙莊嚴王本事品〉： 法華三昧者，攝一切法，歸一實相。(《大》34-147^c)
【智顗自己說】《維摩經畧疏》的說法	〈釋囑累品〉： 法將滅五百藏時，一心修此法華三昧，即得六根清淨。故知末代亦能有入大乘之機，若不聞此經，永失法利，故須宣通。(《大》38-708^c)

〔註171〕《妙法蓮華經玄義》，卷第四‧上，《大正藏》，第三十三冊，頁720^{b~c}。

【智顗自己說】 《六妙法門》的說法	〈第十證相六妙門〉： 聞如來藏，顯真法身，具首楞嚴，明見佛性，住大涅槃，入法華三昧，不思議一實境界也。（《大》46-555^b）
【法裔湛然說】 《止觀義例》的說法	法華本迹顯實，……是知四種三昧，皆依實相。實相是安樂之法，四緣是安樂之行，證實相已，所獲依報，名爲大果，起教祇是爲令眾生開、示、悟、入，旨歸祇是歸於三軌妙法祕藏，所以始末皆依法華，此即法華三昧之妙行也。（《大》46-447^{a-b}）

其次，「前方便」的具體涵義指的是甚麼？印可智顗的慧思，既然沒有做出說明，而被印可的智顗，想必在受印可的當下，即能領解個中要義。在本章第二節第一目，論述「具足開解立行的條件」時，已在覆案《次第禪門》的外方便之後，與《摩訶止觀》的遠方便會通起來，製成表三十八「二十五前方便內涵解析一覽表」，並指出觀行上的前方便，是以「持戒」做爲行門的入手處，並因其具有明顯的可操作性，而容易被行者從義理及法門兩方面確實的把握，因此，智顗說：

今用此二十五法，爲定外方便，亦名遠方便。因是調心，豁然見理，見理之時，誰論內外？豈有遠近？

準此以觀，可知天台觀行論的實踐理則就是「前方便」，而且被智顗終其一生所奉行，並且對學人講說不輟。在智顗大蘇妙悟之後的第二十八年，也就是智顗五十歲那一年，在金陵光宅寺開講天台三大部的第一部《妙法蓮華經文句》時說：「體用者，前方便爲因，正觀入住爲果；住出爲體用，體即實相，無有分別；用即立一切法，差降不同。」〔註172〕直到智顗五十六歲那一年的夏天，在荊州玉泉寺開講天台三大部的第二部《妙法蓮華經玄義》時，智顗仍持守《六妙門》第五門「還爲妙門能出生」所立說的四禪，而就「不動業」的「根本味禪」，不厭其詳的申說前方便的要義，智顗說：「初修方便，當善簡風喘，明識正息，安徐記數，莫令增減；若數微細，善解轉緣，調停得所，當證前方便法。或麤細住，皆有持身法起，進得欲界定，或未到定，八觸發動，五支成就，是發初禪。」〔註173〕此後，智顗在總結天台觀行論之大成而講說天台三大部的第三部《摩訶止觀》時，已將前方便銷融到三觀義、四三昧與整體的所觀十境與能觀十乘之中了，所以湛然詮釋說：「復有一人，破二惑盡，至第八地，方聞中

〔註172〕《妙法蓮華經文句》，卷第三‧下，《大正藏》，第三十四冊，頁38^a。
〔註173〕《妙法蓮華經玄義》，卷第四‧上，《大正藏》，第三十三冊，頁718^a。

道，聞已修觀，進破無明，得法身本八相作佛，雖見中道，必假通教空、假二觀為前方便，必待別理接之方聞。」〔註174〕又說：「息緣務者，務事也。今簡隨自意者，且約善、惡、無記以論，若約諸經，非不須此，故二十五法，通為四種三昧前方便也。故隨自意，依經方法，眾務亦息。」〔註175〕又說：

　　　　十乘觀法，方名為道。……故善內外，方應善知。準禪門中，
　　　　二十五法，為外方便。又，有五法為內方便。……十境互發，十乘
　　　　增減，一一法中，皆有通塞。〔註176〕

　　由智顗所說的前方便為觀行的體用論而言，前方便是學人修習天台觀行論的勝因緣，在具可操作性的行門基礎上，以正確的觀法，達成證立十住位的第一位「初發心住位」的果德。在此，「正觀入住為果」當配合第二章第二節第八目「明次位」所開立的表二十「四教次位對照總表」來理解，因此，「入住」位，就化法四教而論，就有兩種可能：

　　一、別教內凡位的第一位，是別教菩薩六即位的相似即位。
　　二、圓教聖位的第一位，是圓教菩薩六即位的分真即位。

　　如果學人在修習觀行時，得能如法時時照察所證境的次位，按十乘觀法而檢束，當能自我證知，自己所入住的果位何在，因為就體而論，在圓教的思想之中，實相原本就「無有分別」，但就用而論，所觀境卻因果德不同，而必然會有「差降不同」的現象。從這個進路來義解，「前方便」之於發禪、三觀義、四三昧、十境、十乘的行持原理，乃至於做為證悟的修習功用，也就可了了分明了。

表四十六：智顗開悟的根據之二「前方便」釋義表

《妙法蓮華經文句》	體用者，前方便為因，正觀入住為果；住出為體用，體即實相，無有分別；用即立一切法，差降不同。（《大》34-38ᵃ）
《妙法蓮華經玄義》	初修方便，當善簡風喘，明識正息，安徐記數，莫令增減；若數微細，善解轉緣，調停得所，當證前方便法。或麤細住，皆有持身法起，進得欲界定，或未到定，八觸發動，五支成就，是發初禪。（《大》33-718ᵃ）
《摩訶止觀》	今用此二十五法，為定外方便，亦名遠方便。因是調心，豁然見理，見理之時，誰論內外？豈有遠近？（《大》46-48ᶜ）

〔註174〕《止觀輔行傳弘決》，卷第三之三，《大正藏》，第四十六冊，頁236ᶜ。
〔註175〕同上，卷第四之三，《大正藏》，第四十六冊，頁265ᵃ。
〔註176〕同上，頁267ᵇ。

《止觀輔行傳弘決》	復有一人，破二惑盡，至第八地，方聞中道，聞已修觀，進破無明，得法身本八相作佛，雖見中道，必假通教空、假二觀爲前方便，必待別理接之方聞。（《大》46-236°）
《止觀輔行傳弘決》	息緣務者，務事也。今簡隨自意者，且約善、惡、無記以論，若約諸經，非不須此，故二十五法，通爲四種三昧前方便也。故隨自意，依經方法，衆務亦息。（《大》46-265ᵃ）
《止觀輔行傳弘決》	十乘觀法，方名爲道。……故善內外，方應善知。準禪門中，二十五法，爲外方便。又，有五法爲內方便。……十境互發，十乘增減，一一法中，皆有通塞。（《大》46-267ᵇ）

再次，智顗開悟的第三個根據是得「初旋陀羅尼」，但「初旋陀羅尼」又是甚麼呢？智顗既然是誦「法華三經」而證得現前的勝相，因此，步武前賢「依經」的舊蹤，自然不難找到智顗證現勝相的法義，究竟是怎樣的義理。

普賢菩薩在東方遙遠的寶威德上王佛國，聽到娑婆世界的教主釋迦牟尼佛，在耆闍崛山中講說《法華經》，而以自在神通力趕來參預盛會並請法，聽法之後，普賢菩薩向佛陀發願，願在世尊滅度後五百年的惡世中，擔任受、持、讀、誦《法華經》者的護法，到那個時候，學人將「得見我身，甚大歡喜，轉復精進。以見我故，即得三昧及陀羅尼，名爲旋陀羅尼，百千萬億旋陀羅尼，法音方便陀羅尼，得如是等陀羅尼。」〔註177〕也就是說，陀羅尼有三，即：一、旋陀羅尼，二、百千萬億旋陀羅尼，三、法音方便陀羅尼，而智顗所得的正是第一的「旋陀羅尼」，普賢菩薩說：「閻浮提有受持者，應作此念：『皆是普賢威神之力。』若有受、持、讀、誦、正憶念、解其義趣，如說修行，當知是人行普賢行，於無量無邊諸佛所，深種善根，爲諸如來，手摩其頭。……若有人受、持、讀、誦，解其義趣，是人命終，爲千佛授手，令不恐怖，不墮惡趣，即往兜率天上，彌勒菩薩所。」〔註178〕普賢菩薩發諸眾願之後，釋迦牟尼佛印可說：

> 若如來滅後，後五百歲，若有人見、受、持、讀、誦《法華經》者，應作是念：「此人不久，當詣道場，破諸魔眾，得阿耨多羅三藐三菩提，轉法輪、擊法鼓、吹法螺、雨法雨，當坐天、人、大眾中，師子法座上。」〔註179〕

〔註177〕《妙法蓮華經》，卷第七，〈普賢菩薩勸發品第二十八〉，《大正藏》，第九冊，頁61ᵇ。
〔註178〕同上，頁61ᵇ⁻ᶜ。
〔註179〕同上，頁62ᵃ。

由普賢菩薩的願行與釋迦牟尼佛的印可，可明白看出得「陀羅尼」者的勝相有：

一、行普賢行。

二、得阿耨多羅三藐三菩提。

三、開始轉法輪說法。

前兩項不論，慧思所印可於智顗的，正是「於說法人中，最為第一」，如此說來智顗的得「初旋陀羅尼」，就其終身所身體力行的，就是在亂世的末法中，以普賢護法的行願，「坐天、人、大眾中，師子法座上」，以《法華經》轉法輪，而宏開中國佛教黃金時代的新局。然而，「陀羅尼」之於天台的圓教思想，智顗是如何據之以「皆曉自裁」的將之融通到整體天台觀行論中的？不然持修觀行的學人，該如何憑之以得「陀羅尼」？智顗就天台三觀義與化法四教義簡除三藏教說：

> 旋陀羅尼，是旋假入真；百千旋陀羅尼，是旋真入俗；法音方便，正是伏道。未得入中，如《瓔珞》從假入空觀，雖斷見思，但離虛妄，名為解脫，其實未得一切解脫。當知六根雖淨，圓教煖、頂四善根，柔順忍伏道位耳！若入初住，得真法音陀羅尼，正破無明，始名斷道，見佛性，常住第一義理，名圓教無生忍。〔註180〕

湛然有進一步的論述，湛然說：

> 總持者，即歟陀羅尼德，此言能持、能遮，持善不失，遮惡不起，故名遮持，亦名總持，持諸善法，不漏失也。《法華》明三陀羅尼：
>
> 一、旋陀羅尼。
>
> 二、百千萬億旋陀羅尼。
>
> 三、法音方便陀羅尼。
>
> 旋者，旋轉也。轉假入空，得入真諦，但破界內，即屬通教，一心圓破，即屬圓教。百千萬億者，即是從空入假，旋轉分別，破塵沙惑，顯出恆沙佛法：若別破界外無知，則是別教，一心圓破，即圓教也。法音方便者，即是二觀為方便，得入中道，次第斷入中，是別教意，不斷無明，一心圓入中道，即圓教也。〔註181〕

〔註180〕《妙法蓮華經玄義》，卷第五·上，《大正藏》，第三十三冊，頁736ᵃ。

〔註181〕唐·湛然署，《維摩經署疏·釋佛國品之初》，卷第四，《大正藏》，第三十八冊，頁576ᵃ。

　　爲易解智顗所證得的「初旋陀羅尼」義，茲合會智顗與湛然所說，開爲解析表。

表四十七：智顗開悟的根據之三「初旋陀羅尼」義解析表*

三陀羅尼	三觀義	通　教	別教	圓教
〔初〕旋陀羅尼	旋假入眞	未得入中，如《瓔珞》從假入空觀，雖斷見思，但離虛妄，名爲解脫，其實未得一切解脫。		
	轉假入空得入眞諦	但破界內，即屬通教。		
百千萬億旋陀羅尼	旋眞入俗		當知六根雖淨，圓教煖、頂四善根，柔順忍伏道位。	
	從空入假		破塵沙惑，顯出恆沙佛法；若別破界外無知，則是別教。	破塵沙惑，顯出恆沙佛法，一心圓破，即圓教也。
法音方便陀羅尼	正是伏道			若入初住，得眞法音陀羅尼，正破無明，始名斷道，見佛性，常住第一義理，名圓教無生忍。
	二觀爲方便得入中道		次第斷入中，是別教意，不斷無明。	一心圓入中道，即圓教也。

*上欄爲智顗說，下欄爲湛然說

　　由上述論析，可知智顗大蘇妙悟的根據及證境，是以遠方便的二十五方便爲觀行實踐的持修基礎，以證現「不思議一實境界」的法華三昧爲內涵，以「從假入空」的通教菩薩爲位，而在入寂前智朗問：「何位歿此？」智顗回答說：「吾不領眾，必淨六根，爲他損己，祇是五品位耳！」也就是說，智顗以其終生轉法輪，講說領眾不輟，而以五品位入寂，五品位在圓教外凡的觀行即位，至於「淨六根」則爲圓教內凡的相似即位，明曠說：「觀行三因，獲淨六根，入圓十信。」〔註182〕

〔註182〕唐・明曠刪補，《天台菩薩戒疏》，卷第三，《大正藏》，第四十冊，頁601°。

第二目　實踐開悟的必要條件

在第二章第三節第二目「智顗對觀行思想的抉擇方式」中，曾論及智顗的觀行思想，並指出智顗的目的，不在於做學問，因此，方得以論說智顗實踐開悟的必要條件是「進修方等懺，心淨行勤」。灌頂說：「時有慧思禪師，武津人也，名高嵩嶺，行深伊洛，十年常誦，七載方等，九旬常坐，一時圓證。」〔註183〕這是慧思印可智顗在行門上「進修方等懺」而得「見道場廣博，妙飾莊嚴，而諸經像，縱橫紛雜，身在高座，足躡繩床，口誦《法華》，手正經像，是後心神，融淨爽利」〔註184〕的現前勝相。關於慧思印可智顗一事，有四個問題必須一併理解，首先，「七載方等」的法門是甚麼？其次，「九旬常坐」的法門是甚麼？再次，慧思的「一時圓證」的證境是甚麼？又次，何爲印可？爲易解故，先明圓證。

所言圓證就是圓覺，裴休（797～870）說：

> 具足圓覺，而住持圓覺者如來也。離圓覺無六道，捨圓覺無三乘，非圓覺無如來，泯圓覺無眞法，其實皆一道也。三世諸佛之所證，蓋證此也。如來爲一大事出現，蓋爲此也。三藏十二部一切脩多羅，蓋詮此也。〔註185〕

圓覺就是「皆一道」，就是「一道出生死」〔註186〕的一乘，就是天台圓教菩薩所行的菩薩行，就「諸佛世尊，欲令眾生，開佛知見，使得清淨故，出現於世；欲示眾生，佛之知見故，出現於世；欲令眾生，悟佛知見故，出現於世；欲令眾生，入佛知見道故，出現於世」〔註187〕的「一大事因緣」而論，就是純圓的法華經教所示的證境，即「唯佛與佛乃能究盡」〔註188〕的「諸法實相」義。至於慧思對智顗「昔日靈山，同聽《法華》，……非爾弗證，非我莫識」〔註189〕的印可，就慧思的圓證而論智顗法華三昧的證境，乃「隨順

〔註183〕《隋天台智者大師別傳》，《大正藏》，第五十冊，頁191^c。

〔註184〕同上。

〔註185〕唐・裴休撰，《大方廣圓覺修多羅了義經畧疏・序》，《大正藏》，第三十九冊，頁523^b。

〔註186〕賢首菩薩說：「法王唯一法，一切無礙人，一道出生死，一切諸佛身，唯是一法身，一心一智慧，力無畏亦然，隨眾生本行，求無上菩提。」東晉・佛馱跋陀羅譯，《大方廣佛華嚴經》，卷第五，〈菩薩明難品第六〉，《大正藏》，第九冊，頁429^b。

〔註187〕《妙法蓮華經》，卷第一，〈方便品第二〉，《大正藏》，第九冊，頁7^a。

〔註188〕同上，頁5^c。

〔註189〕《隋天台智者大師別傳》，《大正藏》，第五十冊，頁191^a。

佛之正教」〔註190〕之所宜，誠如世尊所說：「諸弟子說，世尊印可。說者句句分別說，知者是等智知。」〔註191〕也就是說，慧思是以其「等智」知，來印可智顗法華三昧的證境，是中道第一義諦的無作三昧。〔註192〕

　　慧思的行法是「七載方等」，智顗則是「進修方等懺」，這與「法華三昧」，同屬四三昧的第三三昧「半行半坐三昧」，至若「九旬常坐」，則是第一三昧「常坐三昧」的行法。四三昧是天台觀行論在理論面與實踐面互為圓具的必要條件，譬如鳥的雙翼，缺一不可，因此，任何思想在理論上，僅管思惟方法建構得精深無匹，論證方程邃密到無懈可擊，如果這樣的思想，僅止於理論上的合理與完美，而在理上無益於學人心性的養成，在事上無助於生命的實踐，勢將成為少數學者褻玩的學術禁臠，誠如通途所見的象牙塔中人之所是，實在教人難以領解，這樣的思想有何思想價值？如果此中學者，以操弄這等思想為利器，那麼，不但無益世之用，更且有傷世道之害，智顗說：「戲論諍競，自是非他，皆服甘露，傷命早夭，金鎖自繫，流轉生死。」〔註193〕所說的正是口舌上的佻巧之辯，必因偏執而片面合理化自己的所知障，而為障礙他人的知見，從而汩沒生死浪海。智顗為免行人汩沒，而就行門勸修四三昧，茲將行法精簡為大意表。

表四十八：天台觀行實踐論四三昧行法精簡表

常坐三昧	身論開遮	開	常坐	可處眾、獨坐、居靜室、空閑地，離喧鬧，傍無餘座，九十日為一期，隨一佛方面，端坐正向。
		遮	行、住、臥	
	口論說默	說	若坐疲極，或疾病所困，或睡蓋所覆，當專稱一佛名字，慚愧懺悔，以命自歸，與稱十方佛名功德正等。	
		默	持行禁語	

〔註190〕善導大師說：「佛印可者，即隨順佛之正教，若佛所有言說，即是正教、正義、正行、正解、正業、正智。」唐・善導集記，《觀經・正宗分散善義》，卷第四，《大正藏》，第三十七冊，頁271^b。

〔註191〕東晉・佛陀跋陀羅共法顯譯，《摩訶僧祇律》，卷第十七，〈明單提九十二事法之六〉，《大正藏》，第二十二冊，頁367^b。

〔註192〕尸陀槃尼說：「無願七智相應：法智、未知智、等智、知他心智、苦智、習智、道智。」無願指無作三昧，等智則是與之相應的斷四諦煩惱的道智。參見尸陀槃尼撰，符秦・僧伽跋澄譯，《鞞婆沙論》，卷第十三，〈三三昧處第四十〉，《大正藏》，第二十八冊，頁513^a。智顗說：「進修中道，無中、邊相，亦不求中、邊，名無作三昧。」參見《摩訶止觀》，卷第七・上，〈第六明道品調適者〉，《大正藏》，第四十六冊，頁90^b。

〔註193〕《摩訶止觀》，卷第三・下，〈第五明偏圓者〉，《大正藏》，第四十六冊，頁32^b。

	意論止觀	止	端坐正念，蠲除惡覺，捨諸亂想，莫雜思惟，不取相貌，但專繫緣法界。觀眾生真佛法界，觀正住煩惱法界，觀業即是法界印、魔即法界印。		一心三觀
		觀	一念法界		
常行三昧	身論開遮	開	常行	避惡知識、癡人、親屬、鄉里，常獨處止、乞食，嚴飾道場，備諸供具，唯專行旋，九十日一期，不得終不休息。	
		遮	住、坐、臥	除便利、睡眠、食時外。	
	口論說默	說	九十日口常唱阿彌陀佛名無休息，九十日心常念阿彌陀佛無休息，專以彌陀為法門主。		
		默	◎		
	意論止觀	止	念西方阿彌陀佛，去此十萬億佛剎，在寶地寶池、寶樹、寶堂，眾菩薩中央坐說經。		如相念佛是心即佛
		觀	唯心淨土		
半行半坐三昧（方等三昧）（法華三昧）	身論開遮	開	行旋與趺坐	《方等》云：「旋百二十匝，却坐思惟。」《法華》云：「其人若行、若立，讀誦是經，若坐思惟是經。」以七日為一期。俗人亦許，須辦單縫三衣，備佛法式也。	
		遮	坐與臥	除便利、睡眠、食時外。	
	口論說默	說	誦陀羅尼，召請三寶、十佛等供養，禮訖陳悔罪咎竟，起旋百二十匝，一旋一呪，不遲不疾，不高不下。誦《法華經》		
		默	◎		
	意論止觀	止	思惟實相中道正空之摩訶袒持陀羅尼，遮惡持善。如是空空真實之法，當於六波羅蜜中求。		
		觀	眾罪如霜露，慧日能消除。		
非行非坐三昧	身論開遮	止觀	約六度捨六受或運六作	歷眾善	根、塵、境三識，地、水、火、風四大，四運推檢六度、戒善等知三諦。
				歷諸惡	四運推檢六蔽、三毒等知三諦。當於惡中而修觀慧，如佛世時，在家之人，帶妻挾子，官方俗務，皆能得道。
	口論說默			無記	《大論》云：「無記中有般若波羅蜜者。」即得修觀也。又，無記一法，生十法界，及一切法。又，無記即法性，法性常寂即止義，寂而常照即觀義。於無記非道，通達佛道，無記為法界，橫攝諸法，竪攝六位，高廣具足。
	意論止觀				

從「行法精簡表」看下來，仍須進一步思考，如果沒有完整的思想內涵與理論建構，也會像祇有理論而沒有實踐一樣，孳生無數的弊端，諸如沒有合理的次第，師心自用的經驗法，不能確知所行原理的意義，無法抉擇能觀的對境，無法釐辨法義之於所證是否如實，如學佛學成外道者，因此，盲瞽自矜，諸闇自蔽，智顗說：

> 不簡死馬，況其匹類？此惑內發，強梁熾盛，若見外境，心狂眼闇，譬如流水，不覺其急。……非唯止觀不成，更增長惡業，墜黑闇坑，無能勉出。〔註194〕

由智顗的論析，具見徒有實踐而沒有根據如法且整全的理論修習觀行，不但無能得證，且以止觀不成故，而把本欲修善的行持變成修惡的根據，所以有所觀十境諸相蜂起，壅塞正觀。又說：

> 三界頂禪，世爲極妙，外道計爲涅槃，實是闇證，具足苦、集，垂盡三有，還墮三途。〔註195〕

這雖說自有自是其是的理論，但卻因不是正確的學理，所以觀慧不具足，以致無能揀境，而妄執闇證，猶不自覺知，毋怪智顗在論析遮照義之後，總結說：

> 而人師偏解，學者苟執，遂興矢石，各保一邊，大乖聖道也。
> 〔註196〕

綜此而論天台觀行論，就思想體系而言，以經教結體，以律典防患，以論典徵證，以方便前行，以四三昧規矩，以十境現觀，以十乘檢束，正是「意圓法巧，該括周備」，以理信入門，以法行登地，以證境自莊嚴，以弘願建立眾生，因此，灌頂撮其要旨爲：「聞圓法，起圓信，立圓行，住圓位，以圓功德而自莊嚴，以圓力用建立眾生。」凡此，足見前方便、四三昧諸法，都是在天台止觀行門上，證現諸法實相之於實修的重要條件。

第三目　證現勝相的圓教義

天台圓教義限定下的止觀思想，廣說實涵蓋智顗全部的觀行論，如說互具論〔註197〕、究竟論〔註198〕、世間論〔註199〕、佛身論〔註200〕、佛土

〔註194〕《摩訶止觀》，卷第八・上，〈第二觀煩惱境者〉，《大正藏》，第四十六冊，頁102ᵃ。
〔註195〕同上，卷第九・上，〈三明諸禪發相者〉，頁120ᵇ。
〔註196〕同上，卷第五・上，〈觀心具十法門〉，頁55ᵃ。
〔註197〕智顗說：「〔一、〕十數皆依法界，法界外更無復法，能所合稱，故言十法界

論〔註201〕，緣起論〔註202〕、性惡論〔註203〕等等，因此，就觀心法門之於

也。二、此十種法，分齊不同，因果隔別，凡聖有異，故加之以界也。三、
此十皆即，法界攝一切法，一切法趣地獄，是趣不過，當體即理，更無所依，
故名法界，乃至佛法界，亦復如是。」《妙法蓮華經玄義》，卷第二・上，〈今
依三法更廣分別〉，《大正藏》，第三十三冊，頁693ᶜ。

〔註198〕 世尊告訴舍利弗說：「佛所成就，第一希有，難解之法，唯佛與佛，乃能究盡，
諸法實相，所謂諸法如是相、如是性、如是體、如是力、如是作、如是因、
如是緣、如是果、如是報、如是本末究竟等。」《妙法蓮華經》，卷第一，〈方
便品第二〉，《大正藏》，第九冊，頁5ᶜ。

〔註199〕 智顗綜成法華思想與龍樹思想之後說：「又十種五陰，一一各具十法，謂如是
相、性、體、力、作、因、緣、果、報、本末究竟等。……眾生世間，既是
假名無體，分別攬實法，假施設耳！所謂惡道眾生相、性、體、力、究竟等
云云；善道眾生相、性、體、力、究竟等；無漏眾生相、性、體、力、究竟
等；菩薩、佛法界相、性、體、力、究竟等；准例皆可解。國土世間，亦具
十種法，所謂惡國土相、性、體、力等云云。善國土、無漏國土、佛菩薩國
土相、性、體、力云云。」《摩訶止觀》，卷第五・上，〈觀心具十法門〉，《大
正藏》，第四十六冊，頁53ᵃ～54ᵃ。

〔註200〕 智顗綜成法華思想的佛身論與華嚴思想的三身論之後說：「會迹顯本者，此則
就行，尋迹中諸行。或從此佛，行行得記；或從彼佛，行行得記；或示己身、
他身，隨機應現，長、短、大、小，諸迹悉從本垂；若結會古今，還結迹而
顯本耳！本迹雖殊，不思議一。」《妙法蓮華經玄義》，卷第九・下，〈大章第
四明用者〉，《大正藏》，第三十三冊，頁798ᶜ。

〔註201〕 智顗依《思益梵天所問經》、《大智度倫》、《法華經》、《華嚴經》、《攝大乘論》、
《維摩詰所說經》、《普賢觀經》等經論建立天台佛土論，智顗說：「若分別而
言，謂方便土在三界外，若即事而真，不必在遠，下文云：『若能深心信解，
則爲見佛，常在耆闍崛山，共大菩薩、聲聞、眾僧，圍遶說法。』即方便土
意也。……若分別爲言，謂實報在方便之外，若即事而真，此亦不遠。文云：
『觀見娑婆，瑠璃爲地，坦然平正，諸臺、樓、觀，眾寶所成，純諸菩薩，
咸處其中。』即實報土意也。」參見《妙法蓮華經玄義》，卷第六・下，〈第
十功德利益者〉，《大正藏》，第三十三冊，頁760ᶜ～761ᵃ。

〔註202〕 茲以不思議不生不滅十二因緣爲例，智顗說：「出界外十二因緣者，如《寶性
論》云：『羅漢、支佛空智，於〔一切智境界及如〕如來身，本所不見。』二
乘雖有無常等四對治，依如來法身，復是顛倒，顛倒故即是無明。住無漏界
中，有四種障，謂緣、相、生、壞。緣者，謂無明住地與行作緣也；相者，
無明共行爲因也；生者，謂無明住地共無漏業因，生三種意生身也；壞者，
三種意生身緣不可思議變易死也，還如界內十二因緣從無明至老死也。緣者，
即無明支也；相者，行支也；生者，即名色等五支也；愛、取、有三支，例
前可知也；壞即生死支也。此十二支，數同界內，義意大異。彼論云：『三種
意生身，……未得〔遠〕離無明垢，〔是故〕未得究竟無爲淨〔波羅蜜〕。……
無明細〔以細相〕戲論〔習〕未永滅。〔是故〕未得究竟無爲我〔波羅蜜〕。……
無明細〔有細相〕戲論集，因無漏業生，〔於〕意陰未永滅，〔是故〕未得〔究
竟〕無爲樂〔波羅蜜〕。〔以諸〕煩惱染業染生染〔未得永滅〕。〔是故〕未〔證〕

觀行實踐而論，在智顗整一的思想體系中，有下開面向，必須被正確的義解。

其一、即三科開合，智顗說：

> 然界內外，一切陰、入，皆由心起。佛告比丘：「一法攝一切法。」〔註204〕所謂心是。《論》云，「一切世間中，但有名與色；若欲如實觀，但當觀名色。」〔註205〕心是惑本，其義如是；若欲觀察，須伐其根，如灸病得穴，今當去丈就尺，去尺就寸，置色等四陰，但觀識陰，識陰者心是也。〔註206〕

其二、不可思議境，智顗說：

> 不可思議境者，如《華嚴》云：「心如工畫師，造種種五陰，一切世間中，莫不從心造。」種種五陰者。〔註207〕

究竟（滅未證）甘露（究竟常）〔如來法身〕。』以緣煩惱道故，不得大淨；以相業道故，不得八自在我；以生苦道故，不得大樂；以壞、老、死故，不得不變易常者；由不思議生滅十二因緣也，是為界外不思議生滅十二因緣相。」方括弧中的文字，依《究竟一乘寶性論》增補，圓括弧部分，係智顗所加。參見《妙法蓮華經玄義》，卷第二‧下，〈四廣釋境又為二〉，《大正藏》，第三十三冊，頁 699^c~700^a。參見後魏‧勒那摩提譯，《究竟一乘寶性論》，卷第三，〈一切眾生有如來藏品第五〉，《大正藏》，第三十一冊，頁 380^b。又，David Waterhouse 認為《究竟一乘寶性論》所教示的如來藏法義，是天台立宗的根據。參見談錫永藏漢譯，彌勒菩薩造，無著論師釋，《寶性論新譯‧序》，香港，密乘佛學會，1999，頁 10。

〔註203〕智顗自設問答說：「問：『闡提與佛斷何等善惡？』答：『闡提斷修善盡，但性善在；佛斷修惡盡，但性惡在。』問：『性德善惡，何不可斷？』答：『性之善惡，但是善惡之法門，性不可改，歷三世無誰能毀；復不可斷壞，譬如魔雖燒經，何能令性善法門盡？縱令佛燒惡譜，亦不能令惡法門盡，如秦焚典坑儒，豈能令善惡斷盡耶？』」隋‧智者說，灌頂記，《觀音玄義》，卷第一，《大正藏》，第三十四冊，頁 882^c。

〔註204〕「爾時，世尊欲令諸菩薩安住師子奮迅三昧故，……出妙音聲，充滿法界，轉淨法輪，……深入菩薩諸三昧海，所謂普莊嚴法界菩薩三昧，……一法攝一切法三昧。」參見晉譯《大方廣佛華嚴經》，卷第四十五，〈入法界品第三十四之二〉，《大正藏》，第九冊，頁 683^c~684^b。

〔註205〕《大智度論》具云：「復有一切法，所謂名色，如《佛說利眾經》中偈：『若欲求真觀，但有名與色；若欲審實知，亦當知名色。』卷第二十七〈釋初品大慈大悲義第四十二〉，《大正藏》，第二十五冊，頁 259^b。又，《佛說利眾經》未見漢譯。

〔註206〕《摩訶止觀》，卷第五‧上，〈第一觀陰、入、界境者〉，《大正藏》，第四十六冊，頁 52^{a~b}。

〔註207〕同上，頁 52^c。

其三、一念三千，智顗說：

> 夫一心具十法界，一法界又具十法界、百法界。一界具三十種
> 世間，百法界即具三千種世間。此三千在一念心，若無心而已，介
> 爾有心，即具三千。亦不言一心在前，一切法在後；亦不言一切法
> 在前，一心在後。例如八相遷物，物在相前，物不被遷；相在物前，
> 亦不被遷；前亦不可，後亦不可，祇物論相遷，祇相遷論物。今心
> 亦如是，若從一心生一切法者，此則是縱；若心一時含一切法者，
> 此即是橫；縱亦不可，橫亦不可，祇心是一切法，一切法是心故，
> 非縱非橫，非一非異，玄妙深絕，非識所識，非言所言，所以稱爲
> 不可思議境，意在於此。〔註208〕

順向的看，智顗實相論的根本學理是性具論，而圓融「法界攝一切法，
一切法趣地獄，是趣不過，當體即理」的觀心論之所以成立，全都在事上以
「橫豎收束」的十重觀法，做爲行證的基礎，而這個基礎內在於天台總體思
想的合理內核，便是「惑本」的「心」。橫向的看，雖緣具、共具、離具、心
具，都不免妄心推檢，端的無方，但這仍然是「惑本」的「心」之所致〔註209〕。
圓具的看，雖祇能是「祇心是一切法，一切法是心故，非縱非橫，非一非異」，
但這也依然是「惑本」的「心」之所致。

關於「三科開合」〔註210〕與「不可思議境」〔註211〕已在之前的相關論題
中，陸續論述過了，在本目中除非有徵證的必要，否則不再具論。因此，就
「證現勝相的圓教義」論「一念三千」，便成爲此際的主要關目了。在智顗的
止觀思想體系中「一念三千」所要闡釋的是不可思議境，而其實踐的綱領，
則是所觀十境與能觀十重的互具關係。

「一念三千」的建構基礎，是《華嚴經》的「遊心法界」的法界思想，
與《大智度論》的三種世間的世間觀，就天台互具思想而論，其中又包含了
《法華經》十如是的開權顯實觀。

〔註208〕同上，〈觀心具十法門〉，頁54[a]。
〔註209〕或有問者：「問：『心起必託緣，爲心具三千法？爲緣具？爲共具？爲離
　　　　具？……』」智顗在對地人的「法性依持」與攝師的「黎耶體持」做出抉擇之
　　　　後回答說：「又違經，經言：『非內非外，亦非中間，亦不常自有。』又，違
　　　　龍樹，龍樹云：『諸法不自生，亦不從他生，不共不無因。』」同上，〈觀心具
　　　　十法門〉，頁54[a-b]。
〔註210〕見〈緒論〉與本章第二節第二目「修習止觀的普遍前提」等處。
〔註211〕見第二章第一目「觀心是不可思議境」等處。

　　普賢菩薩說：「遊心法界如虛空，是人乃知佛境界。」〔註212〕智顗以普賢調伏「眾生樂惡著諸有，不能了知無上道」〔註213〕的錯誤塵執，將眾生所對並爲所轉的塵境，依普賢「安諦善住能順行」〔註214〕的願行，在遊心自在的無礙觀行上，指出能觀的「一念心」與所觀的十法界，在「三無差別」的空義上，雖然「一界即具百界千法」，但從現象的差別對待來的看，則分明具有假實的從屬的關係，也正因爲這種在現象上互爲凌替的困擾，致使無量無邊的諂曲眾生，深深的陷在自心所造作的「種種五陰，種種國土」之中，而不得「畢竟清淨」，不得從樂惡著有中，朝向「心空」以及「此空亦空」的生死道上出離，以至無從證會諸法實相即空、即假、即中的義理，如此一來，也就談不上解脫了。因此，智顗說：

> 遊心法界者，觀根、塵相對，一念心起，於十界中必屬一界，若屬一界，即具百界千法，於一念中，悉皆備足。此心，幻師於一日夜，常造種種眾生，種種五陰，種種國土，所謂地獄假實國土，乃至佛界假實國土，行人當自選擇，何道可從。
>
> 又，如虛空者，觀心自生，心不須藉緣，藉緣有心，心無生力，心無生力，緣亦無生，心緣各無，合云何有？合尚叵得，離則不生，尚無一生，況有百界千法耶？以心空故，從心所生，一切皆空，此空亦空，若空非空，點空設假，假亦非假，無假無空，畢竟清淨。
>
> 又復，佛境界者，上等佛法，下等眾生法。
>
> 又，心法者，心、佛及眾，生是三無差別，是名心法也。〔註215〕

　　從智顗對根塵假實從屬關係的論證上，成立了能造作的一念心所造作出來的百界網羅，在諸法之於能觀的展現上，就像魔術師的技倆，其所幻現的幻象，在進入眼根之際，是了了分明的有，此際如果執幻爲實，勢必會在不知不覺之中，執信被蠱惑的幻境是眞實的存在，然而就存在的本體而論，卻是違空之論，因爲這一切在現象上都是緣生的，眾生一旦能正確的領解緣生畢竟空的道理，並停息能觀的心對所觀境的貪緣，那麼依待所緣境而啓動的

〔註212〕晉譯《大方廣佛華嚴經》，卷第三，〈盧舍那佛品第二之二〉，《大正藏》，第九冊，頁409[c]。

〔註213〕同上，頁409[b]。

〔註214〕同上。

〔註215〕《妙法蓮華經玄義》，卷第二・上，〈今依三法更廣分別〉，《大正藏》，第三十三冊，頁696[a~b]。

一念心，就不可能在自證的照察之中自生了，也就是說，祇要觀行者明白覺知是所緣境生一念心，而非一念心生所緣境，就能夠斷除自生、他生、共生、無因生的生障，而在「畢竟清淨」的中道上，當下會取「三無差別」的實相。在這個觀行基礎上，智顗進一步論證說：「此三千在一念心，若無心而已，介爾有心，即具三千。亦不言一心在前，一切法在後；亦不言一切法在前，一心在後。……若從一心生一切法者，此則是縱；若心一時含一切法者，此即是橫；縱亦不可，橫亦不可，祇心是一切法，一切法是心故，非縱非橫，非一非異。」

智顗從「非縱非橫，非一非異」的立論中，成立天台義的「一念三千」的宇宙「實相」論，並由實相論圓證證現勝相根本的一念心，為明晰起見，茲與《法華玄義》的「一念心起，於十界中必屬一界，若屬一界，即具百界千法」的義理，與《摩訶止觀》的論述，進行相應的檢證。龍樹說：

> 世間有三種：一者，五眾世間；二者，眾生世間；三者，國土世間。〔註216〕

五眾世間就是五陰世間，智顗認為，五眾世間是由眾生的有漏業所招感而來的「三界依正」〔註217〕果報，住在五眾世間中的眾生，有以「六識取六塵，起諸煩惱，貪著五欲，展轉無量」〔註218〕的特質。也就是說，住在五眾世間的眾生，總是受到色、受、想、行、識五蘊的干擾。以修習天台觀行法門而論，智顗特別強調識的能觀作用，所以學人修持觀行，要從「常自現前」的陰、入、界境著手，而其啟動所觀境的關鍵，則在於「但觀識陰」。

至於「眾生世間」就是《華嚴經》所說的十法界眾生各依不同的依正果報所受生的十種「假名世間」，這十種世間的一一界與一念心相應的當下就有十界，而十界又各與一念心相應的當下就有百法界，而一法界又具有各自與一念心相應的十法界，因此，這十法界與百法界互具，當下就有千法界，而這就是智顗「一念心起，於十界中必屬一界，若屬一界，即具百界千法」的立論根據。然而，必須確定的是，智顗並不是為了找一個看起來似乎是合理的理論根據，纔去成立這樣的立論，而是為了開顯五眾世間的眾生，如何在

〔註216〕《大智度論》，卷第七十，〈釋佛母品第四十八之餘〉，《大正藏》，第二十五冊，頁546$^{b\text{-}c}$。

〔註217〕隋・智者說，灌頂記，《仁王護國般若經疏》，卷第三，〈觀空品第二〉，《大正藏》，第三十三冊，頁268^b。

〔註218〕同上。

修習觀行的當下，得以能夠具體掌握能觀的一念心，在紛繁的諸法中，證顯所觀境即是中道實相，所以智顗特別詮明，眾生世間的本質是「假名無體」，祇因為被五眾世間的眾生，以其妄心「分別攬實法」而「假施設」〔註219〕出來的。

而國土世間就是果報眾生世間所依存的依報處，如說果報為地獄界的眾生，其所依住之處，必為其業因所招感而受生的一百三十六種地獄之中的一種，可見國土世間的特質，是依果報的不同而不同。

據此，龍樹所說的三種世間，以一念心對應到智顗所理解的《華嚴經》十法界是「一法界又具十法界、百法界」來看，則一一百法界具有「三十種世間」，因此，在天台止觀體系的法界思惟進路之中，便順理成章的構成「悉從心造」〔註220〕的三千種世間。但重點並不在於法界的數量是如何被算術合理化的，而在於其根本都是由天台觀行論能觀的一念心所妄幻出來的所觀境，是諸法還是實相？如果行人依能觀境所觀見的境界祇是諸法，那就是仍然陷身在迷、在無明之中而流轉不已；如果是實相，那就是悟、就是明、就是出離生死的解脫。更何況《法華經》說三昧有「百千萬億恆河沙等」，如此看來一念何祇三千？

祇是從這一條觀心的進路而實踐的行持之道，在檢證諸法與實相「於一念中，悉皆備足」的學理時，是如何被「三無差別」所證立的？因為能觀的一念心，在迷時所觀見的差別境，以其事相的差別而被行人規定為相對義的差別，就現象的片面性而論，自有在迷的合理性。反過來說，無差別境的之所以是無差別的，就在迷而論，也可能因一念心在迷而將差別混淆概括為無差別，通途所聞的籠統之辭，往往如此，所以當舍利弗三請世尊說「甚深微妙難解之法」〔註221〕時，世尊纔說了五句開場白〔註222〕，沒等把意思表達完整，就有五千個「罪根深重，及增上慢，未得謂得，未證謂證」〔註223〕的人，不堪領受而退席。而這些人之所以退席的原因，是佛陀在舍利弗接二連三的

〔註219〕智顗具云：「眾生世間，既是假名無體，分別攬實法，假施設耳！所謂惡道眾生，相、性、體、力、究竟等云云。」《摩訶止觀》，卷第五・上，〈觀心具十法門〉，《大正藏》，第四十六冊，頁53^c～54^a。

〔註220〕同上，頁53^a。

〔註221〕《妙法蓮華經》，卷第一，〈方便品第二〉，《大正藏》，第九冊，頁6^b。

〔註222〕「汝已慇懃三請，豈得不說？汝今諦聽！善思念之！吾當為汝分別解說。」同上，頁7^a。

〔註223〕同上。

慇懃啓請之下，決定把這一場法會的開場論題「佛所成就第一希有難解之法」給解明清楚，佛陀說：

> 佛所成就第一希有難解之法，唯佛與佛乃能究盡諸法實相，所謂諸法如是相、如是性、如是體、如是力、如是作、如是因、如是緣、如是果、如是報、如是本末究竟等。〔註224〕

就《華嚴》遊心法界與《法華》十如是的互攝關係而論，在智顗互具的思惟方法上，便自然而然的被整合到天台的思想體系中，智顗說：「此一法界具十如是，十法界具百如是。又，一法界具九法界，則有百法界千如是。」〔註225〕而在天台觀行論中，「諸法實相」是摩訶衍義的法理根據，是實、是本，十如是則是實相的體現方式，是事、是權、是跡；分開來義解，在能觀與所觀上是兩條相互對應的思惟系絡；總起來看，則是當體互具的圓證相，所以智顗以四句推檢，爲之進行檢證說：「一切法皆權，一切法皆實，一切法亦權亦實，一切法非權非實。」〔註226〕智顗的意思是說，從諸法的差別相論諸法，則諸法爲權；從無差別相論實相，則實相爲實；從諸法既是差別相又是實相論諸法與實相，則諸法與實相同爲權與實；從差別相論差別法與從無差別相論無差別法，則諸法既不是差別法實相也不是無差別法。智顗之所以有必要對諸法與實相在本質的理上與現象的事上進行辯證與檢證，是因爲深刻的理悟到，相對的片面苟執，有陷入矛盾論的危險，因此，祇有離四句，從「佛與佛乃能究盡」的無量義來圓證諸法與實相的關係，纔能解悟純一實相的圓頓義，智顗說：

> 無量義者，從一法生，其一法者，所謂無相。無相不相，名爲實相。從此實相，生無量法。……無相者，無生死相也；不相者，不涅槃相也。涅槃亦無，故言不相無相，指中道爲實相也。〔註227〕

「一法」的一，既不是能生的實體，因爲這是違經之說的常見；「一法」的法，也不是由實相派生出來的諸法，因爲這與圓教的中道義相違，而是「祇物論相遷，祇相遷論物」的能觀的一念心所當相照察的「一法」，智顗爲了

〔註224〕同上，頁5ᶜ。
〔註225〕《妙法蓮華經玄義》，卷第二・上，〈今依三法更廣分別〉，《大正藏》，第三十三冊，頁693ᵃ。
〔註226〕《妙法蓮華經文句》，卷第三・上，《大正藏》，第三十四冊，頁37ᵃ。
〔註227〕同上，卷第二・下，頁27ᶜ。

詮明諸法與實相非片面性的有機的統一性，且爲易解故，而立了一個打算盤的譬喻說：「從一派諸，收諸歸一。」〔註228〕但智顗是不會自己掉進「他生」〔註229〕的理論陷阱的，因爲智顗離四句的前提是「實相爲義處，從一義處，出無量法，得爲無量法，入一義處作序」〔註230〕，因此，智顗論析一法的本義是「無相」，但以「實相爲義處」所立「無相」義，並非斷見，而是「無相不相」，亦即無相無不相的中道實相義，所以說「從此實相，生無量法」的生，既不是他生，也不是自生，更不是共生或無因生的產物，而是從假入空的即生死相的諸法而爲「無生死相」的從空出假的「不涅槃相」，所以四句推檢的的結論，便是離四句所證立的第一義諦。

表四十九：能觀十乘與所觀十境百法成乘關係表

能觀十乘	所觀十境									
觀不可思議境	觀陰入界境	觀煩惱境	觀病患境	觀業相境	觀魔事境	觀禪定境	觀諸見境	觀增上慢境	觀二乘境	觀菩薩境
起慈悲心	觀陰入界境	觀煩惱境	觀病患境	觀業相境	觀魔事境	觀禪定境	觀諸見境	觀增上慢境	觀二乘境	觀菩薩境
巧安止觀	觀陰入界境	觀煩惱境	觀病患境	觀業相境	觀魔事境	觀禪定境	觀諸見境	觀增上慢境	觀二乘境	觀菩薩境
破法遍	觀陰入界境	觀煩惱境	觀病患境	觀業相境	觀魔事境	觀禪定境	觀諸見境	觀增上慢境	觀二乘境	觀菩薩境
識通塞	觀陰入界境	觀煩惱境	觀病患境	觀業相境	觀魔事境	觀禪定境	觀諸見境	觀增上慢境	觀二乘境	觀菩薩境
修道品	觀陰入界境	觀煩惱境	觀病患境	觀業相境	觀魔事境	觀禪定境	觀諸見境	觀增上慢境	觀二乘境	觀菩薩境
對治助開	觀陰入界境	觀煩惱境	觀病患境	觀業相境	觀魔事境	觀禪定境	觀諸見境	觀增上慢境	觀二乘境	觀菩薩境
知次位	觀陰入界境	觀煩惱境	觀病患境	觀業相境	觀魔事境	觀禪定境	觀諸見境	觀增上慢境	觀二乘境	觀菩薩境

〔註228〕同上。
〔註229〕龍樹說：「諸法不自生，亦不從他生，不共不無因，是故知無生。」參見《中論》，卷第一，〈觀因緣品第一〉，《大正藏》，第三十四冊，頁2b。
〔註230〕《妙法蓮華經文句》，卷第三·上，《大正藏》，第三十冊，頁27c。

能安忍	觀陰入界境	觀煩惱境	觀病患境	觀業相境	觀魔事境	觀禪定境	觀諸見境	觀增上慢境	觀二乘境	觀菩薩境
無法愛	觀陰入界境	觀煩惱境	觀病患境	觀業相境	觀魔事境	觀禪定境	觀諸見境	觀增上慢境	觀二乘境	觀菩薩境

綜上所論，智顗從龍樹的三種世間的世間觀，與《華嚴》十法界的遊心觀的自在相義，合會上諸法實相論在事相上的十如是，以爲權實當體相即的既是「一念三千」又是同格的「一法攝一切法」的法界觀。因此，就能觀的一念心論所觀的十境，在學理的運用上，便成爲一重的能觀具十境的所觀的原則，而十重的能觀原理，便具成百法成乘的能觀與所觀不一不異的證現勝相的圓教義。

第四目　所觀十境與能觀十乘的關係

智顗是在別義的基礎上，將所觀境在《法華玄義》中，通過化法四教的判釋，總結爲在《摩訶止觀》中通義的「互發」論證，智顗指出十境互發的關係時說：

> 陰、入一境常自現前，若發不發恆得爲觀，餘九境發可爲觀，不發何所觀？……互發有十，謂次第不次第、雜不雜、具不具、作意不作意、成不成、益不益、久不久、難不難、更不更、三障四魔，九雙七隻。〔註231〕

陰、入、界境具有時時現前的特性，所以智顗根據《摩訶般若波羅蜜經》的經意，將之立爲初觀境，且在行者修觀時，不論陰、入、界境生起或不生起，都需要對之照察。至於煩惱境等九境，如果在觀行之中生起，就當下對之進行照察，如果未生起，則不須刻意去觀照。由此可知，十境的生起或不生起，除了陰、入、界境「恆得爲觀」之外，其他的所觀境沒有生發或不生發的必然性，因此，行者在修觀時，不必依序定執，纔不至於造成困擾，何況十境的生發，具有相當的複雜性。智顗爲了避免學人在沒有充分理解諸境互發的種種特殊現象之前，就冒然進行修觀，以致「大起疑網」〔註232〕，所以指出「九雙七隻」的互發現象，要學人在修觀之前就明白，以便在所觀的對境生起之際，有足夠的簡擇能力，去分明照察，而一任「恣其變怪」〔註233〕，

〔註231〕《摩訶止觀》，卷第五‧上，〈第七正修止觀者〉，《大正藏》，第四十六冊，頁49c。
〔註232〕同上。
〔註233〕同上。

不爲所惑的「心安若空」〔註234〕，從而如實觀行。爲易解故，特將諸境互發的現象，裂爲解析表。

表五十：諸境互發解析表

次第不次第	次第	法	次第淺深法。
		修	先世已曾研習次第，或此世次第修。
		發	依次修而次發。
	不次第	法	眼、耳、鼻、舌，陰、入、界等，皆是寂靜門，亦是法界，何須捨此就彼？是以十境，俱爲法界。
		修	若四大違返，則先修病患；若四分增多，則先修煩惱；如是一一隨強者先修。
		發	發則不定，或前發菩薩境，後發陰、入，雖不次第，十數宛足。
雜不雜	雜發		適發陰、入，復起煩惱，煩惱未謝，復業復魔，禪、見、慢等，交橫並沓。
	不雜		發一境已，更發一境，歷歷分明。
具不具	具		十境統統生發。
	不具		十境未必全部生發。
作意不作意	作意		作意修陰、界、入，界、入開解是修發。
	不作意		不作意陰、界、入，自發通達色心，是不修發。
成不成	成		若發一境，究竟成就，成就已謝，更發餘境，餘境亦究竟成。
	不成		若發一種，乍起乍滅，非但品數缺少，於分分中，亦曖昧不明。
益不益	益		或發惡法，於止觀巨，益明靜轉深。
	不益		或發善法，於止觀大損，損其靜照，或增靜損照，或損靜增照，俱增俱損。
久不久	久		自有一境久久不去。
	不久		或有一境即起即去。
難不難	難		或惡法，或善法，不易生發。
	不難		或惡法，或善法，俱易生發。
更不更	更		自有一境，一更兩更，乃至多多。
	不更		自有一境，一發即休，後不復發。

〔註234〕同上。

三障四魔	三障	報障		陰、入、界境、病患境。
		煩惱障		煩惱境、諸見境、增上慢境。
		業障		業相境、禪定境、二乘境、菩薩境。
	四魔	五陰魔	陰魔	陰、入、界境。
			除魔	業相境、禪定境、二乘境、菩薩境。
		煩惱魔		煩惱境、諸見境、增上慢境。
		死魔		病患境。
		天子魔		魔事境。

　　從裂解表中，不難一目瞭然的看出所觀境生發的現象與所屬的特質，行者祇要於修觀的當下，照察分明，就可以不被境界所轉，而跟著隨順生死流，不知伊於胡底，因此，一旦依循能觀的十重方法「橫豎收束」有方，就能逆流而出，從而如實證顯法華圓教的真實法，祇是諸法與實相都是一念心所具足的勝相。在此，為了詳明能觀十境與所觀十乘的具體觀行關係，茲舉能觀的「不可思議境」一境，與《摩訶止觀》所具說的能觀境的前七境，開為能觀與所觀的關係表。

表五十一：能觀十乘與所觀十境在觀行上的具體關係實例表

所觀十境	能觀十乘（以能觀的「不可思議境」為例）
觀陰、入、界境	如《華嚴》云：「心如工畫師，造種種五陰，一切世間中，莫不從心造。」（《大》46-52ᶜ）
觀煩惱境	如《無行》云：「貪欲即是道，恚癡亦如是，如是三法中，具一切佛法。」（《大》46-103ᵇ）
觀病患境	《金光明》云：「直聞是言，病即除愈。」（《大》46-110c）
觀業相境	《法華經》云：「深達罪福相，遍照於十方。」（《大》46-114a）、（《大》9-35ᵇ）
觀魔事境	若即此魔事，具十界百法，在一念中，一切法趣魔，如一夢法，具一切事，一魔一切魔，一切魔一魔，非一非一切，亦是一魔一切魔，一佛一切佛，不出佛界，即是魔界，不二不別，如此觀者，降魔是道場。（《大》46-116ᵇ）
觀禪定境	若發一念定心，或味、或淨，乃至神通，即知此心，是無明、法性、法界、十界、百法、無量定亂，一念具足。（《大》46-131ᵃ）
觀諸見境	《淨名》云：「諸佛解脫，當於眾生心行中求，當於六十二見中求。」（《大》46-140ᵇ）

觀增上慢境	不說
觀二乘境	
觀菩薩境	

　　百法成乘的能觀與所觀及諸境互發的關係與原理的開展，無非都是爲了完善建基於「前方便」的天台觀行論，在學理上具有的法教憑藉，在實踐上具有可操作性，從而教行人得以依之證顯諸法實相的圓教義，因此，智顗一準《法華經》義，總結說：「是十種法，名大乘觀，學是乘者，名摩訶衍。……觀念念心，無非法性實相。」〔註235〕

第五目　結　語

　　本節一開始，即便不厭其詳的申論智顗開悟的根據，並著重詮明修持天台觀行法門的必要條件，緊接著指出證現勝相的圓教義，直到最後纔將能觀十乘與所觀十境的結構，做出百法成乘及其互具關係之指要，這無非是爲了彰顯理論與實踐在天台止觀思想中互爲圓具的特性，如說徒有完美的理論，而無具體可行的教案，顯見於理不成，而徒有素樸的淺層經驗，無深湛圓美的理論，於法亦不成，是不證自明的道理。因此，智顗明確的說：「學禪觀者亦如是，唯知一法，或止或觀，擬破少惡，寂心行道，得少禪定，攝少眷屬，便以爲足，如匹夫鬥耳！欲作大禪師，破大煩惱，顯無量善法，益無量緣，當學十法止觀，洞達意趣，於六緣六受，行用相應。」〔註236〕不然，儘管「讀誦止觀甚利，心不行用，無生終不現前」〔註237〕，可見智顗並不是爲了理論的需要纔講說止觀，而是爲了學人能行持有方，如自己一般的證會諸法實相的眞實義，得究竟樂，纔以行塡願，廣開法筵，慇懃垂布，示教利喜。

〔註235〕《摩訶止觀》，卷第七・下，《大正藏》，第四十六冊，頁100ᵃ。
〔註236〕同上，頁101ᵇ⁻ᶜ。
〔註237〕同上，頁101ᶜ。

第四章　天台圓教十乘觀法的圓頓觀

　　在第三章第三節「能觀十乘指要」的破題中，綜成智顗以通義的思惟方式，論析《摩訶止觀》十章與所觀十境、能觀十乘的整全結構之於天台圓教的止觀義，是天台圓教菩薩之所以能「疾入菩薩位」的圓具思想在觀行上的總體體現，是將經教、律典、大乘論師所證說者「該括周備」的圓意與巧法，因此，內在於「橫豎收束」的天台觀行體系，修習天台圓教觀行的菩薩學人，就其能觀的一念心而論，不論呈顯在一念心上的諸法之於智顗所具陳的十境中，發相或不發相，以及所發相是否「十數宛足」，都可以一任所觀境「恣其變怪」，而不會再「大起疑網」的岐道自失，除非行人沒有領解智顗之所以講說《摩訶止觀》在使其能夠「先若聞之」的立義，纔會在實踐之際，對境「不知所從」，即使在所觀第十境的「菩薩境」，如果「六度菩薩」無法正確體解能觀與所觀的觀解關係，也會因伴隨諸法而生起的「疑網」，誤入《大品般若波羅蜜經》所說「即起誹謗，墮泥犁中」〔註1〕的岐途，所以彌勒菩薩告訴須菩提怎該樣修持，纔是「不取相迴向阿耨多羅三藐三菩提」〔註2〕之後，仍然滿懷悲心的說：

　　　　若諸菩薩不久行六波羅蜜，……聞說深般若波羅蜜呰毀，呰毀深
　　　般若波羅蜜故，則爲呰毀過去、未來、現在諸佛一切智、一切種智，

〔註1〕《摩訶止觀》，卷第五‧上，〈第七正修止觀者〉，《大正藏》，第四十六冊，頁49^b。「泥」《大正藏》作「泯」，查現存《大正藏》中無「泯犁」這樣的複合詞，顯係傳鈔所訛，依文意並覆覈《乾隆大藏經》，應作「泥犁」。參見《乾隆大藏經》，彰化，乾隆版大藏經刊行處，1997，第一百二十冊，頁281^b。

〔註2〕《摩訶般若波羅蜜經》，卷第十一，〈隨喜品第三十九〉，《大正藏》，第八冊，頁298^a。

是人毀呰三世諸佛一切智故，起破法業，破法業因緣集故，無量百千萬億歲墮大地獄中，是破法人輩，從一大地獄，至一大地獄。〔註3〕

「不取相」就是不著相，就是證顯諸法實相的德用，所以從彌勒菩薩對祇聽聞深法而不起身實踐的行人，有但說理論卻無證境而在一念心起的同時，無從照察自心與所觀境的實相，以致動念失道，甚至把一念心固著在諸法上，而徒然生起邪見，進而以邪解破斥如來的正法義之虞，以致在無量劫中，輾轉流浪諸大地獄，不得解脫。因此，龍樹認為，這樣的菩薩，儘管「久發意」，但卻因一念心在迷，而「不信不受，從坐起去」〔註4〕，然後「即起愚癡業因緣，得愚癡業因緣故，疑悔惡邪，著心轉增，著心轉增故，於大眾中，毀呰破壞般若波羅蜜，破壞般若波羅蜜故，破三世十方諸佛一切智，破三世十方諸佛一切智罪故，轉身墮大地獄。」〔註5〕從龍樹的論析中，可見隨諸法而轉境的行人，縱使是個入門已久的學者，如果不再時時檢點能所圓具的義理，也會因一念在迷，而陷入無明闇愚的惑境，而對正法造出「疑悔惡邪」的斷法之業，更嚴重的是破壞諸佛「總破一切法中無明闇」〔註6〕的「一切智罪」，這明白顯示了智顗所說的修持觀行的學人，有必要在行持的當體，即以與對境相應的智慧，分明覺知能所不一不異的勝境，纔不至於在「有魔來與記」〔註7〕的時候，跟著「破壞般若波羅蜜」，破壞「三世十方諸佛一切智」，而隨順生死流的往地獄道退墮。所以智顗在論證十乘觀法「九雙七隻」的互發現象之前，即就所判釋的化法四教行人，立下因修觀而「動生死輪」〔註8〕的同時，唯其「入真道不謗」〔註9〕，纔能安心修持觀行的實踐基準。

〔註3〕同上，頁298ª～304ᶜ。

〔註4〕《大智度論》，卷第四十，〈釋信謗品第四十一〉，《大正藏》，第二十五冊，頁502ª。

〔註5〕同上。

〔註6〕龍樹說：「一切智者，總破一切法中無明闇，一切種智者，觀種種法門破諸無明，一切智譬如說四諦，一切種智譬如說四諦義，一切智者，如說苦諦，一切種智者，如說八苦相，一切智者，如說生苦，一切種智者，如說種種眾生處處受生。」《大智度論》，卷第二十七，〈釋初品大慈大悲義第四十二〉，《大正藏》，第二十五冊，頁259ª。

〔註7〕《摩訶止觀》，卷第五．上，〈第七正修止觀者〉，《大正藏》，第四十六冊，頁49ᵇ。

〔註8〕同上。

〔註9〕同上，頁49ᶜ。

從第三章第三節第四目「所觀十境與能觀十乘的關係」而論，順著表五十「諸境互發解析表」所分析的十重方法「橫豎收束」的義理，與表五十一「能觀十乘與所觀十境在觀行上的具體關係實例表」所開展的百法成乘的互具原理，天台觀行論從次第止觀、不定止觀發展到圓頓止觀時，再來回顧觀行次第的問題，就智顗圓融的通義的思惟方式而論，如果誤讀智顗另有別義的立義，便會輕忽內在於圓教通別亦一亦異，亦不一不異的學理，因此，灌頂在全面掌握智顗的觀行學說之後，首先在方法論上確立不可思議義的通義的合理性，其次分析別義義亦是「不思議境智」〔註 10〕的合理內核，因此，爲了「令義易明了」〔註 11〕之故，爲了「四悉檀因緣」〔註 12〕之故，得有內在於圓頓止觀中的次第止觀、不次第止觀，以爲互得智顗之意。茲先將灌頂的「十通論」，裂解爲十境互具關係表，再論別義中的次第關係。

表五十二：灌頂「十通論」十境互具關係表

通義十境	十境互具關係
觀陰、入、界境	〔通言陰、入、界境者〕受身之始，無不有身，諸經說觀，多從色起，故以陰爲初耳！以陰本、陰因、陰患、陰主、善陰，又陰因、別陰等。（《大》46-50^c）
觀煩惱境	通言煩惱者，見慢同煩惱，陰、入病是煩惱果，業是煩惱因，禪是無動業，業即煩惱用，魔即統欲界，即煩惱主，二乘菩薩，即別煩惱攝（《大》46-50^c）
觀病患境	通稱病患者，陰、界、入即病本，煩惱、見、慢等即是煩惱病。……魔能作病，三災爲外過患，喘息喜樂是內過患；禪有喜樂，即病患也；二乘菩薩即是空病，空病亦空。（《大》46-50^c～51^a）
觀業相境	通稱業者，陰、入是業果，煩惱、見、慢是業本，病是業報，魔是魔業，禪是無動業，二乘菩薩是無漏業。（《大》46-51^a）
觀魔事境	通稱魔者，陰、入即陰魔，煩惱、見、慢即煩惱魔，病是死魔，魔即天子魔，餘者皆是行陰魔攝。（《大》46-51^a）
觀禪定境	通稱禪定者，禪自是其境，陰、入、煩惱、見、慢、業等，悉是十大地中，心數定攝；魔是未到地定果，亦是心數定攝；二乘菩薩淨禪攝，又，三定攝之。上定攝菩薩、二乘，中、下二定攝八境。（《大》46-51^a）

〔註 10〕 同上，頁 51^b。
〔註 11〕 同上，頁 50^c。
〔註 12〕 同上，〈第七正修止觀者・第一觀陰、入、界境者〉，頁 54^c。

觀諸見境	通稱見者，陰、入即我見、眾生見，煩惱具五見，病，壽者、命者見，業、禪等作者見，亦是戒取見，魔是使作者、使受者使起等攝。又，生死即邊見攝，慢即我見攝，二乘、方便菩薩等，皆曲見攝。(《大》46-51ª)
觀增上慢境	通稱慢者，陰、入我慢攝，煩惱即慢慢攝，病患不如慢攝，業即憍慢攝，由憍故造業，魔即大慢攝，禪即憍慢攝，見亦大慢攝，二乘菩薩增上慢攝。(《大》46-51ª)
觀二乘境	通稱二乘者，四念處、四諦法，攝九境也。(《大》46-51ª)
觀菩薩境	通稱菩薩境者，以四弘誓，攝得九境。(《大》46-51ª)

表五十三：灌頂「十通論」十境互具關係表解之一

觀煩惱境		觀病患境		觀業相境		觀魔事境	
九境	煩惱境	九境	病患境	九境	業相境	十境	魔事境
見	煩惱	陰界入	病本	陰	業果	陰入	陰魔
慢		煩惱	煩惱病	煩惱	業本	煩惱	煩惱魔
陰入	煩惱果	見		見		見	
病		慢		慢		慢	
業	煩惱因	業	病	病	業報	病	死魔
禪	煩惱用	魔	能作病	魔	魔業	魔	天子魔
魔	煩惱主	禪	喜樂即是病患	禪	無動業	業	行陰魔
二乘	別煩惱	二乘	空病	二乘	無漏業	禪	
菩薩		菩薩		菩薩		二乘	
						菩薩	

表五十四：灌頂「十通論」十境互具關係表解之二

觀禪定境		觀諸見境		觀增上慢境	
九境	禪定境	九境	諸見境	九境	增上慢境
禪	禪定境	陰入	我見	陰入	我慢
			眾生見		
陰入	心數定	煩惱	五見	煩惱	慢慢
煩惱		病	壽者見	病	不如慢
			命者見		

見		業	作者見	業	憍慢
慢		禪	戒取見	禪	
業		魔	使作者	魔	大慢
			使受者		
			使起者		
魔		慢	我見	見	
二乘	淨禪	二乘	曲見	二乘	增上慢
菩薩		方便菩薩		菩薩	

　　從「十境互具關係表」與「表解」中，諦審灌頂之所縱論，可以清晰的義解天台觀行論的整全架構，是既複邏而又原理高度統整的實踐方案，也就是說，「南岳傳天台三種止觀」的關係，所具有的內在聯繫，自始至終都是強聯繫，是不著痕跡的被智顗獨特的思惟方法「織成部帙」。因此，學人如能在發用百法成乘的行持之前，即已全盤通解，那麼，一準次第、不次第，乃至圓頓止觀之進路以修觀，都能在「三止三觀，不縱不橫，不並不別」〔註13〕的原則上，透徹體解智顗立論的目的，就能「任運達於止觀」〔註14〕，智顗說：「此心即具一切菩薩功德，能成三世無上正覺。」〔註15〕而其功德的無上究竟義，全都體現在「止觀即菩提，菩提即止觀」〔註16〕這一總綱領之中。

　　至於別義中的次第關係，灌頂在論證十通義之後，把論旨繳還智顗「但觀識陰」的立論基點，而得出「陰是受身之本，又是觀慧之初，所以別當其首。此一境亦通亦別，後九境從發異相受名，但得是通是別，不得是亦通亦別」〔註17〕的結論，因此，得以以「觀煩惱境」乃至「觀菩薩境」論別，灌頂說：「隨事別判，若解發朗然，無九境相者，此則止觀氣分，但得通別，不得亦通亦別耳！」〔註18〕職是之別，故有別義的成立，灌頂說：

　　　　四念處是陰別，觀空聚是入別，無我是界別，五停心煩惱別，

　　　　八念病別，十善業別，五繫魔別，六妙門禪別，道品見別，無常、

〔註13〕《摩訶止觀》，卷第三・上，〈四通三德者〉，《大正藏》，第四十六冊，頁23ª。
〔註14〕同上，卷第一・上，〈中、約弘誓顯是者〉，頁9ᶜ。
〔註15〕同上。
〔註16〕同上，頁9ᶜ～10ª。
〔註17〕同上，卷第五・上，〈第七正修止觀者〉，頁51ᵃ⁻ᵇ。
〔註18〕同上，頁51ᵇ。

苦、空慢別，四諦、十二緣二乘別，六度菩薩別。〔註19〕

茲開爲表解，再與次第止觀合會而觀，以便融通次第止觀與圓頓止觀的觀行方法，是既圓頓而又次第的互義。

表五十五：灌頂「十境」別義對應表

陰別	入別	界別	煩惱別	病別	業別	魔別	禪別	見別	慢別			二乘別		菩薩別
四念處	觀空聚	無我	五停心	八念	十善	五繫	六妙門	道品	無常	苦	空	四諦	十二緣	六度

表五十六：灌頂圓頓止觀別義與《次第禪門》可得互有其義對應表

四念處	觀空聚	無我	五停心	八念	十善	五繫	六妙門	道品	無常	苦	空	四諦	十二緣	六度
亦世間亦出世間禪	世間禪	出世間禪	外方便、內方便	出世間禪	世間禪	內方便	亦世間亦出世間禪	亦世間亦出世間禪	出世間禪			亦世間亦出世間禪	內方便	外方便

透過「灌頂『十境』別義對應表」與「灌頂圓頓止觀別義與次第禪門可得互有其義對應表」的對顯，可以在類比的同時，進行次第意的分析。茲依《次第禪門》的講說體系爲序，簡除「不說」的「非世間非出世間禪」，從外方便起，表解爲「後九境從發異相受名，但得是通是別」的別義，陳說內在於《次第禪門》的攝屬關係：

表五十七：十境別義內在於《次第禪門》的攝屬關係表

十境別義	內在於《次第禪門》的攝屬關係
煩惱別	「五停心」的「數息觀」係外方便，屬「調五法攝」；「不淨觀」係內方便，驗善根性，屬「內善根發相攝」；「慈悲觀」係內方便，驗善根性，屬「內

〔註19〕同上。

	善根發相攝」；緣起觀係內方便，驗善根性，屬「內善根發相攝」；「界分別觀」係出世間禪，無漏禪，屬「壞法攝」，對治著我，修證五陰、十二入、十八，我等十六知無我見。
二乘別	「十二緣」係內方便，驗善根性，屬「內善根發相攝」。
魔別	「五繫」，係「內方便」，屬「覺魔事攝」。
菩薩別	「六度」的「精進」度，係外方便，屬「行五法」攝；「布施度」係「內方便」，驗善根性，屬「外善根發相」攝；「持戒度」與「忍辱度」係「內方便」，驗善根性，屬「外善根發相攝」。
入別	「觀空聚」係世間禪，有漏禪，四無色定，析空觀，觀內外色盡。
業別	「十善」係世間禪，有漏禪，屬「初禪發相攝」。
陰別	「四念處」係亦世間亦出世間禪，亦有漏亦無漏禪，屬「十六特勝觀門攝」。
禪別	「六妙門」屬亦世間亦出世間禪攝。
見別	「道品」係亦世間亦出世間禪，亦有漏亦無漏禪，屬「十六特勝觀門攝」。
二乘別	「四諦」係亦世間亦出世間禪，亦有漏亦無漏禪，屬「觀門攝」。
界別	「無我」係出世間禪，無漏禪，屬「壞法攝」，修證苦即無我，五陰、十二入、十八，我等十六知見，皆不可得，捨一切諸見執著，心無所取，便得解脫。
病別	「八念」係出世間禪，無漏禪，屬「壞法攝」，修證念佛、念法、念僧、念戒、念捨、念天，念出入息，念死除怖畏。
慢別	「無常、苦、空」係出世間禪，無漏禪，分屬「壞法攝」、「十想攝」。

誠如灌頂對天台止觀思想在觀心的行持上，洞達智顗「百界千法，於一念中，悉皆備足」的《華嚴》十法界的遊心觀的自在相義，而在「私料簡」中，即開宗明義的指出：「譬如大地一，能生種種芽」〔註20〕的所生的諸法具有普遍義，並詮明「須彌容芥，芥容須彌」〔註21〕的開則三千大千，合則「但觀識陰」的一念的觀行義，最後總為「法性自爾，非作所成，如一微塵，具

〔註20〕同上，頁 51°。德首菩薩說：「雨渧無分別，諸佛法如是，猶如大地一，能生種種芽，地性無別異，諸佛法如是。」參見晉譯《大方廣佛華嚴經》，卷第五，〈菩薩明難品第六〉，《大正藏》，第九冊，頁 428ᵃ。
〔註21〕同上。佛陀告訴迦葉說：「復有菩薩摩訶薩住大涅槃，能以三千大千世界，入於芥子，其中眾生亦無迫迮及往來想，如本不異。……復有菩薩摩訶薩住大涅槃，以十方世界內一塵中，其中眾生亦無迫迮往返之想，唯應度者乃能見之，乃至本處亦復如是。」參見《南本大般涅槃經》，卷第四，〈四相品第七之一〉，《大正藏》，第十二冊，頁 628ᵃ⁻ᵇ。

十方分」〔註 22〕的實相非斷、非常、非造作義。因此，不論總說義在通，或分說義在別，儘管諸法自爾，實相自爾，祇要行人於修持觀行的當下體達諸法實相即「法性自爾」，即可證顯現前的勝相，即「但觀識心」的現前義，然為「令義易明了」故，得有十乘次第觀的因緣說。

第一節　「端身正坐」的圓頓觀

　　修習天台止觀的方法有兩種，即「端坐觀陰、入」〔註 23〕與「歷緣對境觀陰界」〔註 24〕，但智顗為甚麼要做這樣的劃分呢？智顗說：

　　　　端身常坐，乃為入道之勝要，而有累之身，必涉事緣；若隨緣
　　對境而不修習止觀，是則修心有間絕，結業觸處而起，豈得疾與佛
　　法相應？若於一切時中，常修定慧方便，當知是人必能通達一切佛
　　法。〔註25〕

　　端坐觀陰、入，包含三個部分，即「正示境體，陰、入、界三，並可為境」〔註26〕，湛然所說的「境體」，就內在於智顗的止觀思想本身來說，即所觀境之體的能觀境，也就是有能力識取所對境的一念心，因此，湛然在釐析智顗以權實觀論究法華思想中的妙位義理時，規定了體、宗、用所涵具的限定義，湛然說：「言體、宗、用足者，境體也，行宗也，智用也。」〔註27〕可見行者端身正坐修習止觀，在「身開常坐，遮行、住、臥，或可處眾，獨則彌善，居一靜室，或空閑地，離諸喧鬧，安一繩床，傍無餘座，九十日為一期」〔註28〕的特殊條件下，以身開常坐觀並可為境的陰、入、界三境，為入

〔註22〕同上。智顗說：「如《釋論》解檀波羅蜜，破外道隣虛云。此塵為有？為無？
　　　　若有，極微色則有十分；若無，極微色則無十方分；若析極微色不盡，則
　　　　成常見、有見；若析極微盡，則成斷見、無見；此外道析色也。析心亦如是，
　　　　若計有心、無心皆墮斷、常，此皆外道析色心也。」《摩訶止觀》，卷第三‧
　　　　下，〈第五明偏圓者〉，《大正藏》，第四十六冊，頁 32^a。
〔註23〕同上，卷第七‧下，頁 100^b。
〔註24〕同上。
〔註25〕隋‧智顗述，《修習止觀坐禪法要‧正修行第六》，《大正藏》，第四十六冊，
　　　　頁 467^c。
〔註26〕《止觀輔行傳弘決》，卷第五之一，《大正藏》，第四十六冊，頁 291^a。
〔註27〕《法華玄義釋籤》，卷第十，《大正藏》，第三十三冊，頁 883^b。
〔註28〕《摩訶止觀》，卷第二‧上，〈二勸進四種三昧入菩薩位〉，《大正藏》，第四十
　　　　六冊，頁 11^b。

道之勝要。本節係針對此一入道之勝要而論，至於「隨緣對境」的部分，將於第二節詳及。

第一目　十乘的圓教義

　　智顗說：「觀心具十法門，一、觀不可思議境，二、起慈悲心，三、巧安止觀，四、破法遍，五、識通塞，六、修道品，七、對治助開，八、知次位，九、能安忍，十、無法愛也。」〔註29〕在第二章第二節「十乘觀法主要典據晷析」中，已就智顗所提出的能觀境的思想根源，進行論說與釋義，並指出智顗「以五義釋經題，四釋消文句」的獨特釋經學方法，完成「以十章宣演明淨法門，於是解行俱陳，義觀兼舉」的《摩訶止觀》的觀行體系，是智顗在研覈三藏十二部小大偏眞的法教之後，在「心淨行勤」的實際行持，並藉以豁然悟入法華一乘圓實教之後，所體證出來的「契理符文」的縝密學理。茲從十乘的義理與所觀境的次第觀的關係，詳論如下。

　　天台止觀之所以成立的目的，誠如第二章第二目「智顗對觀行思想的抉擇方式」所及，智顗的目的，不在於做學問，而在於建設如何從實踐中證顯諸法實相的原理原則，以便使後來的行者，能夠在義理整全的基礎上，因依根性的不同，而適切的把握到入手之處，以免誤入「執摩訶衍，通、別、圓四門失意」的岐路。就四門而論十乘觀法，在講說《摩訶止觀》的前一年，隋開皇十三（593）年夏，智顗就在荊州玉泉寺弘講《妙法蓮華經玄義》，這部講要，可以說是天台釋經學、思想論與教相論的集大成，更是圓熟觀行論的先聲，其第八卷・下，「第四明入實相門者」，即以有門、空門、亦有亦空門、非有非無門，論證化法四教能觀十乘爲十六門，智顗說：「方法難可示人，且約法、行觀門，即爲十意：一、識所觀境，二、眞正發心，三、遵修定慧，四、能破法遍，五、善知通知塞，六、善用道品，七、善用對治，八、善知次位，九、善能安忍，十者、法愛不生，《阿毘曇》中，具此十意。」〔註30〕茲「依有門修觀」〔註31〕簡除藏、通、別「十二思議之門」〔註32〕，與《摩訶止觀》「觀心具十法門」對論，茲先將相應文本錄出爲對開表。

〔註29〕同上，卷第五・上，〈第一觀陰、入、界境者〉，頁52b。
〔註30〕《妙法蓮華經玄義卷》，卷第八・下，〈第四明入實相門者〉，《大正藏》，第三十三冊，頁785c。
〔註31〕同上，第九・上，〈次明圓門入實觀者〉，頁789c。
〔註32〕同上。

表五十八：《法華玄義》圓門入實觀與《摩訶止觀》觀心具十法門文本
　　　　對開表

識所觀境	〔一、識所觀境者〕，不思議境，即是一實四諦，謂生死苦諦不可思議，即空、即假、即中。即空故方便淨，即假故圓淨，即中故性淨。三淨一心中得，名大涅槃。……故名不可思議四諦也。不可復滅，此即生死之苦諦，是無作之滅，亦是集道也。煩惱集諦不可思議，即空、即假、即中。即空故名一切智，即假故名道種智，即中故一切種智，三智一心中得，名大般若。……不可復得，此即煩惱之集，而是無作道諦，亦是苦滅，故名不思議一實四諦也。亦是眞善妙色，何者？生死即空故名眞，生死即假故名善，生死即中故名妙，此名有門不可思議境也。（《大》33-798^c）
觀不可思議境	若解一心一切心，一切心一心，非一非一切；一陰一切陰，一切陰一陰，非一非一切；一入一切入，一切入一入，非一非一切；一界一切界，一切界一界，非一非一切；一眾生一切眾生，一切眾生一眾生，非一非一切；一國土一切國土，一切國土一國土，非一非一切；一相一切相，一切相一相，非一非一切；乃至一究竟一切究竟，一切究竟一究竟；非一非一切，遍歷一切皆是不可思議境。若法性無明合，有一切法，陰、界、入等，即是俗諦；一切界、入是一法界，即是眞諦；非一非一切，即是中道第一義諦，如是遍歷一切法，無非不思議三諦。（《大》46-55^{a-b}）
真正發心	二、發眞正心者，一切眾生即大涅槃。云何顛倒，以樂爲苦？即起大悲，興兩誓願，令未度者度，令未斷者斷，一切煩惱，即是菩提。云何愚闇，以道爲非道？即起大慈，興兩誓願，令未知者知，未得者得。無緣慈悲，清淨誓願，慈善根力，任運吸取，一切眾生也。（《大》33-798^c～799^a）
起慈悲心	思惟彼我，鯁痛自他，即起大悲，興兩誓願，眾生無邊誓願度，煩惱無數誓願斷。眾生雖如虛空，誓度如空之眾生；雖知煩惱無所有，誓斷無所有之煩惱；雖知眾生數甚多，而度甚多之眾生；雖知煩惱無邊底，而斷無底之煩惱；雖知眾生如如佛如，而度如佛如之眾生；雖知煩惱如實相，而斷如實相之煩惱。……如此慈悲誓願與不可思議境智，非前非後，同時俱起，慈悲即智慧，智慧即慈悲，無緣無念，普覆一切，任運拔苦，自然與樂，不同毒害，不同但空，不同愛見。（《大》46-56^{a-b}）
遵修定慧	三、安心者，既體解成就，發心具足，豈可臨池觀魚，不肯結網？裏糧束腳，安坐不行？修行之要，不出定慧，譬如陰陽調適，萬物秀實，雨旱不節，焦爛豈生？若兩輪均平，是乘能運，二翼具足，堪任飛升，體生死即涅槃名爲定，達煩惱即菩提名爲慧，於一心中巧修定慧，具足一切行也。（《大》33-799^a）

巧安止觀	教他〔安心者〕，眾生心行不定，或須臾而鈍，須臾而利，任運自爾，非關根轉，亦不數習；或作觀不徹，因聽即悟；或久聽不解，暫思即決。是故更論轉根安心，若法行轉為信行，逐其根轉，用八番悉檀，而授安心；若信行轉成法行，亦逐根轉，用八番悉檀，而授安心。……自行安心者，當觀察此心，欲何所樂？若欲息妄，令念想寂然，是樂法行，若樂聽聞〔註33〕，徹無明底，是樂信行。（《大》46-58ᵇ）
能破法遍	四、破法遍者，以此妙慧，如金剛斧，所擬皆碎；如無翳日，所臨皆朗。若生死即涅槃者，分段、變易，苦諦皆破；若煩惱即菩提者，四住、五住，集諦皆破。雖復能破，亦不有所破，何者？生死即涅槃，故無所破也。（《大》33-799ᵃ）
破法遍	總者，祇曰無明一念心，此心具三諦，體達一觀，此觀具三觀。……今聞一心因緣生者，即懸超前來一切次第因緣生法，懸識不可思議因緣生法。……今聞一心即是空，懸超前來次第諸空，懸識不可思議畢竟妙空。……今聞一心即假，懸超前來次第之假，懸識雙照二諦之假。今聞非空非假者，懸超前來諸空皆非空諸假皆非假。……今聞非有非無，懸超前來諸非有非無，懸識中道不可思議非有非無。……若論道理祇在一心，即空、即假、即中，如一剎那而有三相，三相不同生、住、滅、異。一心三觀亦如是，生喻假有，滅喻空無，住喻非空非有，三諦不同而祇一念，如生、住、滅、異祇一剎那。（《大》46-84ᶜ～85ᵃ）
善知通知塞	五、識通塞者，如主兵寶，取捨得宜，強者綏之，弱者撫之，知生死過患名為塞，即涅槃名為通，煩惱惱亂名為塞，即是菩提名為通，始從外道四見，乃至圓教，四門皆識通塞。節節執著即是塞，節節亡妙名為通，若不識諸法夷嶮，非但行法不前，亦亡去重寶也。（《大》33-799ᵃ）
識通塞	若一心三觀法相，即破豎中之通塞；三觀一心，破橫中之通塞；空即三觀，故破步涉山壁，三百之通塞；假即三觀，破乘馬，四百之通塞；中即三觀，破神通之通塞。……若於一一法、一一能、一一所，皆即空、即假、即中，具諦緣度，是名無通、無塞，雙照通塞。（《大》46-87ᵇ）
善用道品	六、善識道品者，觀生死即涅槃，十界生死色陰，皆非淨非不淨，乃至識陰非常非不常，能破八顛倒，即法性四念處，念處中具道品、三解脫及一切法。又知涅槃即生死，顯四枯樹；知生死即涅槃，顯四榮樹；知生死涅槃不二，即一實諦，非枯非榮住大涅槃也。（《大》33-799ᵃ）

〔註33〕「須臾而利」，《大正藏》作「須叟而利」，「若樂聽聞」作「若樂聽開」，俱訛，依文義，一準《乾隆大藏經》，參見《乾隆大藏經》，彰化，乾隆版大藏經刊行處，1997，第一百二十冊，頁306ᵃ⁻ᵇ。

修道品	一、明當分者，未必具品，方能得道。……
	二、明相攝者，如念處一法，皆攝諸品。……
	三、約位者，如念處當其位，正勤是煖位，如意足是頂位，五根是忍位，五力是世第一位，八正是見諦位，七覺是修道位。……
	四、相生者，如修念處，能生正勤，正勤發如意足，如意足生五根，五根生五力，五力生七覺，七覺入八正道，是爲善巧調適。（《大》46-87^c）
善用對治	七、善修對治者，若正道多障，應須助道。觀生死即涅槃，治報障也。觀煩惱即菩提，治業障、煩惱障也。（《大》33-799^a）
對治助開	根鈍遮重者，以根鈍故，不能即開三解脫門，以遮重故，牽破觀心，爲是義故，應須治道，對破遮障，則得安隱，入三解脫門。（《大》46-91^a）
善知次位	八、善知次位者，生死之法，本即涅槃，理涅槃也。解知生死即涅槃，名字涅槃也。勤觀生死即涅槃，觀行涅槃也。善根功德生，即相似涅槃也。眞實慧起，即分眞涅槃也。盡生死底，即究竟涅槃也。觀煩惱即菩提亦如是。（《大》33-799^a～790^b）
知次位	今有十意，融通佛法：
	一、明道理，寂絕亡離，不可思議。即是四諦，三、二、一、無、隨情、智等，或開或合，若識此意，權實道理，冷然自照。
	二、教門綱格，匡骨盤峙，包括密露，涇渭大小，即是漸、頓、不定、祕密、藏、通、別、圓，若得此意，聲教開合，化道可知。
	三、經論矛盾，言義相乖，不可以情通，不可以博解，古來執諍，連代不消，若得四悉檀意，則結滯開融，懷抱瑣析，拔擲自在，不惑此疑彼也。
	四、若知謬執，而生塞著，巧破盡淨，單複具足，無言窮逐，能破如所破，有何所得耶？
	五、結正法門，對當行位，修有方便，證有階差，權實大小，賢聖不濫，增上慢罪，從何而生？
	六、於一法門，縱橫無礙，綸緒次第，疊疊成章。
	七、開章科段，鉤鎖相承，生起可愛。
	八、帖釋經文，婉轉繡媚，總用上諸方法，隨語消釋，義順而文當。
	九、翻譯梵漢，名數兼通，使方言不壅。
	十、一一句偈，如聞而修，入心成觀，觀與經合，觀則有印，印心作觀，非數他寶。
	……次位者，十意之一也。（《大》46-97^c～98^a）
善能安忍	九、善安忍者，能安內、外、強、軟遮障，不壞觀心。若觀生死即涅槃，不爲陰、入境、病患、業、魔、禪、二乘、菩薩等境所動壞也。若觀煩惱即菩提，不爲諸見、增上慢境所動壞也。（《大》33-790^b）

能安忍	能忍成道事，不動亦不退，是心名薩埵。始觀陰界，至識次位，八法障轉慧開，或未入品，或入初品，神智爽利，若鋒刃飛霜，觸物斯斷。初心聰叡，有逾於此，本不聽學，能解經論，覽他義疏，洞識宗途。……爲辦大事，彌須安忍。（《大》46-99[b-c]）
法愛不生	十、無法愛者，既過障難，道根成立，諸功德生。觀生死即涅槃，故諸禪三昧功德生。觀煩惱即菩提故，諸陀羅尼、無畏、不共諸般若生。觀生死涅槃不二，故法身實相生。相似功德，順理而生。喜起順道法愛生名愛法，不上不退名爲頂墮。此愛若起，即當疾滅，愛若滅已，破無明，開佛知見，證實相體。觀生死即涅槃，故證得解脫，煩惱即菩提，故證得般若，此二不二，證得法身，一身無量身，無上寶聚，如意圓珠，眾法具足，是名有門入實，證得經體。餘三門亦如是。（《大》33-790[b]）
無法愛	唯有法愛，法愛難斷，若有稽留，此非小事。……不進不退，名爲頂墮。若破法愛，入三解脫，發眞中道，所有慧身，不由他悟，自然流入薩婆若海，住無生忍，亦名寂滅忍，以首楞嚴遊戲神通具大智慧，如大海水，所有功德，唯佛能知。（《大》46-99[c]～100[a]）

　　相應於《摩訶止觀》的論意，其所對開於《妙法蓮華經玄義》者，在對法行人與信行人說觀門的前提之下，就圓門而論，合當祇是「有門修觀」之不思議境。智顗這兩部講說，就其思想發展而論，同屬最爲圓熟的晚期代表，因此，不論在思惟方法，或論證形式，或義理的釐辨與開合上，都具有高度的一致性。所言的「開」，指望前開智顗於開皇七（587）年五十歲時，在金陵光宅寺講說的《妙法蓮華經文句》的十乘思想，湛然爲作《文句記》，詮釋《法華經》是爲利根行人所開敷的經教，並融通智顗禪法所觀境的性修內涵，指出「具明修相，委在止觀，十法成乘」〔註34〕的能觀方法，且詮明行人在對境的當下，「若圓定慧，須十法成乘，具辨諸境，一往且明十八空」〔註35〕的十乘觀心原理。至於「合」，則是望後智顗在講說《摩訶止觀》之後一年，即開皇十五（595）年五十八歲時，應晉王楊廣的請法，親自撰寫《維摩經玄疏》，智顗在法華一乘圓實教的思想主軸上，以體性不二，彼此互即的六即判位的「觀行即」位，再度以摩訶衍義的不思議境詮論十乘之於十境的體用關係，智顗說：

　　　　觀行即大乘者，即是修不思議十法，通達無閡也。〔註36〕

───────────────

〔註34〕唐・湛然述，《法華文句記》，卷第五・中，《大正藏》，第三十四冊，頁247[a]。
〔註35〕同上，卷第九・上，〈釋安樂行品〉，頁319[b]。
〔註36〕智顗說：「一、知不思議正因緣，即是所觀境，如前明一念眠心具一切夢法，譬一念無明具一切法三諦之理，不縱不橫，即其義也。……一實諦即是道因

最後，在智顗圓寂前口授《觀心論》，仍一本《法華》經教之精進義，引世尊爲常精進菩薩說受、持、讀、誦以「清淨意根，乃至聞一偈一句，通達無量無邊之義」﹝註37﹞，而於第十七偈爲學人總結十境之於十乘的遺教說：「問觀自生心，云何知十境？各成十法乘，遊四方快樂。」﹝註38﹞灌頂說：

斯之十法，是學道之方軌，還源之要術，出火宅之良津，度生死河之橋梁。……而言十法成乘者，乘是運出之義。斯之十法共成一大乘，運出生死涅槃二樂，直入中道。﹝註39﹞

至此，實踐觀心行門的十乘方案，在圓教義的體系中，十境互發有「九雙七隻」之於各別對境的差異，也就是說，以陰、入、界境的現前特性爲所觀境的基礎，其餘九境雖遞次而論，但未必遞次生起，或不生起，然而十乘的能觀作用則與此迥異，而具有遞次成其能觀觀於任一生起的所觀境的功能，所以，廣說是百法成乘，對境說則是對一境則十法具足，對二境乃至於十境，則二十法乃至於百法，方能具足成乘。

緣也，是爲知不思議世間出世間正因緣也。二、次明眞正發心者，即是無緣慈悲無作四弘誓願也。……是名眞正菩提心也。三、明行菩薩道勤修止觀者，若知生死即涅槃，即是善修止也：若知煩惱即菩提，即是善修觀也。……四、明破諸法遍者，若知生死即涅槃，即破分段，變易二種生死皆遍，若知煩惱即菩提，則破一切界內界外煩惱遍也。……五、善知通塞者，知生死即涅槃，煩惱即菩提，則一切皆通；知涅槃即生死，菩提即煩惱，則一切皆塞也。六、善修道品者，觀十法界五陰生死，即是法性五陰，法性五陰，即是性淨涅槃，即是四念處破八倒，……是則煩惱即菩提。七、對治助修諸波羅蜜者，知菩提即是重惡煩惱，是以知生死即涅槃，對治諸波羅蜜諸度法等侶，助煩惱即菩提，開三解脫門，對治若成，煩惱即菩提也。八、善識位次者，涅槃即生死，菩提即煩惱，此是理即；若知生死即涅槃，煩惱即菩提，爲名字即。因此，觀行分明，成五品弟子，即是觀行即，得六根清淨名相似即成四十一地。即是分證眞實即。證妙覺果即是究竟即。若能善解此之次位。……九、安忍成就者，若知生死即涅槃，即不爲陰、界、入境，病患境、業相境、魔事境、禪門境、二乘境、菩薩境之所壞也。若知煩惱即菩提，即不爲煩惱境、諸見境、增上慢境之所壞。……十、順道法愛不生者，觀生死即涅槃，生一切諸禪定三昧等功德，觀煩惱即菩提，生諸陀羅尼門、四無所畏、十八不共法、四無閡智、一切種智，於順道法不愛不著，是爲觀行乘。」隋・智顗撰，《維摩經玄疏》，卷第二，《大正藏》，第三十八冊，頁530^c～531^b。

﹝註37﹞《妙法蓮華經文句》，卷第六，〈隨喜功德品第十八〉，《大正藏》，第九冊，頁50^a。

﹝註38﹞《觀心論》，《大正藏》，第四十六冊，頁586^b。

﹝註39﹞隋・灌頂撰，《觀心論疏》，卷第四，《大正藏》，第四十六冊，頁608^c。

第二目　《法華玄義》與《摩訶止觀》所觀境的對顯

其一，《法華玄義》於「識所觀境」說即空、即假、即中的不思議境，是「三智一心中得」，而《摩訶止觀》於「觀不可思議境」也再再論析一念三千之於即空、即假、即中，「無非不思議三諦」的中道正觀思想。因此，所觀的不思議境，是從假入空觀、從空入假觀、中道第一義觀三觀，與體眞止、方便隨緣止、息二邊分別止三止，以成就慧眼、法眼、佛眼三眼，並證立一切智、道種智、一切種智三智當體不並不別的證顯所觀境的圓觀。所以「介爾有心」，不論其爲無明或明，在能觀的當體，即是不可思議境，際此、或爲法性依持、或爲黎耶依持、或爲自生、或爲他生、或爲共生、或爲無因生、或爲諍無諍，都不再障於或縱橫不縱橫、或一異不一異、或可得不可得等相對概念知解的或如此、或如彼、或不如此則如彼、或如此則不如彼的辯證，就現前的勝境而言，行者所證，連「言語道斷，心行處滅」〔註40〕，都已不可或不必具說了。

其二，《法華玄義》於「發眞正心」，就同體論「無緣慈悲」，以提點行人之所以修觀的前提是四弘誓願的實踐，而《摩訶止觀》的「起慈悲心」之所任運者，仍一準「眾生如如佛如」的「不可思議境智」，這都是所對境在三無差別的能觀的一念心上的具現，都是行人之所以爲行人要須持守的經教。釋提桓因在說行者如何以一念心反照自心而求成佛之後，如此思量：「諸未度者，悉當度之；諸未脫者，悉當脫之；諸恐怖者，悉當安之；諸未般泥洹者，悉皆當令般泥洹。」〔註41〕是故，智顗之所稟受與踐行者，特重對邪解的遮除與淨心的發用，如果行人一念不淨，所觀必爲煩惱、爲病、爲魔，乃至爲魔所攝而爲魔眷，卻仍不自覺知。因此時時以四弘照察所觀，自當層層升進有道，證顯勝相有得。

其三，《法華玄義》於「遵修定慧」，以體解中道正觀與同體大悲，爲落實觀行的行動指南，用遮坐而論道的慧解，強調起而行的實踐，纔能在「一心中巧修定慧，具足一切行」，而《摩訶止觀》的「巧安止觀」，除了行者應於持修觀行「觀察此心」時，明明白白的覺照之外，更要在法行與信行兩方面，以善巧的「八番悉檀」，一本持守發慈悲心的弘願教他，也就是「須行塡

〔註40〕《摩訶止觀》，卷第五・上，〈第七正修止觀者・觀心具十法門〉，《大正藏》，第四十六冊，頁54b。
〔註41〕後漢・支婁迦讖譯，《道行般若經》，卷第八，〈守行品第二十三〉，《大正藏》，第八冊，頁465c。

願」，不然，雖說「顛倒即是法性」，然而失去慈悲心的顛倒，恐怕祇是愚迷癡惑的顛倒，因爲摩訶衍義的能觀，之所有必以「疾入菩薩位」爲鵠的，以不可思議境爲最初，無非以「一眾生一切眾生，一切眾生一眾生，非一非一切」爲立義的基準，設若行人於所觀境中，在能觀的一念心上，偏離此一基準，那麼籠統能所的結果，將何由證顯勝相？

其四，《法華玄義》於「能破法遍」，以分別義說妙慧能破諸闇，以圓義說「不有所破」的「生死即涅槃」，具體而論，即是即空、即假、即中，能所不一異的不思議境，而《摩訶止觀》的「破法遍」的一心三觀義，亦無有二致，但就圓教而論，智顗獨標無生門，所以特別簡除有門、亦有亦無門、非有非無門，因爲「無生門能通止觀，到因到果。又能顯無生，使門光揚，何者？止觀是行，無生門是教，依教修行，通至無生法忍，因位具足。《淨名》三十二菩薩，各說入不二門，皆是菩薩從門入位」〔註42〕。智顗強調破法遍的立義，在於破法的目的是入佛道的初門，因爲修習止觀所證顯的諸法與實相的諦理是無生，入門後可通諸法無生無滅的無生法忍，而使因位具足，龍樹說：「是諸菩薩一切皆得無生法忍，入種種法門，見無量諸佛，恭敬供養，能度無量無數眾生，得無量陀羅尼門，能得無量種種三昧。」〔註43〕而這正是智顗豁悟根據，更是慧思印可智顗所本。

其五，《法華玄義》於「善知通知塞」，以破法知取捨爲前提，以無執爲通義，而《摩訶止觀》的「識通塞」，一仍「破法遍」與「觀不可思議境」的一心三觀爲無執的通義。李志夫說，行人「至此纔可明道、修道、助道、得位、安於位不貪法愛之執，是爲大乘之止觀」〔註44〕，可見識通塞是運作十乘觀法的核心機轉，如果這個機轉運作起來橫生迷障，不但於能觀是塞，於所觀更是迷障，雖三藏猶不可得，更遑論通、別、圓，乃至於不可思議義的諸法實相的證顯。因爲智顗認爲，識通塞的必然結果是不能以情執的「生死即涅槃，煩惱即菩提」。

其六，《法華玄義》於「善用道品」，以中道正觀觀三十七道品，在通而不塞的能所相即的境界中，觀達「生死涅槃不二」的一實諦，即是一心三觀

〔註42〕 《摩訶止觀》，卷第五‧下，〈觀心具十法門‧第四明破法遍者〉，《大正藏》，第四十六冊，頁59ᶜ。

〔註43〕 《大智度論》，卷第六，〈初品中意無礙釋論第十二〉，《大正藏》，第二十五冊，頁107ᵇ。

〔註44〕 李志夫編著，《摩訶止觀之研究》，下冊，臺北，法鼓，2001，頁749。

的中道第一義諦的不可思議境，而《摩訶止觀》的「修道品」，不論是互不相假藉的「當分」，或一道品概諸餘道品的「相攝」，或四念處位、四善根位等位位別異的「約位」，如非一心三觀義成，都不是「相生」的「善巧調適」，因此，逆觀修道品的重重前提，如識通塞、破法遍、巧安止觀、起慈悲心，無非都是要在「一念心起不思議」的基礎上，立定能如所如，能所一如的證會觀心與對境都是實相根源，都是不可思議義的體現。

其七，《法華玄義》於「善用對治」，以生死與涅槃，煩惱與菩提的相即義，做爲導引行人對治三障的行法，而《摩訶止觀》的「對治助開」，雖以助道「對破遮障」，其義亦不外爲提撕行人入三脫門之要徑，俱在遮障的否除，以便在「事理既圓，畢竟持戒」〔註45〕的行門中「見於佛性」〔註46〕，這裏所指的佛性，是天台圓教義的「正因佛性」，就智顗的觀行論而論，特別是指已證得的諸法實相。

其八，《法華玄義》於「善知次位」，如同「善用對治」，以生死與涅槃，煩惱與菩提的相即義，做爲判六即位的根據，而《摩訶止觀》的「知次位」，則以「明道理」，乃至於「一一句偈」十意融通佛法，做爲化法四教行人所證得的果位的檢證條件，以便行人在證顯勝相的當下，悟知所證果位，或爲三藏資糧位、加行位、見道位、修道位、無學位，或爲通教外凡位、內凡位、聖位，或爲別教外凡位、內凡位、眞因位、眞果位，或爲圓教五品位、十信位二凡位，乃至於十住、十行、十迴向、十地、等覺位，及至於究竟解脫的妙覺位，可見正確修習觀行的學人於修觀時所證境之於天台圓教所證果，是位位分明，果果如實的。

其九，《法華玄義》於「善能安忍」，以行者要須能忍生起於能觀的一念自心的十境所生障，而《摩訶止觀》的「能安忍」除了要忍「從內來破」的十境所生障以爲內忍而外，還要外忍因修持觀行有證有得之後隨之而來的種種外障，如名聞利養，以及夤緣而來的法眷，因此，特別以破敗菩薩的菩薩之所以是破敗的爲行者戒，智顗說：「但錐不處囊，難覆易露，或見講者不稱理，或見行道者不當輒，慈悲示語，即被圍繞；凡令講說，或勸爲眾生，內痒外動，即說一兩句法，或示一兩節禪，初對一人，馳傳漸廣，則不得止。

〔註45〕《摩訶止觀》，卷第七・上，〈第七助道對治者〉，《大正藏》，第四十六冊，頁92^b。

〔註46〕同上。

初謂有益，益他蓋微，廢損自行，非唯品秩不進，障道還興。象子力微，身沒刀箭；掬湯投冰，翻添冰聚。《毘婆沙》云：『破敗菩薩也。』昔鄴洛禪師，名播河海，往則四方雲仰，去則千百成羣，隱隱轟轟，亦有何益利？臨終皆悔。」〔註47〕而安忍之道，要不外觀不可思議境所明的對境及假、即空、即中的一心三觀之要術。

　　其十，《法華玄義》於「法愛不生」，亦如「善用對治」等法，以生死與涅槃，煩惱與菩提的相即義，破「既過障難」之後以所證得的正法為法執所生障，而《摩訶止觀》的「無法愛」亦然。因此，就修習天台觀行法門而論，在以能觀十乘的前九乘，一一破所觀境而理悟其之於諸法與實相，本為中道第一義諦諸法實相之法爾，但卻在第十乘上頭，因一念心起而反執其法，且愛著其法的可愛，那麼，一步之差，可為萬里之遙的頂墮者，合當當際鑑照智顗的立義，以「進趣方便」〔註48〕，為更開「具大智慧，如大海水」之道。

第三目　結　語

　　十乘觀法在《法華玄義》與《摩訶止觀》中，皆總束於一心三觀之不可思議境。唯《法華玄義》十乘皆以「觀生死即涅槃」、「觀煩惱即菩提」為綱領，而《摩訶止觀》則是此一綱領在理論上的全面完善，所以對當時代的禪法與諸師說多所參覈與抉擇。最後，智顗以《法華》經教所示，檢證一心三觀，以「觀念念心無非法性實相」〔註49〕的摩訶衍義，以證立能觀十乘即為「大乘觀」，證立一一即位之於六即，位位都是逕登「妙覺」的究竟即，都是「直至道場」〔註50〕具體可憑、可行的學理。

第二節　「歷緣對境」的次第觀

　　因端身常坐具有「獨則彌善」、「居一靜室」、「離諸喧鬧」等迥異於「歷緣對境」的特殊條件，這就顯現出歷緣的動態特質，在於行者置身於所緣

〔註47〕同上，卷第七・下，〈第九安忍者〉，頁99[b]。
〔註48〕同上，卷第七・下，〈第十無法愛者〉，頁100[a]。
〔註49〕同上，〈是十種法名大乘觀〉，頁100[a]。
〔註50〕世尊告訴舍利弗說：「說一佛乘……汝等若能，信受是語，一切皆當，成得佛道。……得如是乘，令諸子等，日夜劫數，常得遊戲，與諸菩薩，及聲聞眾，……乘此寶乘，直至道場。」《妙法蓮華經》，卷第二，〈譬喻品第三〉，《大正藏》，第九冊，頁15[a]。

境修習止觀時，會遭遇到諸多變幻不定的因緣，與依待因緣所生起的境界的干擾，因此，智顗在論證正修止觀的義涵時，就已事先對觀陰、入、界做出「行人受身，誰不陰、入，重擔現前，是故初觀」〔註51〕的規定。進而在修習天台止觀的方法上，爲適應行人修持的各別需要，又將之劃分爲「端坐觀陰、入」與「歷緣對境觀陰、界」兩種。就十乘觀法之於「端坐觀陰、入」的所觀，智顗已在表五十八「《法華玄義》圓門入實觀與《摩訶止觀》觀心具十法門文本對開表」中通論圓義，並在以摩訶衍義總結論旨之後，隨即對「歷緣對境觀陰、界」之所以是歷緣的性質，以「有累之身，必涉事緣」爲前提，做出常行、半行半坐、非行非坐等三昧的「行中」規定，智顗說：

> 歷緣對境觀陰界者，緣謂六作，境謂六塵。《大論》云，於緣生作者，於塵生受者。如隨自意中說；若般舟、常行，法華、方等、半行，或掃灑執作，皆有行動。隨自意最多，若不於行中習觀，云何速與道理相應？〔註52〕

以不縱不橫論一心三觀是《摩訶止觀》觀行論的正義，以既縱且橫的歷緣觀論次第意，則是方便義，因此，智顗既然以歷緣觀對四三昧的後三種三昧做出「行中」的規定，是在「方便正觀，秖是四三昧耳」〔註53〕的論證背景之中成立的，所以不會陷入理論矛盾的困境，反要因其方便義，而爲學人在入道的實際行持上，隨順機宜的處處架起讓其得以層層升進的梯隥，以免學人入道失階，不但修證無得，還要受緣境的干擾所害，不得牢牢把握住能觀的一念心，以致爲境所轉，如「飲狂散毒，馳逐五塵，升沈三界」〔註54〕，終至於出離無方。所以學人在「行中」修觀，都得以一準行、住、坐、臥而任運縱橫，是以佛陀告訴須菩提說：

> 若菩薩行時知行，住時知住，坐時知坐，臥時知臥，知身所行如是知。須菩提！菩薩摩訶薩如是內身中循身觀，懃精進一心，除世間貪憂，以不可得故。復次，須菩提！菩薩摩訶薩若來若去，視瞻一心，屈申俯仰，服僧伽梨，執持衣鉢，飲食、臥息、坐立、睡

〔註51〕《摩訶止觀》，卷第七‧上，〈第七正修止觀者〉，《大正藏》，第四十六冊，頁49b。
〔註52〕同上，卷第七‧下，〈是十種法名大乘觀〉，頁100b。
〔註53〕同上，卷第一‧上，〈解釋者釋十章〉，頁5b。
〔註54〕同上，卷第五‧上，〈第七正修止觀者‧二發眞正菩提心〉，頁57a。

覺、語默，入出禪定、亦常一心。〔註55〕

　　就方便義論歷緣，歷即是縱，是時間之流，可以順著發展的軌跡來追索能觀的一念心與所觀的一一境之間的對應關係，如說因修習止觀而「動生死輪」，即可依之次第檢查，是因善而發動的呢？或因惡而發動的呢？將要生起的對境是善的呢？還是惡的呢？至於緣即是橫，是在能所相應的同一時空中顯現的行為與境界，行為指行、住、坐、臥、作作、言語等六作，境界指色、聲、香、味、觸、法等六塵。而就方便義論對境，則為六根對六塵所生起的相對塵境，或在常行、半行半坐、非行非坐中修觀，或在掃灑執作中修觀，儘管次第了了分明，卻都離不開行人以自我覺知的一念心，在時時的照察之中與「道理相應」，所言道理，就是在「行中習觀」時，於諸法的事相上，在理上證顯實相的本質即諸法。

第一目　能觀十乘與所觀陰、入、界境

　　前及百法成乘的關係，廣說是百法成乘，對境說則是對一境則十法具足，對二境乃至於十境，則二十法乃至於百法，方能具足成乘。因此，所觀境雖沒有必然或不必然於觀行之際從一念能觀的識陰生起，但本節既依《摩訶止觀》作次第論，下開各目，將一準智顗所開十境，簡除不說的三境，總為七目，逐序檢覈。又，為顯明能觀的十乘之於一一所觀境的觀法，在學人修持觀行的實踐中的成觀內涵，而將一一所觀境繼發相、因緣、治法之後，單就具可操作性的修習止觀一項，列表論析。

表五十九：觀陰、入、界境初所觀境十乘觀法內涵表

十乘觀法	觀陰、入、界境（初所觀境）
觀不可思議境	若舉足下足，足是色法；色由心運，從此至彼，此心依色，即是色陰；領受此行，即受陰；於行計我，即想陰；或善行、惡行，即行陰；行中之心，即識陰；行塵對意，則有界、入，乃至眼色、意法亦如是；是陰、界、入於舉下間，悉皆具足。如此陰、入，即是無明；與行緣合，生行中陰、界、入；陰、界、入不異無明，無明即是法性，法性即是法界，一切法趣行中，是趣不過，一陰、界、入，一切陰、界、入，一多，不一不多，不相妨礙，是名行中不思議境。（《大》46-100[b-c]）

〔註55〕《摩訶般若波羅蜜經》，卷第五，〈廣乘品第十九〉，《大正藏》，第四十六冊，頁523[b~a]。

起慈悲心	達此境時，與慈悲俱起。傷己昏沈，無量劫來，常為陰、入，迷惑欺誑，今始覺知，一切眾生，悉是一乘，昏醉倒解，甚可憐愍，誓破無明，作眾依止。（《大》46-100ᶜ）
巧安止觀	安心定慧，而寂照之。（《大》46-100ᶜ）
破法遍	心既得安，遍破見思，無知無明，三諦之障，橫豎皆盡。（《大》46-100ᶜ）
識通塞	善識通塞，終不於中，取藥成病。（《大》46-100ᶜ）
修道品	善知道品，榮枯念處，雙樹中間，入般涅槃。（《大》46-100ᶜ）
對治助開	善知行中，對治六度，助開涅槃門。（《大》46-100ᶜ）
知次位	深識次位，知我此行，未同上聖，慚愧進修，無有休已。（《大》46-100ᶜ）
能安忍	能於行中，外降名利，內伏三障，安忍不動。（《大》46-100ᶜ）
無法愛	法愛滯著，莫令頂墮。（《大》46-100ᶜ）

　　在初所觀境的「觀不可思議」一境中，智顗詳論五陰彼此之間的運作關係，就行人在行中習觀的動作云為而言，能觀的一念心，在對境發用其能力時，運作著行者於行動中所外顯出來的肢體狀態，如一舉手一投足所產生的現象，都是色法所類聚而成的。在五陰來說，形質具體的色法，具有最容易被察覺的特性，所以智顗將色法排在行人在行中開始修觀的第一位。

　　行中修觀的特色既然是動態的現象，是由能觀的心所發動的對境，那麼，相應於能觀境能生起所觀境而為對境的這一明顯事實，在觀行中便會當下投映到行人的眼根中，而為識心所同步執取，如此一來便有一組能所互動的關係出現，即由心產生行為，行為為眼根所執取，眼根與眼識合會的同時，當下即被能觀的心所識取，而為此心既生色又依色的現量當體，此一當體如果分開來次第的看，很容易被誤認為是和合體，是在心色色心的自生與他生、共生的推論模式中被認識到的，但就天台禪觀而論，事實上並非如此，而為法爾不一不異的圓具。

　　次第而論由眼觸所領受的色法，由色法執取色陰計執為有我的想陰，由想陰的有我所造作的善行或惡行的行陰，由行陰中的識心所顯現的識陰，總是在能觀的一念心中，被錯誤的認為是與諸法相互對立的現象，是以自然而然的產生十二處、十八界相互隔歷的境界，這是一念心被無明所覆、境界所迷的思議境。

　　然而觀陰、入、界的不思議境，又是怎樣的境界呢？要如何觀解纔能在境界中證顯勝相呢？同樣的五陰，同樣的十二入，同樣的十八界，在觀行中的思議與不思議的義界，又該如何正確的在事相歷歷分明的上判分在理上當體如如的不判分呢？智顗認爲，五陰與十二入都是一念無明心與由其所緣合的色法，是被受陰所領受的行爲，是被想陰所計執的行爲，是被行陰所實行的行爲，是被識陰所認識到的行爲，而這些有形的與無形的行爲彼此之間的緣合，如果祇停留在現象祇是現象的這一彼此相對的狀態上，就會有諸多的障礙來困擾行人，爲了克服「行塵對意」下的界、入所生發的困擾，智顗說：

　　　　陰、界、入不異無明，無明即是法性，法性即是法界，一切法
　　趣行中，是趣不過，一陰、界、入，一切陰、界、入，一多，不一
　　不多，不相妨礙，是名行中不思議境。

　　被見惑與思惑所蒙蔽的精神狀態，就是一切煩惱根本的無明，以天台三止三觀從假入空觀而論，要證見法性，悟入實相空，是需要先破見思，進破無明，法性纔會顯現出來，但這是不足取的惡取空。如以「中道正觀，觀無明法性，不依二邊，不依四句，畢竟清淨，無倚無著」〔註56〕而論，則陰、界、入與無明，無明與法性，法性與法界，本來就是圓融相即，無有缺減的當體，所以說諸法的體現，沒有不在行人所證顯的實相之理之中的，諸法與實相本來就不一不異，如此哪來一與多之別？因此，爲實相所證會的諸法，既不會自相妨礙，也不會對修習天台觀行法門的行者，造成任何在「行中」修觀的干擾，這樣的證相一旦現前，即爲不可思議境。

　　行人既已證會現前的勝相，依十法成觀的觀行進路，學人還須遞次照察自己的一念心與所觀境的觀係。所言遞次是針對能觀十乘而說的，至於所觀境則生起或不生起，雖不一定依序生發，然而就次第而論還得一一檢校。因此，既已觀達不思議境，接下來便要檢束自己發菩提心的弘願深切不深切？是否還有微微細細的昏昧心在闇蔽著自己的覺性？或爲無量劫以來所造作的業力所牽引，並被最容易現前的陰、入、界境所迷惑、所欺誑？而再度陷入所觀境祇是諸法的非一則爲異非異則爲一的對立境界之中而不自覺知，如果這些蔽害都在如實觀達實相的同時被解銷了，那麼，還得省察誓度無邊眾生的慈悲心，是否在自覺的同時發用爲覺他的行動力，因爲就法華一乘圓實教的義理而論，在實相中，心佛眾生都是無差別相的，所以悲愍眾生的昏惑迷

〔註56〕　《摩訶止觀》，卷第六・下，〈三正修中觀者〉，《大正藏》，第四十六冊，頁83^b。

罪與倒懸，便成爲實踐誓願的動因，成爲以正法義救拔眾生，並做爲眾生得度的依止處。

　　以同理心自度度他，這樣的覺心，必需要以證見實相的定慧，照而常寂，即俗而眞的以善巧爲權便，以安心爲達道，教眾生止息紛飛的妄念，並在其依住安心而生定慧的同時，在當生破遍自他無量劫以來的惑障，並以一心三觀三觀一心，從業力牽引的時間之流的輪迴中，從陰、入、界對境的互相侵凌的事相上，不縱不橫的導塞爲通，而其通徹的要逕，便是依三十七道品，品品持修，等到德用轉爲果德，就能如法去六蔽，行六度，以爲三脫之力，從而助開涅槃門，一逕出離生死海，證立解脫道，此際已能明明白白的曉了勝相現前時所證得的位次，是凡是聖，如仍在凡位，則要慚愧自抱，並望聖位層層進修，不達究竟絕不半途而廢，如此一來，也就不至於未得謂得，未證謂證的顢頇佛性，是以，爲免顢頇之失，不但要在修觀的行持之中，不因以已證得的位次，向外博取名聞名利養，還要向內調伏見思惑、無明惑與塵沙惑所可能殘留的餘習，因爲等覺以下的五十一位，終非究竟妙覺之故，爲證達妙覺，行人於修觀時，得時時安忍明位，並在小有所得時，不爲禪悅所生起的法愛所滯執，因爲一旦執滯於法愛，猶如惑於三障，困於陰、入、界之時，所以纔會在小有所得的時候，如說七方便位的頂位，退墮下來。智顗說：

　　　　十法成就，世入銅輪，證無生忍，得一大車，高廣嚴淨，眾寶
　　莊校，其疾如風，嬉戲快樂，乘是寶乘，直至道場。〔註57〕

　　「直至道場」，智顗依《法華》經義，有兩種解釋，一是實修所證得的果位〔註58〕，案天台判釋化法四教義，可做五十二位中所證得的任何一個位次解；一是「究盡實相妙覺位」〔註59〕，案天台一乘圓教義，這是覺行圓滿的究竟佛果。就十乘觀法修習「觀陰、入、界境」而論十法成就，其所證顯諸法實相所得的果位，智顗明白指出是「銅輪位」，但「銅輪位」是指哪一個位次呢？案天台文獻的記載有兩種：

　　一、圓教內凡相似即的十信位。

　　二、圓教聖位分眞即的十住位。

〔註57〕同上，卷第七・下，〈第七正修止觀者〉，頁100^c。
〔註58〕智顗說：「直至道場是果位，是名位妙。」《妙法蓮華經玄義》，卷第二・上，《大正藏》，第三十三冊，頁698^a。
〔註59〕同上，卷第五・上，頁735^b。

　　《釋摩訶般若波羅蜜經覺意三昧》說：「菩薩住是十心，名鐵輪位，名曰外凡。……見如來藏，悟一切法，獲無生忍。爾時，始得入發心住，住此位中，即入內凡，名銅輪位。……復次，菩薩住是位中，具一切禪，及與難禪，所以者何？一切禪者，有三種：一、樂法樂住禪者，初位能斷一切三界煩惱，永盡無餘，故於諸法無愛著，所有禪定，不生愛見，無爲自在。二、出生三昧禪者，入初住位，能生無量十力、種性、諸三昧等。三、利益眾生禪者，入是位中，或面見十方三世諸佛，具大總持，辯才無礙，以利眾生，或得六通，同事度脫，是名初住，具於三種一切義禪。」〔註60〕

　　因圓教內凡祇有相似即的十信位，所以可認定「銅輪位」是十信位。又，初住位是圓教分眞即聖位十住位的第一個位次，因此，也可認定「銅輪位」在十住位。然而，誠如在第二章第一節「智顗止觀思想的淵源」所指出的那樣，《釋摩訶般若波羅蜜經覺意三昧》一書是「智顗親自撰述，含智顗親自講說，後由灌頂整理的部分」，就親侍智顗十二年，整理、修治、撰著包含天台三大部與五小部在內的全部重要文獻二十九部凡一百五十七卷的灌頂，對其師思想的義解之通透而言，實在不可能在特別強調學人於修習天台觀行法門而務須「知次位」的情形下，出現「銅輪位」在位次上的兩屬問題，這等兩屬的理論矛盾，之所以出現在《釋摩訶般若波羅蜜經覺意三昧》一書之中，而且又是在同一文段裏，更教人覺得可疑，這種錯誤的出現，恐係後人傳鈔所致，因爲灌頂是明白師意的，理當不會混淆位次這樣重要的觀行論與教相論的思想，所以在《大般涅槃經疏》中，灌頂說：「若圓觀法界，煩惱即菩提，初發心時，便成正覺，入銅輪位，登初住時，破無明，見佛性。」〔註61〕因此，本文認爲「銅輪位」當以圓教聖位分眞即的十住位爲智顗的原義。因爲依「入初住位，能生無量十力、種性、諸三昧等」之說，智顗明白指出：「十住即是習種性位。」〔註62〕何況五十二爲並非智顗閉門虛構出來的，而是根據《菩薩瓔珞本業經》所闡釋的五十二位菩薩行位而立的，經說：「佛子！有十不可悔戒，……若一切佛、一

〔註60〕隋・智者說，灌頂記，《釋摩訶般若波羅蜜經覺意三昧・證相門第六》，《大正藏》，第四十六冊，頁627ᵃ⁻ᵇ。

〔註61〕隋・章安頂法師撰，唐・湛然再治，《大般涅槃經疏》，卷第二十四，〈師子吼品之一下〉，《大正藏》，第三十八冊，頁179ᶜ。「初發心時」，《大正藏》作「初法心時」，依文意，顯係誤植，一準《乾隆大藏經》，改正。參見《乾隆大藏經》，彰化，乾隆版大藏經刊行處，1997，第一百二十三冊，頁210ᵇ。

〔註62〕隋・智顗禪師撰，《四教義》，卷第九，《大正藏》，第四十六冊，頁752ᶜ。

切菩薩，不由此十戒法門得賢聖果者，無有是處，是初住相，習種性中第一人。」〔註63〕

　　就十法成就入銅輪位的必備條件，以《釋摩訶般若波羅蜜經覺意三昧》與《大般涅槃經疏》交叉檢證，可得與能觀相變理之證立，如「證無生忍」之於「獲無生忍」，「內伏三障」之於「能斷一切三界煩惱，永盡無餘」，「無法愛」之於「諸法無愛著」，「善識通塞」之於「無為自在」，「善巧安心」之於「能生無量十力、種性、諸三昧等」，「發真正菩提心」之於「辯才無礙，以利眾生」，「破法遍」之於「破無明，見佛性」等等，以其見佛性故，所以說是「乘是寶乘，直至道場」。

　　觀陰、入、界境與觀禪定境一樣，就能觀十乘而言，都分為兩個部分，「表六十」所開是為對境十乘中所觀陰、入、界境的內涵。然而智顗為甚麼要在「誰不陰、入，重擔現前」的陰、入、界境成立兩重十法成乘觀呢？在國內現行三部講說完整《摩訶止觀》的著作中，都沒有針對這個問題進行提問，也沒有在詮釋上將這兩重十法成乘觀做出對觀的義解，〔註64〕但對這樣事關智顗觀行論思想底蘊的問題，實在沒有理由輕忽。

　　智顗在闡釋觀陰、入、界境的初所觀境之後，雖然已確定無疑的論明祇要「十法成就」，行人便可乘上象徵法華一乘圓實教的大白牛車，快快樂樂的遊心法界而去，而直至登上圓教聖位初住位的道場，到此本該結束這一論題的講說，但智顗卻在同一所觀境中，將能觀境裂解為「初所觀」與「對境」兩重，而智顗之所以認為有這個必要，是「基於將色法排在行人在行中開始修觀的第一位」這一前提而來的，就眼根、眼識與色塵的關係而論，智顗注意到了這是十乘觀法之所以是能觀的基準，因為「色由心運」之後與受、想、行、識四陰的交互運作，都不是孤立的現象，而是一組相應緣合的觀行體系，如說色法是被受陰所領受的行為，是被想陰所計執的行為，是被行陰所實行的行為，是被識陰所認識到的行為，由這一連串緣合行為生發的思議境以觀，便不難理解，智顗為甚麼認有必要進一步探討以眼做為基準的對境問

〔註63〕姚秦·竺佛念譯，《菩薩瓔珞本業經》，卷第一，〈賢聖名字品第二〉，《大正藏》，第二十四冊，頁1012^b。關於《菩薩瓔珞本業經》是否為梵漢譯的問題，當代學者持有不同的看法，但都沒有充分的證據證明是或不是。
〔註64〕一、湛然註，傳燈增科，釋慧嶽概說，《止觀輔行傳弘決》，臺北，中華佛教文獻，1992。二、寶靜講述、顯明補述，《摩訶止觀述記》，美國，紐澤西，止觀弘法印經處，1995。三、李志夫編著，《摩訶止觀之研究》，臺北，法鼓，2001。

題，智顗說：

> 約眼計我，言我能受。一塵有三，合十八受者。眼見色有五陰、
> 三界、二入。〔註65〕

專就眼根而論，行人以眼根能映印色塵且被眼識所識取這一現象，計執有一個實實在在能領受色塵的真我。這樣的問題，誠如通途所知，是勝論學派優樓佉所立六句義的觀點，也是數論學派迦毘羅仙人神我說的看法，凡此都與摩訶衍義的中道第一義諦空，有著根本的相違，可見智顗之所以要進一步以能觀的十乘另立以眼色對境為基準的觀法，是對當時代數人與論人所執禪觀的抉擇所必然要導出的論題。就內在於天台的觀行論思想來看，眼見色的圓教義，卻祇能具有而且必然要具有「一陰、界、入，一切陰、界、入，一多，不一不多，不相妨礙」的不可思議義。但甚麼是眼見色在圓教觀行上的不可思議義？智顗說：

> 眼色一念心起，即是法界，具一切法，即空、即假、即中，……
> 假不定假，空不定空，則非空非假；若眼一法，非空非假，則一切
> 法非空非假。……雖無空假，雙照空假，照因緣麤色名肉眼，照因
> 緣細色名天眼，照因緣色空名慧眼，照因緣色假名法眼，照因緣色
> 中名佛眼。五眼一心中具者，非具凡夫膿血肉眼，亦非諸天所得天
> 眼，亦非二乘沈空慧眼，亦非菩薩分別之眼，但以佛眼具有五力，
> 如眾流入海，失本名字。〔註66〕

從智顗中道第一義諦不可思議義的思惟進路來索解，在一心三觀，即空、即假、即中既不斷離又不相互依待的理上而論眼色對境，若行人但執凡情，僅以祇緣麤色的肉眼來觀解所修習的能觀的一念心在諸法體用上的當體互具上下工夫，根據「一念心起，即是法界」圓教原理，是不可能證顯必須聖解纔能實相現前的勝境的。凡夫以膿血構成的肉眼如此，色界天人修禪證定所得的天眼如此，二乘菩薩能夠從空出假但卻沈滯於諸法皆無的空見的慧眼如此，菩薩能照見一切法門但卻對眾生有所分別的慧眼亦如此，這些因位之眼所見都是可思議的，祇有果位之眼的佛眼，纔能「於諸

〔註65〕《摩訶止觀》，卷第七‧下，〈第七正修止觀者〉，《大正藏》，第四十六冊，頁100ᶜ。

〔註66〕同上，頁 100ᶜ～101ᵃ。

法中皆見實相」〔註67〕，纔能「為諸眾生開佛知見」〔註68〕，亦唯其如此，纔能「橫豎覺了」〔註69〕的不縱不橫，不一不異，纔能在觀陰、入、界境中諦觀「一陰、界、入」為「一切陰、界、入」的不思議境，就像黃河、長江的水，一旦流入了大海，就再也沒有這是黃河的水那是長江的水之分，而總為一味的海水了。因此，因一念心對境而生起的諸法，或為陰、入、界、或為病患、或為業相、或為魔事，凡此等等，一旦仍在一念心上證顯其為實相，就再也沒有了這是病、是業、是魔、是見等等諸境，而祇是為同一念心所體達的實相一相。

然而佛眼之所以為佛眼，之所以是果位之眼而非因位之眼，並非佛眼祇是佛眼，纔稱名為佛眼，而是五眼並具，纔稱名為佛眼，因此，與「一念心起，即是法界」同一圓觀理則，是為一佛眼圓具五眼，智顗為詮明佛眼的法義，特別徵證世尊的示教，世尊問須菩提說：「於意云何？如來有肉眼不？『如是，世尊！如來有肉眼。』須菩提！於意云何？如來有天眼不？『如是，世尊！如來有天眼。』須菩提！於意云何？如來有慧眼不？『如是，世尊！如來有慧眼。』須菩提！於意云何？如來有法眼不？『如是，世尊！如來有法眼。』須菩提！於意云何？如來有佛眼不？『如是，世尊！如來有佛眼。』」〔註70〕因此，智顗根據世尊的示教，進一步論析說：

> 雖有五眼，實不分張，祇約一眼，備有五用，能照五境。所以者何？
>
> 佛眼亦能照麤色，如人所見，亦過人所見，名肉眼。
>
> 亦能照細色，如天所見，亦過天所見，名天眼。
>
> 達麤細色空，如二乘所見，名慧眼。
>
> 達假名不謬，如菩薩所見，名法眼。
>
> 於諸法中皆見實相，名佛眼，當知佛眼圓照無遺。〔註71〕

〔註67〕同上，卷第三・上，〈二明眼智者〉，頁26^b。

〔註68〕同上，〈三明境界者〉，頁26^b。

〔註69〕同上，卷第六・下，〈二修中觀因緣者〉，頁81^b。

〔註70〕姚秦・鳩摩羅什譯，《金剛般若波羅蜜經》，《大正藏》，第八冊，頁755^c。

〔註71〕《摩訶止觀》，卷第三・上，〈二明眼智者〉，《大正藏》，第四十六冊，頁26^b。

表六十：觀陰、入、界境中對境所觀境十乘觀法內涵表

十乘觀法	觀陰、入、界境（對境所觀境）
觀不可思議境	五境皆冥實相，實相則不可見，不可見故，喻之如盲。雖不可見，見無減少；五眼洞徹，諸境分明。雖言五照，照何必有？雖言如盲，盲何必無？《淨名》云：「不來相而來，不見相而見。」即此意也，是為不思議境。（《大》46-101ᵃ）
起慈悲心	我眼眾生眼，無二無別；云何眾生，不覺不知？即起慈悲，誓當度脫。（《大》46-101ᵃ）
巧安止觀	欲滿此願，安心定慧。（《大》46-101ᵃ⁻ᵇ）
破法遍	能以止觀，遍破諸法。（《大》46-101ᵇ）
識通塞	於眼色中，明識通塞，不如蟲道。（《大》46-101ᵇ）
修道品	於眼陰中，修四念處，非淨非不淨，枯榮雙遣，而入涅槃。（《大》46-）
對治助開	學諸對治，助開三脫。（《大》46-101ᵇ）
知次位	明識六即，不起叨濫。我所觀眼，雖具五眼，但是名字，但是觀行；若漸見障外，後見十方。如《普賢觀》，頓見大千；如常不輕，漸頓兩見；六根互用，我悉未階，不應起慢，慚愧勤行〔註72〕。（《大》46-101ᵇ）
能安忍	若德建名立，當忍內外障，安若須彌。（《大》46-101ᵇ）
無法愛	法愛不生，則無留滯；其疾如風，證真實眼。（《大》46-101ᵇ）

　　五境之於對境的觀不可思議境，在修習觀陰、入、界境中說其作用為「皆冥實相」，這裏的「冥」是盲冥，是《法華經》所說的「深著於五欲，如犛牛愛尾，以貪愛自蔽，盲瞑無所見」〔註73〕的闇冥，為五根所取的五塵所覆蔽的實相，如行者的一念心為無明煩惱所闇蔽，而無明又是最根本、最癡重的諸法，行人一旦陷溺在這樣的觀境中，就像甚麼也看不到的瞎子，然而就實相而論諸法，或就諸法而論實相，實相並不因行人未能證見，其能被證顯的本質就有所隱蔽，也就是說實相之所以為實相，修習觀行的學人，不論證與不證，就實相之在其自己而論，實相祇能是實相，而且祇能是諸法的實相，所以在「一眼備有五用」而「圓照無遺」的佛眼中，五境本來就法爾分明，

〔註72〕「慚愧勤行」，《大正藏》作「漸愧勤行」，依文意，據《乾隆大藏經》改正。參見《乾隆大藏經》，彰化，乾隆版大藏經刊行處，1997，第一百二十冊，頁426ᵇ。
〔註73〕《妙法蓮華經》，卷第一，〈方便品第二〉，《大正藏》，第九冊，頁9ᵇ。

因此，以方便義對論，反質為「照何必有」？

　　就眼色開對境十乘觀法而論智顗的立義，旨在否除「約眼計我，言我能受」的塵執，所以智顗進一步辯證的分疏根、塵、識之於實相，在理上不一不異，本來無二無別，既不因對境生相而執取，亦不因對境即觀達諸法為實相而執取而以為證境，因為這都是造作的結果，都是情識所擬的思議境，因此，祇有正確的觀解「眼色一念心起，即是法界，具一切法，即空、即假、即中」，纔能證立五境之於見與不見，當體即為不可思議境。

　　至於發真正菩提心，乃至於無法愛，通如初所觀境所論，唯須掌握在動態的「行中」，於任一縱橫緣會所特別觸境成觀的要徑，在行人能當相無礙的逕入無生門，因為無生門破法遍，無生門破見思，無生門破假，無生門明識通塞，無生門通於止觀，亦是止觀成無生門，所以無生門是圓教之門。

第二目　能觀十乘與所觀煩惱境

　　次第論十乘觀法，在修觀陰、入、界境「動生死輪」時，如果破魔軍、除煩惱重病、顯法性深義等修觀的目標沒有達成，就無法證會諸法實相，也就是沒有豁悟三昧，如此一來，即不足以論次第的方便義。到了這個時後，行人如果照察所觀境以尋求入道越生死流的決心，仍然明覺的話，則有必要持續努力，反思既已十法並用，何以觀陰、入、界境無所得？何以仍為無明所遮障？並以慚愧心自訴，在這種情況之下，通常都會激發妨礙行持的諸種煩惱，使能觀的一念心，或為三毒所噬，或為紛繁的顛倒想所挫，或為外境所牽。因係行中修觀，一旦未能在與思議境的緣合中，觸處體達「無明即是法性」的不可思議義，那麼，便有必要在自覺的一念心上，轉而針對蜂起的煩惱境修習止觀。

　　智顗是深刻洞悉人性的，認為一般人的弱點，在修觀習定的進程中，如果執心未除，發菩提心則不真切，既善巧無方，安心無路，諸法不僅破它不得，又困於塞而不通，道品不具，位次不明的諸惑之中，因此，縱使修觀小有體會，初嚐些許禪定的法悅，不但於證顯勝相無補，反因不能安忍，孳生偏計法愛之念，甚至高慢的態度，這樣一來，便會有以法愛自恃而諍競的危害發生，這就是「發定已而起見惑」〔註74〕的現象，本來修習天台觀行，旨在否除無明的當體觀達明與無明不相妨礙，如今不但除惑無功，反倒因定為

────────

〔註74〕《摩訶止觀》，卷第八・上，〈第二觀煩惱境者〉，《大正藏》，第四十六冊，頁102b。

見惑所執，以致背離初心，然而為甚麼會有這種從陰、入、界掉進煩惱境的困局產生呢？智顗認為有三種原因所使然，即：一、習因種子，二、業力擊作，三、魔所扇動。智顗說：

> 習者，無量劫來，煩惱重積，種子成就，薰習相續。……行人任煩惱流，沿生死海，都不覺知；若修道品，泝諸有流，煩惱蟲起。唯當勤勉特出，曉夜兼功耳！
>
> 業者，無量劫來，惡行成就，如負怨責，那得令汝修道出離？故惡業卓起，破壞觀心，使善法不立。……
>
> 魔者，若作魔行，是其民屬，故不動亂；若行道出界，去此投彼，十軍攝擒，故深利之惑，欻然而至。〔註75〕

習因的特性是造作，就是有為法，凡屬有為法，必具有「虛偽誑詐」與「誑惑凡人」〔註76〕的特性，而凡人即使世智辯聰，如果不能信受持行出世的正法，甚而耽於誑詐的虛偽與自蔽惑他的邪解，如此以有為法為因，薰習造作的煩惱為果，就不免要掉進思惑的「有流」之中，一去不返。

習因有遠近兩方面的意義，就當下的一念心而言，指剎那剎那生滅無已的心念，在生起時是前一念的相續，所以前一念是因，當下的這一念是果，而當下的這一念在生起的同時，又為招感下一念的相續因，如果前一念是下一念的善因，其在下一念所招感便是善果，如果是惡因，則為惡果。

就遠的方便而言，五百大阿羅漢等說：

> 前生善根與後生自界善根，及相應法為同類因；過去善根與未來現在自界善根，及相應法為同類因；現在善根與未來自界善根，及相應法為同類因。〔註77〕

可見習因是無量劫來以來，眾生之所以仍在界內生死海中輾轉流浪，不得入涅槃門的根源。而眾生之所以流轉生死，解脫無期，莫非惡業為因，致令煩惱為惡果，如此薰習相續，便會在持行道品修觀照察能觀的一念心時，顯現為所觀的煩惱境。本目祇論煩惱境，茲先將所觀境開為下表。

〔註75〕同上，頁102^c。
〔註76〕晉譯《大方廣佛華嚴經》，卷第二十五，〈十地品第二十二之三〉，《大正藏》，第九冊，頁556^a。
〔註77〕五百大阿羅漢等造，唐·玄奘譯，《阿毘達磨大毘婆沙論》，卷第十七，〈雜蘊第一中智納息第二之九〉，《大正藏》，第二十七冊，頁85^c。

表六十一：觀煩惱境中十乘觀法內涵表

十乘觀法	觀煩惱境
觀不可思議境	不受不著，不念不分別；新起者名不受，舊起者名不著，不內取名不念，不外取名不分別。妙慧朗然，……若世智燈滅，闇惑更來。若中道智光，常住不動，如神珠常照，闇則不來。觀煩惱闇，即大智明，顯佛菩提，惑則不來也。準上陰、入境可知。（《大》46-104^b）
起慈悲心	如是觀時，追傷己過，廣愍眾生。何以故？理非明闇，以迷惑故，起苦集闇。解治法故，有道滅明。約闇故悲，約明故慈，大誓之心，與境俱起。（《大》46-104^b）
巧安止觀	為滿願故，須立要行；行之要者，莫先止觀。四分煩惱，體之即空，名體真止，入空觀也；觀諸煩惱，藥病等法，名隨緣止，入假觀；觀諸煩惱同真際，名息二邊止，入中道觀。善巧安心，修此三止三觀，成一心三眼三智也。（《大》46-104^b）
破法遍	若眼智未開，破障令遍觀四分煩惱。念念三假，非自、他、共、離，單複具足，見、思不生；知病識藥，無知不生；非真非緣，無明不生，橫豎破遍。（《大》46-104^b）
識通塞	於即空中，翻構苦、集，是名知塞；於苦、集中，達即是空，是名知通；於諸法藥，翻構為病。是名知塞；於諸病法，即能知藥，是名知通。翻法性為無明，名之為塞，無明轉即變明，名之為通。（《大》46-104^{b-c}）
修道品	又，觀煩惱而修道品，四分心起，即污穢五陰。一陰無量陰；受、想、行、識，亦復無量。諸陰即空，凡夫倒破，小枯樹成；諸陰即假，二乘倒破，大榮樹成；諸陰即中，廢枯榮教，二邊寂滅，入大涅槃，乃至開三解脫，入清涼池也。（《大》46-104^c）
對治助開	若遮障重，當修助道；既解惑相持，便應索援；外貪欲起，以不淨助；內貪欲起，以背捨助；內外貪欲起，以勝處助；違法瞋起，眾生慈助；順法瞋起，法緣慈助；戲論瞋起，無緣慈助；計斷常起，三世因緣助；計我人起，二世因緣助；計性實起，一念因緣助；明利覺起，數息助；沈昏覺起，觀息助；半沈半明覺起，隨息助；助道強故，能開關涅槃門。（《大》46-104^c）
知次位	於未開頃，或得一種解心，或得一種禪定，當熟思量。草木瓦礫，勿妄持謂是琉璃珠。若謂即是者，何煩惱滅？見耶？思耶？塵沙耶？無明耶？諸位全無，謬謂即是，猶如鼠唧。若言空空，如空鳥空。未識次位，觀行相似，全未相應，濫叨上位，所以成怪。（《大》46-104^c）
能安忍	若內外障起，當好安忍；忍若不過，敗壞菩薩。安忍不動，薩埵可成，即獲償賜，似道禪慧。（《大》46-104^c）
無法愛	得是償時，莫生法愛，愛妨真道；若無頂墮，自在無礙，如風行空，位入銅輪，破無明惑，成無生忍。（《大》46-104^c）

學人在持法觀行修習時，不能用世俗的道德律來觀待煩惱，更不能用非對即錯的二分法來調伏，因爲在修觀時激發煩惱的是習因種子，是觀心論所限定的所觀境，而不是現行的行爲，所以不能對所對境妄指境界有是非，這都是凡情所計執的結果，袛是行人也不能誤用四句推檢，錯解一心三觀的正法義，如說「煩惱即空故，不住不調伏；煩惱即假故，不住調伏；煩惱即中故，不住亦調伏亦不調伏；雙照煩惱故，不住非調伏非不調伏」〔註78〕，這種分解式的理解，都是斷裂對境的諸法所擬議出來的思議境，都是壅塞佛道的智障，很容易讓學人不是偏廢於無而惡取空見，便偏廢於有而執取常見。喜根菩薩說：

> 貪欲是涅槃，恚癡亦如是，如此三事中，有無量佛道。若有人分別，貪欲瞋恚癡，是人去佛遠，譬如天與地。菩提與貪欲，是一而非二。〔註79〕

就不可思議境而論，智顗認爲，三毒中「具一切佛法」〔註80〕，就如同有法愛一樣，行人一旦在一念心中貪著法愛，照樣爲常見所蔽，因此，袛有在「一念煩惱心起」〔註81〕的當體，即觀達煩惱境即法界，即任運遊心的實相，纔不會在習因相續的煩惱流中失足而爲思惑的「有流」吞滅，所以當行人修觀時，於一念心中觀對相續的煩惱境時，就不可思議義而論，合當不會執受新新生起的境界，也不會被生起煩惱境的前煩惱境所執取，更不會對內在於自己的一念心，爲念念的遷流所溺，尤其不會對現前的諸煩惱法妄加分別而自相妨礙，所以說「觀煩惱闇，即大智明，顯佛菩提」。

菩提心一旦對境呈露，除了要以慚愧心「追傷己過」之外，還要發用本誓的弘願同時去「廣愍眾生」，因爲修習天台圓教的觀行法門，所強調的是自他均安於菩提道，而要安住菩提道，就得時時以三止三觀照察貪、瞋、睡、疑四分煩惱，而得一心豁開慧眼、法眼、佛眼三眼，以證成三智之果。智顗說：「若體眞止，妄惑不生，因止發定，定生無漏，慧眼開故，見第一義，眞諦三昧成，故止能成眼，眼能見體，得眞體也。若隨緣止，冥眞出假，心安

〔註78〕 《摩訶止觀》，卷第八・上，〈第二觀煩惱境者〉，《大正藏》，第四十六冊，頁103^c～104^a。

〔註79〕 姚秦・鳩摩羅什譯，《諸法無行經》，卷下，《大正藏》，第十五冊，頁759^c。

〔註80〕 《摩訶止觀》，卷第八・上，〈第二觀煩惱境者〉，《大正藏》，第四十六冊，頁103^b。

〔註81〕 同上，頁104^a。

俗諦，因此止故，得陀羅尼，陀羅尼分別藥病，法眼豁開，破障通無知，常在三昧，不以二相，見諸佛土，則俗諦三昧成，是則止能發眼，眼能得體，得俗體也。若息二邊止，則生死涅槃，空有雙寂，因於此止，發中道定，佛眼豁開，照無不遍，中道三昧成，故止能得眼，眼能得體，得中道體也。三觀者若從假入空，空慧相應，即能破見思惑，成一切智，智能得體，得眞體也。若從空入假，分別藥病，種種法門，即破無知，成道種智，智能得體，得俗體也。若雙遮二邊，爲入中方便，能破無明，成一切種智，智能得體，得中道體也。」〔註82〕單就巧安止觀觀煩惱境而言，可見體眞止所發定，功在剋對有漏煩惱，破除見思惑，得清淨無漏的解脫智慧，所以果在一切智。

表六十二：觀煩惱境中十乘觀法「巧安止觀」內涵表

疑觀貪四、分瞋煩、睡惱	巧安止觀	三　止	所發境	三　觀	三　眼	能　破	三　智
	體之即空	體眞止	定生無漏	從假入空	慧眼	破見思惑	一切智
	藥病等法	隨緣止	得陀羅尼	從空入假	法眼	破無知	道種智
	同　眞　際	息二邊止	發中道定	入中道觀	佛眼	破無　明	一切種智

　　見思惑既已破除，則「無知不生」，如進一步遍破，從體眞止升進隨緣止，再升進息二邊止，則三觀義成，「無明不生」，得中道第一義諦，如此翻轉無明爲明，已不復情執滯塞而爲通，而得以明修道品，成三解脫，入涅槃門，而不於再「濫叨上位」，亦無頂惰之虞，凡此重重檢證，以證「成無生法忍」，如此觀達，便能夠從觀陰、入、界境時之未悟，而證顯勝相，逕登初住位。

第三目　能觀十乘與所觀病患境

　　佛教說病，廣則八萬四千相，署則六神、四大。四大是普遍的說法，如佛陀告訴普安王說：「地大、水大、火大、風大，一大不調，百一病生，四大不調，四百四病，同時俱作。」〔註83〕四大是就質器而言，既是一切色法成立的原因，也是和合成人身的元素，因爲是和合的，所以是無常法，是人受苦的載具，脫不開有生則有滅的緣起果法則。至於六神病，則爲智顗講天台觀行的獨說，智顗認爲心、肝、脾、肺、腎五臟各有一神主司五根，並以陰

〔註82〕同上，卷第三・上，〈二明眼智者〉，頁25ᶜ～26ᵃ。
〔註83〕附《東晉錄》，失譯，《佛說五王經》，卷第一，《大正藏》，第十四冊，頁769ᵇ。

神統領〔註84〕，所以，行人在修觀時，不論四大的任何一大失去調和，或六神相剋，都會使行者發病，妨害禪定，因此，在講說次第止觀時，就在「分別禪波羅蜜前方便」的外方便中，特別指出行者在修觀時調節飲食、調節眠睡、調身、調氣息、調心等調五法的重要性，五法如不調，不但會導致「坐念不安」，還會造成「身羸心懸」與「心識惛迷」〔註85〕等等不利於禪坐的病況。坐中修禪，尚且如此，若行中修觀，歷緣對境，諸法蜂起，其對行持的危害，就要顯得更大了。

　　致病的因素不一，就修習天台觀行的學者而言，在修觀中因「坐禪不節」而引生的病患，有質器性的病，有「鬼病」、「魔病」、「業病」，智顗認為，如果坐禪不節，將會誘發質器性的病，就像「骨節疼痛」，或因為心生怠慢，而在一念邪心上，誘發鬼病、魔病。對骨節疼痛這種色身上的不安穩，很容易被察覺調治，但「自來住在心上」〔註86〕的鬼病、「破法身慧命」〔註87〕的魔病，與「專是先世業」〔註88〕的業病，因為變怪多端，或諸罪所積成，往往不容易被覺知，除非行者修觀時，能夠保持正念，於一念心上，念念明覺，於所觀境上，如實照察，並善調五法，以精進心、慚愧心，將退墮的本心，招魔惹鬼的邪心，罪業促生的惡心，在正觀十二因緣法非生非滅的定境中給遞次調治，否則慈心難發，止觀失體，諸法不破，塞而不通，道品淆訛，次位無序，凡此莫不是顛倒想生，對境冥心所致。因此，智顗說：「如為病故，退失本心，棄廢禪定，誹謗三寶，不惟先罪招禍，而言修善無福，起大邪見。……五欲恣情，善心都盡，惡業熾盛，起上中下罪，是為因病，造三惡法界。」〔註89〕

〔註84〕智顗說：「若多惛惛，是肝中無魂；多忘失前後，是心中無神；若多恐怖癲病，是肺中無魄；若多悲笑，是腎中無志；若多迴惑，是脾中無意；若多怏怏，是陰中無精，此名六神病相。」《摩訶止觀》，卷第八·上，〈第三觀病患境者〉，《大正藏》，第四十六冊，頁106^c。

〔註85〕《釋禪波羅蜜次第法門》，卷第二，〈分別禪波羅蜜前方便第六之一〉，《大正藏》，第四十六冊，頁489^b。

〔註86〕《摩訶止觀》，卷第八·上，〈第三觀病患境者〉，《大正藏》，第四十六冊，頁107^c。

〔註87〕同上。

〔註88〕同上。

〔註89〕同上，卷第八·下，頁101^a。

表六十三：觀病患境中十乘觀法內涵表

十乘觀法	觀病患境
觀不可思議境	一念病心，非眞非有，即是法性法界，一切法趣病，是趣不過，唯法界之都無九界差別。如如意珠，不空不有，不前不後。病亦如是，絕言離相，寂滅清淨。（《大》46-110^c）
起慈悲心	眾生實疾，從癡愛生，癡愛纏生，大悲亦起，癡愛纏滅，大悲亦滅。眾生有愈有不愈，菩薩有疾有不疾，若無疾者，知其子愈，若有疾者，化道未休，故方丈問疾，茅城背痛，皆此義也。誓願既等虛空，有疾亦彌法界，是名不思議慈悲。（《大》46-111^b）
巧安止觀	體解發心，端身正念，唯止唯觀，善巧悉檀，調適得所，一上坐即覺清涼。或頓損、或漸損，是名大藥。（《大》46-111^b）
破法遍	行人病時觀病，為因色病？為因心病？若色是病者，外山林等，皆應是病，死人亦應是病。屍及山林，未曾受惱，當知色非病也。祇由心想，計有此病，今觀病心，不自不他，四句叵得，非內非外，畢竟清淨，心如虛空，誰是於病？（《大》46-111^b）
識通塞	觀於病法，句句之中，識諦緣度，觀病觀智，句句識諦緣度，了了分明，而無疑惑。（《大》46-111^b）
修道品	若觀病是四大，病是不淨，病若離四大，病即是淨，病非四大，非離四大，病即非淨非不淨有。眞非有非眞，空假非空非假，枯榮非枯非榮，如是等義皆，與身念處，無二無別；如此病受，非苦非樂。病之想行，非我非無我，病心非常非無常。……三十七品，於枕席間，皆得成就，解苦無苦，入清涼池。（《大》46-111^c）
對治助開	若修正觀，未得差者，當借前來六種之治，正助合行，尚能入道，何況身疾而不消除？（《大》46-111^c）
知次位	作此觀時，雖滯床枕，深識次位。我觀病患，道理宛然。如彼琉璃，在深潭底。我此觀智，但是名字，因疾未除，果疾是分。若似解之位，因疾少輕，道心轉熟。果疾猶重，不免眾災，若入無生法忍，因疾雖盡，猶有果疾，我今不應非位起慢，言我病行，均彼上人。（《大》46-111^c）
能安忍	但勤正助，莫為內外障緣，阻礙休息。若正助稽留〔註90〕，疾成道廢，能安心在疾，不動不退，所作辦也。（《大》46-111^c）
無法愛	設得病損，行觀明淨，不生貪著，莫起愛染；十法成就，疾入法流。（《大》46-111^c）

　　在思議境中，因病生十法界，無非都是煩惱自困，顛倒妄想，蕩亂觀行

〔註90〕「若正助稽留」，《大正藏》作「答正助稽留」，依文意，據《乾隆大藏經》改正。參見《乾隆大藏經》，彰化，乾隆版大藏經刊行處，1997，第一百二十冊，頁456^a。

所致。關於學人在病患境中，正確修持天台觀行法門的不可思議境，如同初所觀在「行中」觀陰、入、界境，「無明即是法性，法性即是法界，一切法趣行中，是趣不過」，而諦觀一念病心，「即是法性法界，一切法趣病，是趣不過」，如此一來，就不會在隔歷法界的妄想上打轉，因爲諸病之所以叢生，不論是質器的，或精神症候的，都可以在修習止觀的所觀境中，找出各種致病的成因，近如骨節疼痛，遠如先世罪業，內如邪心，外如魔障，然後依不同的灶門，抓不同的單方，予以調治。因此，一旦了達之所以患病在事相上的實際因由，就能觀達病的本質，在理上本來「不空不有，不前不後」，而證顯病法即「寂滅清淨」的實相。

病患境主要是針對無明煩惱而講說的，智顗說：「一切眾生，皆具此理，而不能識，隨見思流，沒分段海。」〔註91〕而有疾菩薩如維摩詰長者，以慈悲心，爲眾生示顯病患境即假、即空、即中的圓教義，行者若能就中起慈悲心，則能成自癒癒他的法藥良方，並在「善巧悉檀」的對治下，使自他都能「調適得所」，進而以「唯止唯觀」，破遍計執因色而有的色心兩病，使在一念心上，以如實觀智，洞達四諦、十二因緣、六度分明無疑，是則身、受、心、法，乃至於正見、正命、正定，或爲不淨，或爲寂靜，都能正觀成就，次位分明。際此，雖然「棄廢禪定」的因病易治，但果報的病在證得實相的同時，未必當體即能療癒，也不能就此淆亂位次，致使徒然增生再度招魔惹鬼的慢心。因此，祇要「安心在疾」，亦且「行觀明淨」，就不至於爲病所染著，甚至反過來耽溺在病況中，而心生錯誤的執愛，如藥本爲治病，但患者卻因病而嗜藥，因嗜藥更成新病，致令病病相生，藥藥相引，其之於觀行而生法愛亦然，是以唯有在病境所生起的諸法中，觀達病境諸法與實相本爲諸法實相，即可證得無生法忍。

第四目　能觀十乘與所觀業相境

從陰、入、界境掉進煩惱境的困局是「習因種子」，掉進業相境的困局則是「業力擊作」，智顗說：「業者，無量劫來，惡行成就，如負怨責，那得令汝修道出離？故惡業卓起，破壞觀心，使善法不立。」至於生發病患境的諸多動因之一，在遠因方面，「業」亦是主要的因素，智顗說：「業報生身，四蛇動作，廢修聖道；若能觀察，彌益用心。」〔註92〕又說：「或專是先世業，

〔註91〕《摩訶止觀》，卷第八‧上，〈第三觀病患境者〉，《大正藏》，第四十六冊，頁110ᶜ。
〔註92〕同上，頁106ᵇ。

或今世破戒，動先世業，業力成病。……若今生持戒，亦動業成病。」〔註93〕
若就業相境而言，則爲：

行人無量劫來，所作善惡諸業，或已受報，或未受報，若平平
運心，相則不現。今修止觀，能動諸業，故善惡相現。〔註94〕

凡此，都集中表明了業的果報性與招感條件在所觀境中生發的特定關係
是業因與業果，而招感的前提則是「觀心」、「觀察」與「修止觀」，換言之，
眾生如果沒有自覺到有修持出苦的意願，並起身去實踐，而祇是在非善非惡
的狀態下，運心平平的過著無記般的日子，就不會有因修道、持戒而生發先
世所作的善惡業果報，亦不會因持戒清淨而擊動業力，致令引生病相，也就
是說，眾生祇要渾渾噩噩的虛耗此生，那麼，即使一念心生起煩惱境、病患
境，乃至於業相現前，勢將不自覺知的任其生起謝滅，而隨順生死流飄蕩，
不知所之，仍不以爲意。

誠如通途所知，業是使眾生輪轉三界、六道生死的根源。根據因果法則，
不論善業、惡業，或無記業，是重罪的增長業或輕罪的造作業，祇要業習未
除，都會在生死相接相續輪迴中受報，如病患境所明，行人持修止觀以達知
次位時，「因疾雖盡」，如果尚未證悟涅槃得解脫，仍然「猶有果疾」，所以行
人在修觀時，便要從習因與業果的造作與牽引生發的關係，來諦觀出現在所
觀境中的業相。而業相在觀行者一念心上的出現方式，智顗指出有報果、習
因、報前習後、習前報後、習報俱時、前後不定等六種，這六種所觀境的生
發形式，都與善惡因具有必然的聯繫，且在止觀的行持中，都對實相的證立
具有破壞性，嚴重的話將導致行者從修持中退墮下來，乃至於「廢修聖道」，
除非以一心三觀，當體平等照察，不爲善業現前所拘執，不爲惡業障道所驚
擾，纔能不爲境界所惑，從而招魔惹鬼，致使修禪不成反成鬼。

表六十四：觀業相境中十乘觀法內涵表

十乘觀法	觀業相境
觀不可思議境	《華嚴》云：「佛子！心性是一，云何能生種種諸業？」 答云：「譬如大地一，能生種種芽。」 地若得雨，毒藥眾芽，一時沸發。今法性地，得行道雨，善惡業芽，一念競起，業名法界，諸法之都。（《大》46-114ᵃ）

起慈悲心	既深達業境，善惡共都，即起慈悲。罪福之理，非違非順，違之成罪，順之成福。如世諦名色，及諸質礙，亦非違非順。若盜之成罪，則有三途惡業；若捨之成福，即有三善道業。菩薩深達如此，非違非順，於違起悲，於順起慈。即空眞諦，無言說道，亦非違非順。違之則成六道有漏之業，順之則成三乘無漏之業。菩薩深達即空，非違非順，於違起悲。於順起慈也。中道之諦，亦非違非順，違之則有漏無漏，二邊之業。順之則有非漏非無漏，中道之業。《法華》云：「久修業所得。」即此業也。菩薩深達中道實，相非違非順，於違起悲，於順起慈。若深達者，祇是一念心，非違非順，無三差別；亦是一念慈悲，非前非後。(《大》46-114ᵃ⁻ᵇ)
巧安止觀	安心業空，則善順而惡息，惡息故名止，善順故名觀。安心業假，惡息善順，安心業中，惡息善順，順故名觀，息故名止。(《大》46-114ᵇ)
破法遍	業若過去，過去已謝，故云何有業？業若未來，未來未有，云何有業？業若現在，現在念念不住。念若已去，即屬過去；念若未至，即屬未來，即起即滅，何者現在？若言去時有業名現在者，去時是業？去者是業？爲當去時去？去者去？現在既無，業亦叵得。三世推檢，橫豎搜求，善惡諸業，俱不可得，畢竟清淨，而言善惡業者，但以世間文字，假名分別，不可聞名而謂爲實。所以者何？本求理實，不求虛名，虛名無性，雖強分別，如指虛空，業無作受，三諦俱寂。(《大》46-114ᵇ)
識通塞	於業非業，亦業亦非業，非業非非業，句句之中，明識苦集，一一心內，了知道滅。(《大》46-114ᵇ)
修道品	業具十法界五陰，即是具一切四念處。一切業同類之色，是身念處，此身非淨非不淨。同類四陰，是三念處。此三非苦、非樂、非我、非無我、非常、非無常，即是非榮、非枯，雙樹涅槃，乃至三解脫。(《大》46-114ᶜ)
對治助開	當念應佛三十二相等，念報佛無量功德，共破習因惡業。念法門佛破習因，念三十二相破報果云云。念法門佛，助破報果惡業。念佛力故，惡業障轉，則入涅槃門也。(《大》46-114ᶜ)
知次位	如是觀時，不叨上聖。(《大》46-114ᶜ)
能安忍	又當安忍內外諸障，令得無礙。(《大》46-114ᶜ)
無法愛	若發似道，未是眞解，勿生法愛；法愛不起，則任運無滯，自然流入清涼之地。(《大》46-114ᶜ)

在行持止觀修習的當際，能觀的一念心之於所觀的諸法，就一乘圓教立論，在事上儘管構成因緣合會的條件不定，且相相或分明隔歷，或互爲隱顯，或爲麤蔽色，或爲微細念，其生起的狀態，都可以被一覽無遺的照察到。但這些條件所導生的各各結果，在一一相之間的能所結構上，就緣起法則而論，

卻從來都不是孤立的現象。因此，眾生受生十法界的依正二報，在實相上便必然要被視為同一的整體。就像文殊師利舉問「如來平等，無有怨親」的教說，以人行布施所得的果報，就平等義而觀，本應「等一無異」，但在結果上，為甚麼會有千差萬殊的現象出現？目首菩薩就「業」之所以為業的縱貫特性，用方便義舉譬以橫向平展的現象回答說：

　　　　譬如大地一，能生種種芽。〔註95〕

　　務須留意的是方便義是為易明了而說，說為現象上的橫，以譬況另一現象即因果習續的縱，而在理上體現不縱不橫的「心性是一」的實相，纔是如來教示的真實的平等義。因此，智顗用「法性地」與「行道雨」兩組概念，詮明所觀境的「行道雨」與能觀境的「法性地」，在學人修習止觀的觀達上，業境所生發的當體，如同病患境與煩惱境的現前，都是「諸法之都」，都是不一不異的不可思議境。

　　能觀的一念心之所以能生起業相境，不外行人在依戒為軌範而持修止觀時招感先世的善惡業所致，如果行人不持善律儀戒，不論修觀時，或在平時，都將一念不淨而失去對防非止惡的警覺，所以修持止觀而不持守淨戒，便會使魔在所觀境中趁虛而入，使行人因修觀而墮入鬼道，因行禪而行成鬼禪，智顗說：

　　　　發意邪僻，見此相已，而生愛著，魔得其便，入示吉凶，更相
　　　因倚，貿易財食，死墮鬼道，此非鬼禪，更謂誰耶？〔註96〕

　　也就是說，修禪的動機如果不純正，起心動念都別有盤算，就像雖言持戒，但所持的卻是專意圖謀不當所得的惡律儀那樣，那麼，在業相境生起時，不但不能體達何謂不可思議境，更無從以菩提心智照「善惡共都」之理，而去實踐弘誓願，唯有像文殊師利對智積菩薩說，龍王女「微妙廣大，慈悲仁讓，志意和雅，能至菩提」的菩提道，而感得龍王女讚歎文殊師利說「深達罪福相，遍照於十方」〔註97〕那樣，纔能體證一心三觀的慈悲，本來「三無差別」，從而得以在所觀的業抱中中安心，且不為所動的朝順善的觀心之路上，志堅意故的行持下去。

〔註95〕晉譯《大方廣佛華嚴經》，卷第五，〈菩薩明難品第六〉，《大正藏》，第九冊，頁 428^b。
〔註96〕《摩訶止觀》，卷第八．上，〈第四觀業相境者〉，《大正藏》，第四十六冊，頁113^c。
〔註97〕《妙法蓮華經》，卷第四，〈見寶塔品第十一〉，《大正藏》，第九冊，頁 35^b。

行人修觀的意志，一旦堅如所發的誓願，那麼，再在一念心上以即假、即空、即中的三諦檢校業相的生滅時，則無有不在實相之理上，遍破執有一造作諸業者必有一受業果之報者的分別心，而通達四諦、十二因緣、六度，四句推檢不可得的分明智照，而再無疑惑。因此，五陰、三十七道品所修所證，既已證顯「業具十法界」的勝相，已破習因與報果流轉，自然要趣向解脫道涅槃門。如此觀達業相的眞際，則次位自明，而安忍無礙，便能以清淨身，進入無復熱惱的清涼地。

第五目　能觀十乘與所觀魔事境

誠如「能觀十乘與所觀業相境」一開頭所明，從陰、入、界境掉進煩惱境的困局是「習因種子」，掉進業相境的困局則是「業力擊作」，如今，行人於所觀煩惱境與業相境，如果猶未能證顯諸境所生起的諸法與實相，在實際理地上本爲諸法實相，則必爲境界所轉，而再度淪墜生死流，出離不得。其之所以退墮的原因，容或算數譬喻所不能及，然而天台觀行論的學理，在行中歷緣的次第意上，智顗卻從來都不含糊其辭的隨便代行人編派之所以生起一系列所觀境的原因，是隨機拼湊出來的。就內在於智顗所韜悟法華三昧的觀行體系而論，從十乘與十境的關係一路論析下來，可見其內在結構的有機理則，具有乘乘開張，境境間廁，境乘合度，自成合理的學說與實踐的方程，所以說《摩訶止觀》，既是一部廣義的天台學概論，又是一部操作系統分明的作業手冊。因此，在講說觀煩惱境時，智顗已同時宣說魔事境之所以在行者修觀時的一念心上生起的根源是「魔所扇動」，智顗說：

> 魔者，若作魔行，是其民屬，故不動亂；若行道出界，去此投
> 彼，十軍攝擒，故深利之惑，欻然而至。

一個慣使惡行的人，本來就是魔民，他們不管多麼令人匪夷所思的倒行逆施都做，就是不會在多機詐的一念心上，靈光乍現的想到要修善，要修止觀，要入無生門到清涼地，所以魔民的心念不會被魔所扇動，反而會來惑亂行人，就像佛陀將證悟正等正覺之際，他化自在天的魔王波旬，唯恐眾生在佛的教化之下，一個個走上解脫道，屆時勢將損及將來會墮落成其眷屬的成員，所以不斷嬈亂世尊的修行。如今修習天台觀行法門的學者，目的既然是在「行道出界」，要在勤行精進中，度越生死流，從輪迴中解脫，就會像佛陀

當年的修行一樣，有十軍〔註 98〕來擒，有病患來危害，有業相來干擾，乃至於有魔來障難。

關於魔的出現，並不是到了行者修持魔事境的時候纔會有，因爲魔之所以爲魔，具有無所不在於行人一念心之上的特性，如行人一開始修觀陰、入、界境時，就有陰魔來搗亂，修觀煩惱境時就有煩惱魔來糾纏，修觀病患境時，就有死魔來索命，修觀業相境時更有魔來示吉凶，所以當行者於修習諸所觀境時，智顗雖作次第說，但卻不可誤以爲一一境祇是一一境，彼此之間不相交涉。如果祇是這樣來修觀，就難免會有顧此失彼之失，即使有所得，也祇是可思議的境界，而非一乘圓實教的行人所證顯的三昧。

然而魔的出現，爲甚麼在魔事境中顯得特別明顯，以至於智顗有必要單獨將它列爲一個論題來講說呢？因爲十乘觀法之於所觀境，就行者的修持而論，理想的狀態是在觀陰、入、界境時就能夠證顯勝相現前，如果狀況不理想，祇好依行者各自不等的根性，或次第或不次第的層層照察，而行人對上來諸境的修習，以禪觀日深，定境日固，豁悟在即之故，魔因此而恐懼又將永遠損失魔民，所作起怪來，在這個時候，就要顯得特別激烈了，因此，智顗說：

> 行人修四三昧，惡將謝，善欲生，魔恐迴出其境；又當化度於他，失我民屬，空我宮殿；又慮其得大神力、大智慧力，復當與我與大戰諍，調伏控制，觸惱於我，遽其未成，壞彼善根。〔註99〕

表六十五：觀魔事境中十乘觀法內涵表

十乘觀法	觀魔事境
觀不可思議境	降魔是道場，上根利智，治魔顯理，以魔爲侍，於魔不怖，如薪益火。緣修不能寂照，持世不覺魔謀，謂言善來。眞修寂照，不待觀而後鑑，即知是魔，非帝釋也。……圓教安之實際，故言如我應受，不畏非人，於生死有勇。（《大》46-116^b）
起慈悲心	魔界即佛界，而眾生不知，迷於佛界，橫起魔界，於菩提中，而生煩惱，是故起悲；欲令眾生，於魔界即佛界，於煩惱即菩提，是故起慈；慈無量佛悲無量魔，無量慈悲，即無緣一大慈悲也。（《大》46-116^b）

〔註98〕龍樹說：「欲是汝初軍，憂愁軍第二，飢渴軍第三，愛軍爲第四，第五眠睡軍，怖畏軍第六，疑爲第七軍，含毒軍第八，第九軍利養，著虛妄名聞，第十軍自高，輕慢於他人。」參見《大智度論》，卷第九，〈初品中菩薩功德釋論第十〉，《大正藏》，第二十五冊，頁99^{b-c}。

〔註99〕《摩訶止觀》，卷第八・下，〈第五觀魔事境者〉，《大正藏》，第四十六冊，頁114^c。

巧安止觀	欲滿此願顯此理，應降魔作道場。八十億眾不能動心名止，達魔界即佛界名觀，但以四悉止觀安心。（《大》46-116^b）
破法遍	隨魔事起，即以四句破之，橫豎單複，破悉無滯。……圓教初住，俱破八魔，得菩提道，破煩惱魔云云，乃至妙覺，八魔究竟永盡。雖初住破，非初住破，雖後覺破，非後覺破，而不離初住後覺。（《大》46-116^{b-c}）
識通塞	於上一一破魔法中，皆識苦集，無明蔽度，知字非字。（《大》46-116^c）
修道品	魔界具一切色，色即是空，色即不淨；色即是假，此名爲淨；色即是中，非淨非不淨。餘四陰亦如是，是名一念處，一切念處，乃至三解脫門。（《大》46-116^c）
對治助開	門若未開，必由事障，久遠劫來，爲魔所使，起於魔檀，爲有報故，持於魔戒，要利養故，行於魔忍，爲畏他故，習魔精進，求名聞故，得於魔禪，昧於鬼法，樂於魔慧，分別見網。如是六法，雖名爲善，其實是魔。由此邪蔽，蔽三脫門。今用正度，對治六蔽，蔽去度成，如油多明盛。若雜煩惱，當用前四分觀助治，雜業借念二佛助治。（《大》46-116^c）
知次位	若小乘伏道遍，名爲聞慧，乃至圓教五品，是聞慧位，此尚未成，豈可濫眞，起增上慢？（《大》46-116c～117^a）
能安忍	若欲入眞，當一心安忍，勿更爲魔之所動亂，窮微觀照，強心呵抵。（《大》46-117^a）
無法愛	若入似位，得法賞賜，勿生高心、愛心，譬如大動，黜爲小縣，或失祿、或失命；若起法愛是犯罪，但發似解如小縣，失似解如失祿，墮二乘地如失命，大乘家業，宗社滅故；若無法愛，從相似入眞實，調魔爲侍，直至道場。復次，退慧如失動，退定如失祿，俱退如失命。（《大》46-117^a）

　　天子魔不但畏懼失去魔民，更怕被已證悟的行者的「大神力、大智慧力」所度化，因爲證悟者，能以其無緣大慈，同體大悲，攝受諸魔，「治魔顯理」，甚至「以魔爲侍」，所以行人祇要在「眞修寂照」的觀行中如實修持，並以其能觀的一念心，在魔事境生發的同時，鑑察分明，且當下以中道第一義諦「安之實際」，即能觀達魔所現諸法爲不可思議的實相。因爲修持止觀，既要發眞正的菩提心，且一旦體達深定，便能發用相應的道力，內於一念心不爲所動，外於諸境不爲所嬈，而得以當境作降魔的道場。此時，儘管魔自四方蜂擁而來，在二六時中，變怪成獸、成鬼，乃至於幻化成婆羅門、成神等等，凡此，天子魔之所爲，除非道品仍然不開，並爲魔所蠱，甚至爲其能主吉凶所宰，能饗以貨利、名聞所惑，纔會以其一念事障之迷，再度墮落三途，而爲六蔽所遮，爲見網所擒，以致在理上三脫無門，復以其曾經有所持修，而叨濫上

位。當此之際，行人如能刻下反觀煩惱等境對治助開之能觀法門，或相應於諸境中的念佛法門，則能不爲所執，而一旦證顯勝相現前，自能六度復明，勤行精進，於忍辱度不失安忍，於般若度蠲除法愛，以慈悲度進而「調魔爲侍」，從四教相似即的凡位，層層升進一乘圓實教分眞即的聖位，一如觀達陰、入、界境、煩惱境所證之圓教銅輪位。

第六目　能觀十乘與所觀禪定境

在論析觀陰、入、界境時，對智顗將能觀境裂解爲「初所觀」與「對境」兩重有其必要性，此間通過煩惱、病患、業相、魔事諸境在一念心上的次第開展與證立，智顗認爲行人對天台止觀的修習，一旦到了這個地步，便有對所發禪定境，進行多方面諦審的必要，復又以禪定境的生發，係以二十五外方便〔註100〕爲實踐的基礎，及五內方便檢束能所覺照的憑藉，如果單純的看，學人祇要依循一定的原理去操作，且如實行持，終必悟入三昧，然而所觀境的生發，既具有不次第的特性，行人的根性亦利鈍不一，所以在禪定境中，智顗在通過重重的論證之後，亦將之裂解爲兩重。

表六十六：次第止觀五內方便內涵解析一覽表*

止門	止門不同	約行論止	繫緣止	繫心鼻柱、臍間等處，不令馳蕩故。	事止
			制心止	心若覺觀，即制令不起故。	
			體眞止	體諸法空，息諸妄慮故。	理止
		約義論止	隨緣止	隨心起時，悉有三摩提數。	
			入定止	證定之時，定法持心，心息止住。	
			眞性止	心性之理，常自不動。	
		用三義成三止	繫緣止	隨緣任性有定。	
			制心止	約果有定法。	
			體眞止	具性不動。	

〔註100〕參見第三章第二節第一目「具足開解立行的條件」，表三十八「二十五前方便內涵解析一覽表」。

立止大意	淺深	淺	繫緣止		事止
			制心止		
		深	體眞止		理止
	對治相破	以深破淺	繫緣止	破緣外之散心。	
			制心止	破繫緣止。心非色法，豈可繫在鼻膈等處？若欲靜之，但當息諸攀緣，故令制心守一。	
			體眞止	破制心止。心無形相，性不可得，云何可制？了心非心，不起妄念。	
		迴互相破	隨修止時，若有見生，即互取一止，對治破之。		
	隨樂欲	自有人樂安心境界，自有但樂。制心、體眞亦爾，若隨所樂以法教之，則歡喜奉行，若乖其情，則心不願樂。			
	隨機宜	未必隨樂，如有人樂欲體眞而不入定，若暫繫心守境，即發諸禪，此應隨便宜而授法。			
修止方法	繫緣止	繫心頂上	爲心沈惛多睡故，在上安心，若久久即令人浮風，乍如風病，或似得通欲飛，有此等過，不可恆用。		
		繫心髮際	此處髮黑肉白，心則易住，或可發本骨觀，久則過生，眼好上瞻，或可見於黃赤等色，如華如雲，種種相貌，令情慮顚倒。		
		繫心鼻柱	鼻是風門，覺出息入息，念念不住，易悟無常，亦以扶本，安般之習心，靜能發禪定。		
		繫心臍間	臍是氣海，繫心在臍，能除眾病，或時內見三十六物，發特勝等禪。		
		繫心地輪	此最在下，氣隨心下，則四大調和，亦以扶本。修習不淨觀者，多從下起。因此繫心，或能發本，不淨觀門。		

			制心止	心非形色，亦無處所，豈可繫之在境？但是妄想緣慮，故須制之。心若靜住，則不須制之，但凝其心，息諸亂想。		
			體眞止	以正智慧，體一切陰、入、界，三毒、九十八使，及十二因緣等，三界因果，諸法悉皆空寂。		
	證止	地輪	住持不動	行者因止，若證未到地定，忽然湛心，自覺身心相空，泯然入定，定法持心不動。		
			出生萬物	因未到地，出生初禪，種種功德事，同出生萬物。		
		水輪	潤漬生長	行者於地輪中，若證水輪三昧，即是發諸禪種種功德，定水潤心，自覺心中，善根增長。		
			體性柔軟	身心濡軟，折伏高心，心隨善法。		
		風輪	遊空無礙	因禪定發相，似智慧無礙方便，如風遊空，一切無礙。		
			鼓動萬物	得方便道，即能擊發種種出世善根，功德生長。		
			能破壞	智慧方便，能摧破一切諸見煩惱。		
			二乘人	五方便相，似無漏解發。		
			菩薩	即入鐵輪十信。		
		金沙輪	二乘人	行者若發見思眞慧，無染無著，得三道果。		
			菩薩	即入三賢十地位中，能破一切塵沙煩惱。		
		金剛輪	二乘人	不爲妄惑所侵，能斷一切結使，成阿羅漢。		
			菩薩	即是金剛般若，破無明細惑，證一切種智。亦名清淨禪，菩薩依是禪故，得大菩提果。		
善惡根性	驗善根性	善法章門	外善	布施、持戒、孝順父母師長、信敬三寶精勤供養、讀誦聽學。		
			內善	阿那波那門	通至根本、特勝、通明等，諸禪三昧。	世間凡夫禪

			不淨觀門	通九想、背捨、超越等，諸禪三昧。	出世間禪
			慈心觀門	通四無量等，諸禪三昧。	凡聖二人
			因緣觀門	通至十二因緣、四諦等，慧行諸禪三昧。	辟支佛
			念佛觀門	通至九種禪、百八三昧。	諸菩薩
	善根發相	外善根發相	定中見過去、今生布施習報。		
			定中見過去、今生戒忍習報。		
			定中見過去、今生孝順尊長習報。		
			定中見過去、今生信敬三寶，供養習報。		
			定中見過去、今生讀誦聽說習報。		
		內善根發相	阿那波那門	數息善根，善修三止，定心安隱。	
				隨息善根，特勝善根發相。	
				觀息善根，通明觀善根發相。	
			不淨觀門	九想，於欲界未到靜定心中，善根發相。	
				背捨，於欲界未到靜定心中，善根發相。	
				大不淨觀，於欲界未到靜定心中，善根發相。	
			慈心觀門	眾生緣慈，於欲界未到靜定心中，善根發相。	
				法緣慈，於欲界未到靜定心中，善根發相。	
				無緣慈，於欲界未到靜定心中，善根發相。	

			因緣觀門	三世十二緣，於欲界未到定心中，善根發相。
				果報十二緣，於欲界未到定心中，四諦善根發相。
				一念十二緣，於欲界未到定心中，一心具四諦善根發相。
			念佛觀門	念應佛，於欲界未到靜定心中，善根發相。
				念報佛，於欲界未到靜細心中，善根發相。
				念法佛，於欲界未到靜定心中，善根發相。
	驗知虛實	相驗知		十雙邪相，二十邪法
				具足十種善法。
		法驗知	定心研磨	平心定住，魔所爲不久自壞。
			用本法修治	以本修治，邪漸漸壞滅。
			智慧破析	心不住著，邪當自滅。
		魔禪	禪非是魔	魔邪既滅，定心明淨。
			魔作禪定	覺知非眞，魔自退之
		非魔相	罪障於禪	勤修懺悔除罪，禪定分明。
			境界不如法	善作方便，知非魔所作。
	料簡發禪不定	止門	事止	緣制心等止。
			理止	體眞止。
			事理止	緣俗體眞止。
			非事非理止	息二邊分別止。
		觀門	事觀	安般不淨觀等。

			理觀	空無相等觀。		
			事理觀	雙觀二諦。		
			非事非理觀	中道正觀。		
		行行無漏	對治事法，得有過去習因。			
		慧行無漏漏	緣理修習，習因善發，以明慧行。			
			發慧見眞，發相似慧，發眞實慧。			
驗惡根性	煩惱數量	覺觀不善法				
		貪欲不善法	三毒	四分煩惱	等分	
		瞋恚不善法				
		愚癡不善法				
		惡業不善法				
	惡根性發	覺觀發相	明利心中覺觀。			
			半明半昏心中覺觀。			
			一向昏迷心中覺觀。			
		貪欲發相	外貪欲。			
			內外貪欲。			
			遍一切處貪欲。			
		瞋恚發相	非理瞋。			
			順理瞋。			
			諍論瞋。			
		愚癡發相	計斷常。			
			計有無。			
			計世性。			
		惡業障道	沈昏闇蔽障。			
			惡念思惟障。			
			境界逼迫障。			
	對治法	對治治	覺觀	治明利心中覺觀。	數息	
				治半明半昏心中覺觀。	隨息	

				治一向昏迷心中覺觀。	觀息觀
			貪欲	治外貪欲。	
				治內外貪欲。	
				治遍一切處貪欲。	
			瞋恚	治非理瞋。	
				治順理瞋。	
				治諍論瞋。	
			愚癡	治斷常癡病。	
				治計有無。	
				治計世性愚癡。	
			惡業	治沈昏闇蔽障。	
				治惡念思惟障。	
				治境界逼迫障。	
		轉治	病轉法亦轉	如對治治中。	
			病不轉而法轉	如轉前不淨觀，修慈觀治。	
		不轉治	病不轉觀亦不轉	如不淨觀更作壞相想。	
			病轉觀不轉	如貪轉瞋猶作不淨觀。	
		兼治		或不淨兼慈，或慈兼不淨。	
		兼治兼不轉治。			
		非轉非轉非兼治		第一義悉檀波若正觀，通能治十五種病，亦通能發十五種門禪。	
安心法	隨便宜	如驗善根性中，發十五種禪門，隨其發法，當知過去已經修習，可還修令成就。。隨所發法，安心修之，如發覺觸後，欲修安心，當教數息。			
	隨對治成就	如行人本有貪欲不善障法，為治此病，作不淨觀，觀成病滅，爾時雖無欲病，而未證深法，當更加心修習不淨。			
	隨樂欲	若能對治，斷欲界煩惱不善之患，則十五種禪，通無遮障。爾時當隨行者心所欲，樂諸禪三昧，各安心其門，而修習之，即皆開發，始終成就。			

	隨次第	遮障既除，自有行人，欲從淺至深，具足修一切禪定，應從阿那般那中而教數息，證根本四禪空定已，次教隨息等等。				
	隨第一義	泥洹眞法寶，眾生種種門，入此十五種善根發後，及五對治除障已後，隨於一法門易悟之處，即以此爲安心者，行人多因是門入聖道。				
治病法	病發相	四大增動病	一大不調，百一病惱。四大不調，四百四病，一時俱動。			
		從五臟生病	心主口	從心生患者，多身體寒熱口燥等。		
			肺主鼻	從肺生患者，多身體脹滿，四支煩疼悶，鼻塞等。		
			肝主眼	從肝生患者，愁憂不樂，悲思瞋恚，眼痛、疼闇等。		
			脾主舌	從脾生患者，身體……痒、悶、疼、痛，飲食失味。		
			腎主耳	從腎生患者，或咽喉噎塞，腹脹耳滿。		
		五根中病	眼、耳、鼻、舌、身卒痛、瘡痒、塞甕、流膿涕、疼痛等。			
	治病方法	氣息治病	六種息	吹	寒時應吹。	可以治心
				呼	熱時應呼。	
				嘻	嘻以去痛，及以治風。	噓以治肝
				呵	呵以去煩，又以下氣。	呵以治肺
				噓	噓以散痰，又以消滿。	嘻以治脾
				呬	呬以補勞。	呬以治腎
			十二種息	上息	治沈重	皆心中作想而用
				下息	治虛懸	
				滿息	治枯瘠	
				燋息	治腫滿	

			增長息	治損	
			滅壞息	治增	
			暖息	治冷	
			冷息	治熱	
			衝息	治壅結不通	
			持息	治戰動	
			和息	通治四大不和	
			補息	資補四大	
		假想治病	如《雜阿含》治禪病祕法七十二法，假想用之，無往不愈。		
		呪術治病	萬法悉有對治，以相厭禳，善知其法術用之，無不即愈。		
		用心主境	心是一期果報之主，隨有病生之處，住心其中，病即除滅。		
			用心住憂陀那，此云丹田，去臍下二寸半，多治眾患。		
			安心足下，多有所治。		
		觀析治病	用正智慧檢受病，既不可得，四大之患，即自消滅。		
			若是鬼神、魔羅得病，當用強心加呪，以觀照等法助治之。		
			若是業病，必須助以修福、懺悔、轉讀，患即自滅。		
覺魔事	魔法不同	煩惱魔	三毒、九十八使、取、有流、扼縛、蓋纏、惱、結等，皆能破壞修道之事。		
		陰、入、界魔	五陰、十二入、十八界，一切名色，繫縛眾生，陰覆行者清淨善根，功德智慧，不得增長。		

		死魔		一切生死業報，**輪轉不息**。
				若行人欲發心修道，便得病命終，或爲他害不得修道，即爲廢。今修習聖道，比至後世，因緣轉異，忘失本心。
				行者當修道時，慮死不活，便愛著其身，而不修道。
		欲界天子魔		一波旬是佛法怨讐，常恐行人出離其界故，令諸鬼神眷屬，作種種惱亂，破壞行者善根。
	魔事發相	煩惱魔		不善根性中，所發三毒、四分煩惱等。
		陰、入、界魔		善及善根性中，發種種色心境界。
		死魔		如病患境所發法。
		鬼神魔	精媚	如十二時獸變化，作種種形色。
			埠惕鬼	亦作種種，惱亂行人，如蟲緣人頭面，鑽刺慴慴。
			魔羅	作違情事，即是作可畏五塵。
				作順情事，即是作可愛五塵，令人心著。
				作非違非順事，即是作平品五塵，動亂行者。
	壞魔之法			了知所見聞覺知，皆無所有，不受不著，亦不憂感，亦不分別，即不現。
				但反觀能見聞覺知之心，不見生處，何所惱亂？如是觀時，不受不分別，便自謝滅。
				但當正念，勿生懼想，不著軀命。正心不動，知魔界如，即是佛界如，魔界如佛界如，一如無二如。於魔界無所捨，於佛界無所取，即佛法現前，魔自退散，既不見去來，亦不憂喜。

*文獻來源：《釋禪波羅蜜次第法門》，卷第三、第四

　　除前已詳開「二十五前方便內涵解析一覽表」，爲易解故，特進一步將同爲天台觀行實踐理論與方法的根本義涵五內方便，開爲上舉「次第止觀五內方便內涵解析一覽表」，這兩個表，一旦對照起來理解，便能一目瞭然，智顗爲甚麼要在論析所觀禪定境的一開頭，特別把《釋禪波羅蜜次第法門》中一再強調的所有禪門，在圓頓止觀能觀十乘中予以合會起來，並在共同的基礎上，不無讓人在乍看之下，以爲有所矛盾的詮辨兩者的不同立義，如說次第止觀的講說目的，是爲了使行者在開始修習止觀的時候，有充分的學理認識

與心理準備，以便禪觀發相之際，一開始便成就禪波羅蜜，智顗說：

> 罄收諸佛教法之始終，理則遠通如來之祕藏，一切圓妙法界；
> 若教若行，若事若理，始從凡夫，終至極聖，所有因果行位，悉在
> 其中；若行人深達禪門意趣，則自然解了一切佛法，不俟餘尋，故
> 《摩訶衍》云：「譬如牽衣一角，則眾處皆動。」〔註101〕

智顗做這樣的安排，雖旨在分別次第止觀的特性是「為成禪波羅蜜，禪善根利故，禪門先發，後驗善惡」〔註102〕，所觀禪定境的特性則在於「為成般若，禪善根鈍，先阻煩惱，遇業遭魔，後始發禪。對治中為破遮障，修成助道。今此任運自發，仍為觀境」。〔註103〕這好像是在說次第止觀是圓頓止觀，圓頓止觀是次第止觀，但如果深一層的看，所言行人觀行的根器，不論利鈍，在一致的前提「禪善」之下，雖說高下有別，然而在次第禪門中，本來就深刻的蘊涵著「先阻煩惱」的「驗惡根性」的覺觀不善法、貪欲不善法、瞋恚不善法、愚癡不善法、惡業不善法等三毒與四分煩惱，蘊涵著「遇業遭魔」的「魔事發相」的陰、入、界魔，煩惱魔、死魔、鬼神魔等魔事，蘊涵著「對治中」治明利心中覺觀、治半明半昏心中覺觀、治一向昏迷心中覺觀；治外貪欲、治內外貪欲、治遍一切處貪欲；治非理瞋、治順理瞋、治諍論瞋；治斷常癡病、治計有無、治計世性愚癡；治沈昏闇蔽障、治惡念思惟障、治境界逼迫障，以及「了知所見聞覺知，皆無所有，不受不著，亦不憂慼，亦不分別，即不現。……但反觀能見聞覺知之心，不見生處，何所惱亂？如是觀時，不受不分別，便自謝滅。……但當正念，勿生懼想，不著軀命。正心不動，知魔界如，即是佛界如，魔界如佛界如，一如無二如。於魔界無所捨，於佛界無所取，即佛法現前，魔自退散，既不見去來，亦不憂喜」。〔註104〕

從次第止觀與圓頓止觀在觀行義理的內在聯繫而論六度，在「深達禪門意趣」的修持進路中，一個修習止觀的行者，是無法在修觀的同時，祇以持守一度而能在「驗善惡」與「遇業遭魔」中開脫出來的。因此，儘管分論次第是「為成禪波羅蜜」，或所觀禪定境是「為成般若」，就能觀境而綜論，又

〔註101〕《釋禪波羅蜜次第法門》，卷第一之上，《大正藏》，第四十六冊，頁475^c。

〔註102〕《摩訶止觀》，卷第九·上，〈第六觀禪定境者〉，《大正藏》，第四十六冊，頁118^a。

〔註103〕同上。

〔註104〕《釋禪波羅蜜次第法門》，卷第四，〈分別禪波羅蜜前方便第六之四〉，《大正藏》，第四十六冊，頁507^b。

有哪一境能除去布施波羅蜜、持戒波羅蜜、忍辱波羅蜜、精進波羅蜜？因爲在理上極爲明顯的是，沒有布施波羅蜜就沒有眞正發菩提心與善巧安心，沒有持戒波羅蜜則道品無從起修，能安忍成爲空話，沒有忍辱波羅蜜，乃至於般若波羅蜜，十乘就不成其爲能觀境，對所觀境也就談不上百法成乘了。職是之故，智顗分別說的立義，應視爲方便義，因此，祇有把六度在十乘與十境中的互具聯繫等同起來觀解，纔是圓義，亦唯其如此，纔能在事上有具體的把握，在理上有證顯勝相的契機，因爲次第與不次第，在這個時候都已合當打成一片。

在這樣的義解之下，來體察一念心具的所觀境，學人自當能於次第意的智照當際，從可思議境層層升進不可思議境，如說從「猶是色法」〔註105〕的根本四禪第四禪的不動定中，越過被「外道計爲涅槃」〔註106〕的無色界第四天的非想非非想處天，以觀慧洞悉十六特勝「雖無麤煩惱而有細煩惱」〔註107〕的淨禪無謬，而不會困於「凡夫妄謂涅槃」〔註108〕的「根本闇證」〔註109〕仍不自覺知，更何況三明、六通所證，雖俱備事理二觀，亦迥然不同於成論人所認爲的「但有理無事」〔註110〕，因爲學人在這個時候，能夠了了明白「見、身、息、心，同如芭蕉相，無有堅實，是未到地相。」〔註111〕，至於「六賊稍已除」〔註112〕的九想成觀，雖然定心不壞法，也能觀達尙未脫落而僅止於觀身不淨的三乘共法的小背捨，或仍有細惑的兼觀山河大地亦不淨的菩薩不共法的大背捨，卻依然不是毘曇師所認爲的「俱解脫」〔註113〕，不是成論師所認爲的「慧解脫」〔註114〕，凡此，乃至於祇轉無明的十二因緣而以空假二諦爲宗，或藏、通、別三人所見，都非「在一念心中，是不生不滅，不可思議」〔註115〕的第一義諦。除非「轉無明爲佛智明，從初發心知十二緣是三佛

〔註105〕《摩訶止觀》，卷第九・上，〈第六觀禪定境者〉，《大正藏》，第四十六冊，頁120ᵇ。
〔註106〕同上。
〔註107〕同上，頁121ᵃ。
〔註108〕同上。
〔註109〕同上。
〔註110〕同上，頁121ᶜ。
〔註111〕同上，頁121ᵇ。
〔註112〕同上，頁122ᵇ。
〔註113〕同上，頁123ᶜ。
〔註114〕同上。
〔註115〕同上，頁127ᵃ。

性」〔註116〕，否則無從證顯圓教義的勝相，所以先論「十二因緣觀」。

表六十七：觀禪定境十二因緣觀中十乘觀法內涵表

十乘觀法	觀禪定境（十二因緣觀）
觀不可思議境	若一人一念，悉皆具足十界、十如、十二因緣，乃可稱爲摩訶衍不可思議十二因緣。（《大》46-127ª）
起慈悲心	若依生滅、無生滅、假名等十二因緣，而起慈悲誓願者，此非眞正，故《華嚴》云：「菩提心魔。」即此意也。若依不思議十二因緣起慈悲，覆度一切，是名眞正。（《大》46-127ᵇ）
巧安止觀	巧觀十界識等七支即是法性，不起無明、愛、取八倒迷惑，名爲觀。十法界行、有等種種顛倒息，故名爲止。（《大》46-127ᵇ）
破法遍	橫破十界，十二因緣悉是一念，一念不自、不他、不共、不無因，當知十界悉無生也。豎破十界，行、有、見、思、塵沙、無知、無明不生，乃至四十二品不生不生，名大涅槃。（《大》46-127ᵇ）
識通塞	達因緣眞名通，起見、思著爲塞，沈眞爲不通，達因緣事爲不塞。於三道起法愛爲塞，達因緣中理名爲通。若於番番起無明、愛、取、行、有爲失，若於番番悉有智慧名得；或直就有作等四種苦、集論塞，四種道、滅爲通；或直就三假故爲塞，破三假無生爲通，通惑既爾，別惑亦然；或直就四見起十使爲塞，破見爲通。（《大》46-127ᵇ⁻ᶜ）
修道品	若通論，十界因緣中色法，皆名爲身，一切受法，皆名爲受，一切識法，皆名爲心，一切想行，皆名爲法。（《大》46-127ᶜ）
對治助開	前道品直緣理，轉無明、愛、取以爲明，雖具正慧，不能得入。何以故？無明、愛、取是理惡，與理慧相持；復有行、有事惡，助覆理慧，如賊多我一，故須加修行、有事善，助開涅槃門。（《大》46-128ª）
知次位	三惡輕重，皆由無明，惡行不善，愛、取所致也。（《大》46-128ᵇ）
能安忍	觀十界因緣，當起種種遮道法，所謂三障、四魔，種種違順。業、魔、禪、二乘、菩薩行行等法，皆從行、有兩支起，若能安忍，即能成就如來行、有功德，所謂六根清淨之報相也。 煩惱障發者，所謂貪、瞋、邪計、深利諸見、慢、二乘、通、別、三藏等菩薩慧行等，悉是無明、愛、取支中發；若能了達安忍，則開佛知見。 報障發者，所謂種種陰、界、入、種種八風、種種病患，即是七支中發；若知即是佛性，不動轉取捨，猶如虛空，是則不斷生死而入涅槃，不破壞陰、入而顯眞實法身也。（《大》46-129ª）

〔註116〕同上，頁126ᶜ。

無法愛	菩薩從初伏忍入柔順忍，發鐵輪似解功德，不染三法，所謂相似智慧、功德、法性，以智慧有無明、愛、取故，以功德有行、有業故，以法性有名、色、生、死故，皆不應著。(《大》46-129^{a-b})

十二因緣既是眾生流轉一期生死現象的終始點，也是示現學人得以在輪迴中修習止觀的本質，更是解脫的根據。世尊在王舍城迦蘭陀竹園告訴異比丘說：

所謂緣無明行，緣行識，緣識名色，緣名色六入處，緣六入處觸，緣觸受，緣受愛，緣愛取，緣取有，緣有生，緣生、老死、憂、悲、惱苦，如是如是純大苦聚集。〔註117〕

這是早期佛教緣起法流轉門的教示，清楚的表示後者依前者緣生的因果法則，及依待而有的諸苦相因相生的動態序列，順向而論，是一組朝縱深裏時時都在時間的縱軸線上新新生滅與質變的色法，除了過去二因的無明與行兩支之外，其在時間中的變化，都可以很容易的被觀察到，特別是現在的識、名色、六入、處、受五果，與愛、取、有三因，及未來二果的生與老死等十支。這十二支之於人道眾生，往往被執為實有，而貪染五欲之樂，尤其是愛與取之迷，因為惑於諸境而不自覺，自然招受苦報，如無法覺知業染以迷為因，迷染以苦為果的關係，進而在還滅中，一一除斷，則煩惱瀑流，勢將汩沒覺性，覆蔽如來藏。因此，有比丘在聞受佛陀論析如何「思量觀察正盡苦，究竟苦邊」〔註118〕之後，終於悟得還滅之道說：

多聞聖弟子不樂無明而生明，無明滅則行滅，行滅則識滅，……

如是乃至生、老、病、死、憂、悲、惱苦滅，如是如是純大苦聚滅。
〔註119〕

從流轉到還滅的復歸，就指向了斷除無明的途徑是知苦、除染、破迷，而其內在於天台思議生滅十二因緣的三藏教〔註120〕、思議不生滅十二因緣的通教〔註121〕、不思議生滅十二因緣的別教〔註122〕、不思議不生滅十二因緣的

〔註117〕 劉宋·求那跋陀羅譯，《雜阿含經》，卷第十三，第《三三一經》，佛光大藏經編修委員會，《佛光大藏經·阿含藏·雜阿含經》，第一冊，臺北，佛光，1995，頁564。
〔註118〕 同上，第《三三○經》，頁560。
〔註119〕 同上，頁562～3。
〔註120〕 參見聖嚴著，《天台心鑰：教觀綱宗貫註》，臺北，法鼓，2003，頁153。
〔註121〕 同上，頁209。
〔註122〕 同上，頁249。

圓教〔註123〕，在教相判釋上，智顗雖做出化法之分，然而智顗的立義，卻始終都朝向圓教的義理核心發展觀行的實踐法門，在這一點上，蕅益總結說：

> 圓教，謂圓妙、圓融、圓足、圓頓，故名圓教。所謂圓伏、圓信、圓斷、圓行、圓位、圓自在莊嚴、圓建立眾生。此教詮無作四諦，亦詮不思議不生滅十二因緣，亦詮稱性六度十度，亦詮不思議二諦，亦詮圓妙三諦，開示界外利根菩薩，令修一心三觀，圓超二種生死，圓證三德涅槃。〔註124〕

因其為實踐法門，所以在「歷緣對境」的「行中」次第觀裏，智顗舉半行半坐三昧的修法，指出：

> 二十四像者，即是逆、順觀十二因緣覺了智。〔註125〕

舉非行非坐三昧的修法，指出：

> 觀色既爾，受、想、行、識，一一皆入如實之際。觀陰既爾，十二因緣如谷響，如芭蕉堅、露、電等，一時運念，令空觀成。〔註126〕

這就解明了所觀禪定境，「一念悉皆具足十界、十如、十二因緣」，是不縱不橫的不可思議義，以及為甚麼要在與毘曇師、成論師，乃至於外道共法在禪觀的抉擇上，特別將所觀禪定境之於十乘觀法，裂解十二因緣觀為，以證立「見般若者，真見三道，三種般若也。從此已去，心心寂滅，自然流入薩婆若海，無量無明，自然而破」〔註127〕的原因。

表六十八：觀禪定境一心三觀中十乘觀法內涵表

十乘觀法	觀諸見境（一心三觀）
觀不可思議境	由迷法性，故有一切散亂惡法，由解法性，故有一切定法。定散既即無明，無明亦即法性。迷解定散，其性不二，微妙難思，絕言語道。（《大》46-131ᵃ）
起慈悲心	若觀未悟，重起慈悲。此理寂靜，而眾生起迷。無明戲論，翳如來藏，稠煩惱林，是故起悲，拔根本重苦。又，無明即法性，煩惱即菩提，欲令眾生即事而真，法身顯現，是故起慈與究竟樂。如是誓

〔註123〕同上，頁289。

〔註124〕明・智旭重述，《教觀綱宗》，《天台藏》，第四冊，臺南，湛然寺，民75，頁34～35。

〔註125〕《摩訶止觀》，卷第二・上，〈半行半坐〉，《大正藏》，第四十六冊，頁13ᶜ。

〔註126〕同上，頁15ᵃ。

〔註127〕同上，卷第九・下，〈八明因緣發者〉，頁129ᵇ。

	願，清淨眞正，上求佛道，下化眾生，不雜毒不偏邪，無依倚，離二邊，名發菩提心。(《大》46-131ᵃ)
巧安止觀	若觀一念禪定，二邊寂滅，名體眞止。照法性淨，無障無礙，名即空觀。又，觀禪心即空、即假，雙照二諦，而不動眞際，名隨緣止。通達藥病，稱適當會，名即假觀。又，深觀禪心，禪心即空、即假、即中，無二無別，名無分別止。達於實相，如來藏第一義諦，無二無別，名即中觀。三止三觀，在一念心，不前不後，非一非異；爲破二邊，名一名中；爲破偏著生滅，名圓寂滅；爲破次第三止三觀，名三觀一心。實無中圓，一心定相，以此止觀，而安其心。(《大》46-131ᵇ)
破法遍	若二法研心而不入者，當知未發眞前，皆是迷亂。以一心三觀，遍破橫豎一切迷亂，迷去慧發，亂息定成。(《大》46-131ᵇ)
識通塞	如其不悟，即塞而不通，應當更觀，何者不通？何者不塞？若其不塞，即應是通，如其不通，更須觀察，知字非字，識四諦得失。(《大》46-131ᵇ)
修道品	若不悟者，是不解調停道品。所以者何？一念禪心，具十界、五陰，諸陰即空，破界內四倒成四枯；諸陰即假，破界外四倒成四榮；諸陰即中，非內非外，非榮非枯，於其中間，而般涅槃。如此四念，開道品門，道品開三解脫門，入涅槃道，定具足。(《大》46-131ᵇ)
對治助開	何意不悟？當由過去障蔽，現著禪味，不能棄捨。今昔相扶，共成慳蔽，道何由發？當苦到懺悔，捨身、命、財，捨味禪貪，修於檀度，助治慳障。(《大》46-131ᵇ)
知次位	識次位，內防增上慢。(《大》46-131ᶜ)
能安忍	安忍，外防八風。(《大》46-131ᶜ)
無法愛	除法愛，防頂墮。(《大》46-131ᶜ)

智顗徵證《大方等大集經》意說：

> 十二因緣，一人一念，悉皆具足。[註128]

這一念既是三止三觀在能觀的一念心上之所以能觀達不可思議義，乃至於無法愛的前提，也是十乘之所以能檢證所觀禪定境一心三觀的條件。然而天台圓教的止觀思想，雖一往都與「相待」義[註129]在論證上進行對顯，進行有次第的開展，但行人在修持天台觀行時，所務必時時檢視能觀的一念心

[註128] 北涼‧曇無讖譯，《大方等大集經》，卷第二十三，〈虛空目分中彌勒品第三〉，具云：「十二因緣，一人一念皆悉具足。」《摩訶止觀》，卷第九‧下，〈八明因緣發者〉，《大正藏》，第四十六冊，頁127ᵃ。參見《大正藏》，第十三冊，頁164ᵃ。

[註129] 參見第三章，表三十二「相待止觀各三義一覽表」。

之所以能觀的不可思議義，是絕有爲止觀、絕生死止觀、無生止觀、一大事止觀的「絕待」義〔註130〕，就四句推檢論析「絕待」，智顗規定其爲「待於止觀說不止觀，待止不止說非止非不止，故知止不止皆不可得，非止非不止亦不可得」的「非言說道」與「非心識境」，其目的是爲了徹底的絕橫豎諸待、絕諸思議、絕諸煩惱、絕諸業、絕諸果、絕諸教、絕諸觀、絕諸證，從而證立顚倒想斷的絕待觀是「定散既即無明，無明亦即法性」，是圓頓旨下的「絕言語道」，所以灌頂說：

> 初緣實相，造境即中，無不眞實。繫緣法界，一念法界，一色一香，無非中道；己界及佛界、眾生界亦然；陰、入皆如，無苦可捨；無明塵勞，即是菩提，無集可斷；邊邪皆中正，無道可修；生死即涅槃，無滅可證。無苦無集，故無世間；無道無滅，故無出世間。純一實相，實相外更無別法。〔註131〕

對無明戲論、雜毒、偏邪、依倚、二邊等非如來藏第一義諦的雙遮雙照，正是對橫豎、思議、三障等呈露在心識境上的諸法的當體否除，也是對十二因緣種種違順的當體破斥與調停，如此一來，既已觀達實相染而無染，何來位次叨濫不叨濫？又何懼動見愛憎的八風是寂然不寂然？至若，或頂墮，或鐵輪，或銅輪，或理即，或究竟即，或方便義，或圓義，同爲法華一乘圓實教一大事因緣的「即動出不動出不相離」〔註132〕，因此，湛然說：

> 法性實際，本不動出。〔註133〕

但爲了易解故，不得不分別說有動出，說有小大偏眞，說有共不共法，說一心有三觀，有空可入，有假可出，有唯圓的中道正觀可證，湛然說：「共菩薩中，動謂柔順忍，出謂無生忍；若共聲聞乘，動謂學人，出謂無學；若別菩薩，動謂出假，出謂登地。故今圓人，不斷煩惱爲不動，不破生死爲不出。是故動出通於諸教，不動不出唯在於圓。」〔註134〕所以說，學人在禪定境中，在能所仍具有相對折衝的境地裏，依無生門通止觀，依教行持，而「於

〔註130〕同上，表三十三「絕待止觀的內涵一覽表」。
〔註131〕《摩訶止觀》，卷第一，〈序論〉，《大正藏》，第四十六冊，頁1ᶜ。
〔註132〕同上，卷第二·上，〈半行半坐〉，頁13ᶜ。
〔註133〕《止觀輔行傳弘決》，卷第九之一，〈十二因緣下攝十如十境以入一念〉，《大正藏》，第四十六冊，頁430ᵃ。
〔註134〕同上。

無生滅諸法實相中」〔註135〕，通至無生法忍，以方便義而言，就顯得有次第上的必要性了。在此既然有次第上的必要性，那麼，「即動出不動出不相離」，就不是概括的折衷論調，而是通義與別義在諸法與實相即爲諸法實相，在義理的辨析上，所證立的必然結論。

第七目　能觀十乘與所觀諸見境

在漢語中，「見」是個會意字，本義作「視」，主要當動詞使用，簡單的說，就是「看到」〔註136〕，但在佛教經論中，則多爲引申或衍生義，如說「推度」、「見解」、「思想」、「主義」、「主張」，並開爲「正見」、「邪見」〔註137〕，乃至於「六十二見」〔註138〕。《阿毘達磨大毘婆沙論》說見有「一、徹視故，二、推度故，三、堅執故，四、深入所緣故」〔註139〕四義，就此四義而論「見」，都是反義所執，特別是「堅執」與「深入所緣」二見，尤其猛利難破，所以「堅執……於境，僻執堅牢，非聖慧刀，無由令捨。佛、佛弟子執聖慧刀，截彼見芽，方令捨故」〔註140〕，並以「如針墮泥」〔註141〕形容「深入所緣」的窘態；至於觀視、決度、有見相、成所作、於境無礙、意樂、執著、推究、意樂、加行、無知諸義〔註142〕，無非都是邪見，都是二邊，都是流浪十二支的邪法。因此，智顗在與「北方」諸師就禪觀所發見境做抉擇時，一開頭就直指「見」在所觀境中的意義是「邪解」，是在次第意下的不當推論，而且把偏見做爲定見，如此一來，學人之於止觀的修習，不僅無從比度思議境，至於不可思議境更是無從證顯，智顗說：

> 夫聽學人，誦得名相，齊文作解；心眼不開，全無理觀。據文
> 者生，無證者死。夫習禪人，唯尚理觀，觸處心融；闇於名相，一

〔註135〕《大智度論》，卷第五十，〈釋發趣品第二十之餘〉，《大正藏》，第二十五冊，頁 417^c。
〔註136〕參見高樹藩編纂，《正中形音義綜合大字典》，臺北，正中，民 73，增訂五版，頁 1649^a～1650^a。
〔註137〕參見佛光大辭典編修委員會，《佛光大辭典》，第三冊，高雄，佛光，1995，初版六刷，頁 2990^c～2991^c。
〔註138〕參見第二章第三節第三目「智顗對諸師觀法的抉擇」註「表解六十二見」。
〔註139〕五百大阿羅漢等造，唐・玄奘譯，《阿毘達磨大毘婆沙論》，卷第四十九，〈結蘊第二中不善納息第一之四〉，《大正藏》，第二十七冊，頁 254^c。
〔註140〕同上，頁 255^a。
〔註141〕同上。
〔註142〕同上。

句不識；誦文者守株，情通者妙悟；兩家互關，論評皆失。〔註143〕

　　「齊文作解」與「闇於名相」兩家，在諸見境中所見雖爲「見慧」，之所以說是「見慧」，如說有「淨律儀戒」，有「惡律儀戒」，而爲「理觀」的對語。就法執而論，修習禪觀的行者，如因聽聞禪法而發禪見，並爲禪法的名相所拘執，儘管名相朗朗上口，甚至滾瓜爛熟到可以倒背如流的地步，如果在義解上含糊其辭，在實踐上籠統能所見境，且主觀的望文生義，並以所生的偏義自我引導，以爲所見即是正見所證，而不如實了達觀照無生平等的理觀，是通貫四種三昧行法的核心思想，是在能觀的一念心不爲諸所觀境所嬈動的覺智，便會陷落到「無證者死」的困境裏，難以從諸法中如實出脫。至於在名相上沒有任何理解的行者，其修觀的情況，則是無論如何都說不清楚看不明白，因爲沒有對理論做合理與正確的認識及把握，就不會有與之相適應的實踐方程，做爲進趣行持的途徑，所以說「一句不識」，如此行者，就像但知有一一味藥，而不識藥藥的君臣關係，其所調劑出來的處方，不但難以對症除病，反要因併發症而除命，除掉體達實相的慧命。

表六十九：觀諸見境中十乘觀法內涵表

十乘觀法	觀諸見境
觀不可思議境	三種解脫，不得相離，不縱不橫，不可思議，圓滿具足，空見中求。（《大》46-140^b）
起慈悲心	此境無明、法性，宛然具足，傷已昏沈，今始覺知。一切眾生，亦復如是，既是法性，那不起慈？既是無明，那不起悲？觀此空見，本性空寂，淨若虛空。（《大》46-140^b）
巧安止觀	研此二法，見陰見假，四句不生。（《大》46-140^b）
識通塞	單複諸句，句句有苦集，無明蔽塞，句句有道滅等通。（《大》46-140^b）
修道品	觀空見，一陰一切陰，三諦不動，則了法身；觀不動陰非淨非不淨等，雙樹涅槃，亦是道場，是觀名般若。八倒破名解脫，於一念處，起一切念處，調伏眾生。如是三法，非因非果；非因而因，念處是道場；非果而果，雙樹中間，而入涅槃。於空見不動，而修不思議三十七品。（《大》46-140^{b~c}）
破法遍	如是遍破，不得空見，名空三昧；不見空相，名無相三昧；如是三昧，不從眞緣生，名無作三昧。（《大》46-140^c）

〔註143〕《摩訶止觀》，卷第十・上，〈第七觀諸見境者〉，《大正藏》，第四十六冊，頁 132^a。

對治助開	若不入者，發大誓願，內捨執見，外棄命、財；空見乖理，戒不清淨，誓令空見不犯法身，守護七支，不撓含識。若空見喧動，中忍不成。今誓苦到安心空見，如橋地海，總集我身，心終不動。若空見間雜，誓純一專精，念念流入。又，空見擾動，不能安一，至誠懺悔，息二攀緣。一切種智不開者，無明未破；誓觀空見，法性現前，剛決進勇，不證不休。如是對治，助開涅槃。（《大》46-140ᶜ）
知次位	深識位次，不濫上地。（《大》46-140ᶜ）
能安忍	內外風塵，不能破壞。（《大》46-140ᶜ）
無法愛	順道法愛不生，故無頂墮。（《大》46-140ᶜ）

　　關於邪人不同與邪人執法不同兩種，已在第三章第二節第八目「對失據禪觀的抉擇」中，開為表四十四「邪解稱見一覽表」，於此不復贅。但在所觀禪定境「邪人執法不同」中，智顗對「得韋陀法」者，顯得特別強調，韋陀外道是佛法外外道，韋陀，或言吠陀，在古代印度係指廣義的婆羅門經典，如《黎俱吠陀》、《沙摩吠陀》、《夜柔吠陀》、《阿闥婆吠陀》，這些著作，檢諸智顗當時代及其以前歷朝文獻，都未見漢譯本，至於記載諸外道法的文獻，也沒有成書的譯本，祇有在內典的經、律、論中被零零星星的提到，如《大智度論》之於「韋陀」、「《波羅延經》」、「陀羅驃」、「蔽迦蘭那」、「僧佉」，《大涅槃經》之於「鴦伽呪」、「毘伽羅論」、「求那」，《中阿含經》之於「《迦毘羅論》」、「夜吒」、「婆摩」、「婆摩提婆」、「毘奢」、「蜜哆羅」、「夜婆陀揵尼」、「婆私吒」、「娑羅婆」，《長阿含經》之於「阿咤摩」、「耶婆提伽」、「首夷婆揖陀羅」等，《阿僧祇律》之於「阿菟彼陀舍」、「阿菟便闍那」等，《彌沙塞律》之於「闡陀韓陀書」，《百句譬喻經》之於「《末伽梨論》」，《普曜經》之於「《俾迦那論》」，凡此等等，可見智顗在觀諸見境中，對當時代諸禪法所欲對之抉擇的立義，並非針對這些在當時不足以蕩亂佛教禪法的外外道法，而是藉此把矛頭婉轉的指向「學佛法成外道」的佛教中人，以及附佛法外道，而揭明這些人在禪觀上的過失是「其不見中理，與外道同」〔註144〕，而這不但包括了「齊文作解」與「闇於名相」兩家，更涵蓋了三種人：

　　一、「直發韋陀，知世文字，覽諸典籍，一見即解」者。

　　二、「竊讀三藏、衍等經，絓眼便識，還將此知莊嚴己法」者。

　　三、「還俗之者，畏憚王役，入外道中，偷佛法義，竊解莊老」者。

〔註144〕《摩訶止觀》，卷第十‧上，〈第七觀諸見境者〉，《大正藏》，第四十六冊，頁132ᶜ。

〔註145〕

　　當時的這些學者，對正確禪法的破壞，猶如喜好吃野干臭穢的屍骸的毘
舍闍鬼，如來告訴舍利弗說：「毘舍闍鬼，亦住其中，薄福德故，為火所逼，
共相殘害，飲血噉肉。野干之屬，竝已前死，諸大惡獸，競來食噉。」〔註146〕
因此，針對這些學者，智顗說：

　　　　驗之以元始，察之以歸宗，則涇渭分流，菽麥殊類。何意濫以
　　莊老，齊於佛法？邪正既以混和，何能拔大異小？自行不明，何得
　　化他？師弟俱墮也！〔註147〕

　　「驗之以元始，察之以歸宗」，就佛教義理而論，包括佛教做為一個學派
本身，在學門獨立於各自範疇的思惟方法、探討論題、思想體系，祇要不相
混淆，而在相對客觀的思想場域中，發揮各自主觀的見地，都有必要在平等
的基礎上，並置起來理解，如此一來，本無所謂邪正之分。然而就內在於佛
教思想而論佛門禪觀，並標舉其為佛教的，那麼，就有必要對佛教的理論，
進行全面性的義解，纔不至於在宗派與宗派之間，孳生鬥訟。關於這樣的問
題，智顗是有深刻體會的，智顗說：

　　　　當知以無著心，不著無著法，發心真正，覺悟無常，念念生滅，
　　朝不保夕，志求出要，不封門生染，而起戲論。……真明發時，證
　　究竟道，畢竟無諍，無諍則無業，無業則無生死，但有道滅，心地
　　坦然，因果俱無，鬥諍俱滅，唯有正見，無邪見也。〔註148〕

　　到了這個時候，在以十乘觀法觀禪定境，不但思議與不思議判分如日月，
諸法與實相當體具足，法性與無明，處處皆安，時時俱通，道品即道場，是
則百千萬億三昧，何勞作意開決？自此兼程解脫道，逕登涅槃門，位位出凡
入聖，乃至於究竟妙覺，其之於法華一乘圓實教，理當圓滿如斯。

第八目　一念心具

　　百法成乘是在一念心具的前提下，透過念念覺照的一念心，了了分明的
照察所觀境，而在十法成就的當際，證顯勝相。因此，行人在修持天台止觀

〔註145〕同上，頁 134^b。
〔註146〕《妙法蓮華經》，卷第二，〈譬喻品第三〉，《大正藏》，第九冊，頁 14^a。
〔註147〕《摩訶止觀》，卷第十‧上，〈第七觀諸見境者〉，《大正藏》，第四十六冊，頁
　　　　135^a。
〔註148〕同上，頁 136^c～137^a。

之前，對一念心具的義理，做通盤的把握，就成爲能否開悟的必要條件。舉例言之，在歷緣對境觀陰、入、界境之前，智顗認爲行者欲達圓證，須「以三觀一心」及「一眼具五力」，纔能「明見來入門」〔註149〕。當然學人在一開時修觀時，雖然已經學會了如何「雙照空假」〔註150〕以做爲實修的原則，且此時的肉眼，祇能「照因緣麤色」〔註151〕，所以不可能在使用肉眼諦審所觀境時，就能圓證諸法即實相，然而有一個進程的原理，卻是明白擺在跟前的，那就是以一念心具持修止觀的次第意，在現象上是一組線性的時間序列，因此，行人便有了一個方便依循的途徑，而在歷緣修持的進程中，以肉眼爲基礎而開天眼「照因緣細色」〔註152〕，再以此爲基礎，從假入空開慧眼「照因緣色空」〔註153〕，等到觀色空有成之後，即可開法眼「照因緣色假」，到了這個時候，再望上一層升進，而由空出假，佛眼自開，自然能「照因緣色中」〔註154〕，如此一來便能具足一眼五力，洞澈麤色即色中，同時把線性的時序，轉化爲既沒有起始點，亦無終止點的圓具實相的時間觀，到了這個時候，即能及思議境如實的體達能所的不可思議義。

又如在觀所觀煩惱境時的一念心具，是在以一念心諦察煩惱境之所以生發的現象及本質的同時，覺照其互具的關係，智顗說：

> 一念煩惱心起，具十界、百法，不相妨礙，雖多不有，雖一不
> 無：多不積、一不散、多不異、一不同、多即一、一即多。〔註155〕

在這裏，學人有必要事先理解，內在於《摩訶止觀》的論析方式，歷緣的次第意之所以被規定爲是歷緣的，是因爲所觀境互發的關係，具有「九雙七隻」的特色所致，這在第三章第三節第四目「所觀十境與能觀十乘的關係」中，已將其裂解爲表五十「諸境互發解析表」，從該表的內涵中，學人可以很清楚的瞭解到，能觀的一念心具，在對不次第生發的所觀境進行觀照時，具有隨境發用的機動性。易言之，在對境的當際，能觀之於所觀，有必要依不同的需要，在念念分明的一念心上，時時隨境轉移；而這就說明了一念心具，在現象的多重性上，是以不變而變的本質，共構起百法成乘的原理。因

〔註149〕同上，卷第七‧下，〈歷緣對境觀陰界者〉，頁101^a。

〔註150〕同上。

〔註151〕同上。

〔註152〕同上。

〔註153〕同上。

〔註154〕同上。

〔註155〕同上，卷第八‧上，〈第二觀煩惱境者〉，頁104^a。

此，單就所觀煩惱境而論，自然不能在煩惱境生起時，單單執守「一眼具五力」，而要在「一眼具五力」的基礎上，進行包含五眼在內的辨析，唯其如此，纔能釐清十界、百法在一念心上互具的同時，所照察到的境界，是「雖多不有，雖一不無」的整全體系。當然，此時能觀的一念心，也是需要同步進入「雖多不有，雖一不無」的場域，以便檢證生起的諸法是多而不積、多而不異、多即是一的現象，從而當體證立實相是一而不散、一而不同、一即是多的本質。

再如在所觀魔事境中，在一念心具的事理上，學人以其具機動性的能觀的一念心，把三觀一心與一眼五力，以及十界百法在一念心上互具的照察原理，隨諸魔的嬈亂，給全盤的轉移過來，智顗說：

> 若即此魔事，具十界、百法，在一念中，一切法趣魔，如一夢
> 法，具一切事，一魔一切魔，一切魔一魔，非一非一切；亦是一魔
> 一切魔，一佛一切佛，不出佛界，即是魔界，不二不別。〔註156〕

「不二不別」就是「多即一、一即多」，而其在能觀的一念心上的運作方式，正是與所觀「不相妨礙」的「不出佛界，即是魔界」，因此，在歷緣的次第意中，學人從此可以具體的觀解不次第的圓義，是在看似片面對境的方便義的基礎上，透過重重的辯證，將諸法當體圓具起來的意識活動，這在當代通途比附的說法中，有說為辯證的統一，或有機的辯證的統一，這兩個概念所指涉的意謂，雖可得其大體，但就內在於雖使用辯證的方式論證能所關係的天台止觀思想中，智顗的思惟方法，並不是在這樣的哲學邏輯上成立的，而是在以般若空觀的循環論證下逐步建構起來的獨特觀行論，即在事上容或是辯證的，但在理上則是圓具的，所以在否除多而證立一的同時，多與一的相即義，纔能在「不二不別」中被證立，纔不會以一限定多的祇見實相而不見諸法，因此，說諸法與實相，在一乘圓實教的觀行中，是諸法實相之勝相的證顯，而不再在已被證顯的實相中，片面的抹除諸法，並片面的成立實相，因為這是隔歷的觀解，與「三智一心中得」的圓融三觀，所必須具備的互通三德，以成就一切種慧般若的絕待義，顯然相違。

第九目　不說即是說

從一念、十乘與百法的關係具詳的三個例子中，可見天台觀行論是一組

〔註156〕同上，卷第八・下，〈第五觀魔事境者〉，頁116^{b}。

具有可操作性的理論與行動綱領，因此，就《摩訶止觀》十章的文本結構來
看，智顗雖不論〈果報〉、〈起教〉、〈旨歸〉三章，但在事實上，智顗在一開
始講說時，就已在五畧的通義中具論其觀行的前提，論云：

> 云何感大果？雖不求梵天，梵天自應，稱揚妙報慰悅其心。
>
> 云何裂大網？種種經論，開人眼目，而執此疑彼，是一非諸，
> 聞雪謂冷，乃至聞鶴謂動，今融通經論，解結出籠。
>
> 云何歸大處？法無始終，法無通塞，若知法界，法界無始終、
> 無通塞，豁然大朗，無礙自在。〔註157〕

對感大果依十乘觀法持修觀行，即是果報；對裂大網依十乘觀法持修觀
行，即是起教；對歸大處依十乘觀法持修觀行，即是旨歸。而在諸境互發的
不次第發中，智顗在概論不次第意之後，隨即論證說：

> 慢爲法界者，還是煩惱耳！觀慢無慢，慢、大慢、非慢、非不
> 慢，成祕密藏，入大涅槃。
>
> 二乘爲法界者，若但見於空，不見不空云云。
>
> 智者見空，及與不空，「決了聲聞法，是諸經之王，聞已諦思
> 惟」〔註158〕，得近無上道。
>
> 菩薩境爲法界者，底惡生死，下劣小乘，尚即是法界。況菩薩
> 法，寧非佛道？
>
> 又，菩薩方便之權，即權而實，亦即非權非實，成祕密藏。
> 〔註159〕

這是說觀增上慢境的所觀，旨在「觀慢無慢」；觀二乘境的所觀，旨在「見
空及與不空」；觀菩薩境的所觀，旨在「即權而實」。灌頂補充說：

> 通稱慢者，陰、入我慢攝，煩惱即慢慢攝，病患不如慢攝，業
> 即憍慢攝，由憍故造業，魔即大慢攝，禪即憍慢攝，見亦大慢攝，
> 二乘、菩薩增上慢攝。
>
> 通稱二乘者，四念處、四諦法攝九境也。

〔註157〕 同上，卷第一・上，〈解釋者釋十章〉，頁4^a。
〔註158〕 佛陀再一次告訴藥王菩薩說：「不聞《法華經》，去佛智甚遠，若聞是深經，
　　　　決了聲聞法，是諸經之王。聞已諦思惟，當知此人等，近於佛智慧。」參見
　　　　《妙法蓮華經》，卷第四，〈法師品第十〉，《大正藏》，第九冊，頁32^a。
〔註159〕 《摩訶止觀》，卷第五・上，〈第七正修止觀者〉，《大正藏》，第四十六冊，頁
　　　　50^a。

　　通稱菩薩境者，以四弘誓，攝得九境。〔註160〕

　　把這三筆僅有的說「不說」的文本，聯繫到「三智一心中得」的圓融三觀上，不論能所是思議或不可思議，就三觀一心與一眼五力，以及十界百法在一念心上互具的照察原理來修持天台觀行，可以同時在行門上圓具百法之所以說是次第即不次第的圓教立義，在義理上不二不別的所以，而不會像通途學者所說的那樣，以一隅之見，幫智顗編派出許多「不說」的理由來證明天台觀行論中隱藏有某中修行與證顯勝相的祕密，是不宜讓一般學人知道的；或說為時間所限而不說，若然，《摩訶止觀》不說，卻沒有理由說《次第禪門》又何以不說。

　　依內在於智顗的止觀思想體系而論，其文本結體儘管邃密，思惟進路儘管宏廓，義理詳畧儘管或隱或顯，儘管思想的帝網重重，珠珠相映，但在具可操作性的實踐上，學人盡可依自家根性，或十乘一境，或十乘百法，祇要一念心具，都可依所觀的次不次第，當體證會勝相，或為三藏教五停心位，或為通教性地，或為別教相似即，或為圓教等覺乃至於妙覺，亦且了達五十二位，位位分明，容不得含糊叨濫。因此，智顗說：

　　　　譬如毘首羯磨造得勝堂，不疎不密，間隙容綖，巍巍昂昂，峙於上天，非拙匠所能揆則。又如善畫，圖其匡郭，寫像偪真，骨法精靈，生氣飛動，豈填彩人，所能點綴？此十重觀法，橫豎收束，微妙精巧。〔註161〕

第十目　十法成乘

　　智顗在論析以一念心能觀的十乘之後，便會在每一所觀境的修持成果上，要學人進行所得檢視，看看自己所證，是不是正確？有否如實觀達圓教所欲證立的勝相？然而智顗為甚麼要在方便義的四教上提出通達圓教的十乘呢？前提當然是悲心為願，所以有同時考量學人根性不一的必要，智顗說：

　　　　是十種觀，散在經文，今撮聚十數，入有門為觀。乃至三門，小異大同。十觀入實，亦復如是。

　　　　復次，此十觀意，非但獨出今經，大小乘經論，備有其意，如摩黎山，純出栴檀，固非外道四韋陀典，及此間莊老之所載也。世

──────────

〔註160〕同上，〈私料簡者〉，頁51ᵃ。
〔註161〕同上，〈觀心具十法門〉，頁52ᵇ。

人咸共講讀，而對文不知，若欲學道，全無方便。……若識十意，

於小乘四門，俱用入眞。於大乘四門，俱用入實。〔註162〕

以「散在經文」中的有門、空門、亦有亦空門、非有非空門論大小乘經論所及的「十數」，簡除他經與智顗以法華思想建構天台宇宙觀的十如是，以及佛法外外道諸說之外，「十數」的概念，案智顗當時代及其之前的歷朝所梵譯經論而言，主要的思想根源，當是佛馱跋陀羅譯的《大方廣佛華嚴經》，這是一部處處開決十種義的經典，如說十種觀一切法、應學十法、十種依、十種奇特想、十種行、十種善知識、十種勤精進、十種心得安隱、十種成就、十種戒、十種受記法、十種入入諸菩薩、十種入入諸如來、十種入眾生行、十種入世界、十種入劫、十種說三世、十種知三世、十種無疲厭心、十種差別智、十種陀羅尼、十種佛、十種觀眾生而起大悲、十種發菩提心因緣、十種清淨、十種波羅蜜、十種證知、十種平等、十種持、十種自在、十種無著、十種平等心、十種出生智慧、十種奮迅等等。

上舉「十數」，一旦進入天台援引華嚴義的三無差別，且用以檢證所觀境而證立三無差別的差別義爲法華諸法與實相的無差別義時，學人行持止觀十乘的法門便被智顗給分別含攝而入了，如：

一、「觀不可思議境」攝十種觀一切法、十種入世界、十種平等。

〔註163〕

二、「起慈悲心」攝十種心得安隱、十種成就、十種戒、十種觀眾生而起大悲、十種發菩提心因緣。〔註164〕

〔註162〕《妙法蓮華經玄義卷》，第九‧上，〈明圓門入實觀者〉，《大正藏》，第三十三冊，頁790ᶜ。

〔註163〕十種觀一切法：觀一切法無常、觀一切法苦、觀一切法空、觀一切法無我、觀一切法不自在、觀一切法不可樂、觀一切法無集散、觀一切法無堅固、觀一切法虛妄、觀一切法無精勤和合堅固。參見晉譯《大方廣佛華嚴經》，卷第八，〈菩薩十住品第十一〉，《大正藏》，第九冊，頁445ᵇ。十種入世界：入染世界、入淨世界、入小世界、入大世界、入微塵中世界、入微細世界、入覆世界、入仰世界、入有佛世界、入無佛世界。參見晉譯《大方廣佛華嚴經》，卷第三十七，〈離世間品第三十三之二〉，《大正藏》，第九冊，頁463ᵃ。十種平等：於一切眾生平等、於一切法平等、於一切刹平等、於一切深心平等、於一切善根平等、於一切菩薩平等、於一切願平等、於一切波羅蜜平等、於一切行平等、於一切佛平等。同上。

〔註164〕十種心得安隱：自住菩提心，亦當令他住菩提心，心得安隱；自究竟離忿諍，亦當令他離忿諍，心得安隱；自離凡愚法，亦令他離凡愚法，心得安隱；自勤修善根，亦令他勤修善根，心得安隱；自住波羅蜜道，亦令他住波羅蜜道，

三、「巧安止觀」攝十種心得安隱、十種入入諸如來、十種入眾生行、
　　十種知三世。〔註165〕

四、「破法遍」攝十種差別智。〔註166〕

五、「識通塞」攝十種行。〔註167〕

心得安隱；自生在佛家，亦當令他生於佛家，心得安隱；自深入無自性真實
法，亦令他入無自性真實法，心得安隱；自不誹謗一切佛法，亦令他不誹謗
一切佛法，心得安隱；自滿一切智菩提願，亦令他滿一切智菩提願，心得安
隱；自深入一切如來，無盡智藏，亦令他入一切如來，無盡智藏，心得安隱。
參見唐譯《大方廣佛華嚴經》，卷第五十三，〈離世間品第三十八之一〉，《大
正藏》，第十冊，頁 280ᶜ。十種成就：以布施成就眾生、以色身成就眾生、
以說法成就眾生、以同行成就眾生、以無染著成就眾生、以開示菩薩行成就
眾生、以熾然示現一切世界成就眾生、以示現佛法大威德成就眾生、以種種
神通變現成就眾生、以種種微密善巧方便成就眾生。同上，頁 281ᵃ。十種戒：
不捨菩提心戒、遠離二乘地戒、觀察利益一切眾生戒、令一切眾生住佛法戒、
修一切菩薩所學戒、於一切法無所得戒、以一切善根迴向菩提戒、不著一切
如來身戒、思惟一切法離取著戒、諸根律儀戒。同上。十種觀眾生而起大悲：
觀察眾生，無依無怙，而起大悲；觀察眾生，性不調順，而起大悲；觀察眾
生，貧無善根，而起大悲；觀察眾生，長夜睡眠，而起大悲；觀察眾生，行
不善法，而起大悲；觀察眾生，欲縛所縛，而起大悲；觀察眾生，沒生死海，
而起大悲；觀察眾生，長嬰疾苦，而起大悲；觀察眾生，無善法欲，而起大
悲；觀察眾生，失諸佛法，而起大悲。同上，頁 282ᵃ⁻ᵇ。十種發菩提心因緣：
為教化調伏一切眾生故，發菩提心；為除滅一切眾生苦聚故，發菩提心；為
與一切眾生具足安樂故，發菩提心；為斷一切眾生愚癡故，發菩提心；為與
一切眾生佛智故，發菩提心；為恭敬供養一切諸佛故，發菩提心；為隨如來
教令佛歡喜故，發菩提心；為見一切佛色身相好故，發菩提心；為入一切佛
廣大智慧故，發菩提心；為顯現諸佛力無所畏故，發菩提心。同上，頁 282ᵇ。

〔註165〕十種入入諸如來：入無邊成正覺、入無邊轉法輪、入無邊方便法、入無邊差
　　　　別音聲、入無邊調伏眾生、入無邊神力自在、入無邊種種差別身、入無邊三
　　　　昧、入無邊力無所畏、入無邊示現涅槃。參見唐譯《大方廣佛華嚴經》，卷第
　　　　五十三，〈離世間品第三十八之一〉，《大正藏》，第十冊，頁 281ᵇ。十種入眾
　　　　生行：入一切眾生過去行、入一切眾生未來行、入一切眾生現在行、入一
　　　　切眾生善行、入一切眾生不善行、入一切眾生心行、入一切眾生根行、入一切
　　　　眾生解行、入一切眾生煩惱習氣行、入一切眾生教化調伏時非時行。同上。
　　　　十種知三世：知諸安立、知諸語言、知諸談議、知諸軌則、知諸稱謂、知諸
　　　　制令、知其假名、知其無盡、知其寂滅、知一切空。同上。

〔註166〕十種差別智：知眾生差別智、知諸根差別智、知業報差別智、知受生差別智、
　　　　知世界差別智、知法界差別智、知諸佛差別智、知諸法差別智、知三世差別
　　　　智、知一切語言道差別智。參見唐譯《大方廣佛華嚴經》，卷第五十三，〈離
　　　　世間品第三十八之一〉，《大正藏》，第十冊，頁 281ᶜ。

〔註167〕十種行：一切眾生行普令成熟、一切求法行成悉修學、一切善根行悉使增長、
　　　　一切三昧行一心不亂、一切智慧行無不了知、一切修習行無不能修、一切佛

六、「修道品」攝十種勤精進、十種無疲厭心、十種波羅蜜、十種奮
　　迅。〔註168〕

七、「能安忍」攝十種出生智慧、十種力持〔註169〕。

八、「知次位」攝十種證知。〔註170〕

九、「無法愛」攝十種自在、十種無著〔註171〕。

剎行皆悉莊嚴、一切善友行恭敬供養、一切如來行尊重承事。參見唐譯《大
方廣佛華嚴經》，卷第五十三，〈離世間品第三十八之一〉，《大正藏》，第十冊，
頁281^b。

〔註168〕十種勤精進：教化一切眾生勤精進、深入一切法勤精進、嚴淨一切世界勤精
　　　　進、修行一切菩薩所學勤精進、滅除一切眾生惡勤精進、止息一切三惡道苦
　　　　勤精進、摧破一切眾魔勤精進、願為一切眾生作清淨眼勤精進、供養一切諸
　　　　佛勤精進、令一切如來皆悉歡喜勤精進。參見唐譯《大方廣佛華嚴經》，卷第
　　　　五十三，〈離世間品第三十八之一〉，《大正藏》，第十冊，頁281^c。十種無疲
　　　　厭心：供養一切諸佛無疲厭心、親近一切善知識無疲厭心、求一切法無疲厭
　　　　心、聽聞正法無疲厭心、宣說正法無疲厭心、教化調伏一切眾生無疲厭心、
　　　　置一切眾生於佛菩提無疲厭心、於一一世界經不可說不可說劫行菩薩行無疲
　　　　厭心、遊行一切世界無疲厭心、觀察思惟一切佛法無疲厭心。同上。十種波
　　　　羅蜜：施波羅蜜悉捨一切諸所有故、戒波羅蜜淨佛戒故、忍波羅蜜住佛忍故、
　　　　精進波羅蜜一切所作不退轉故、禪波羅蜜念一境故、般若波羅蜜如實觀察一
　　　　切法故、智波羅蜜入佛力故、願波羅蜜滿足普賢諸大願故、神通波羅蜜、示
　　　　現一切自在用故。同上。

〔註169〕十種出生智慧：知一切眾生解出生智慧、知一切佛剎種種差別出生智慧、知
　　　　十方網分齊出生智慧、知覆仰等一切世界出生智慧、知一切法一性種種性廣
　　　　大住出生智慧、知一切種種身出生智慧、知一切世間顛倒妄想悉無所著出生
　　　　智慧、知一切法究竟皆以一道出離出生智慧、知如來神力能入一切法界出生
　　　　智慧、知三世一切眾生佛種不斷出生智慧。參見唐譯《大方廣佛華嚴經》，卷
　　　　第五十三，〈離世間品第三十八之一〉，《大正藏》，第十冊，頁283^c。十種力
　　　　持：佛力持、法力持、眾生力持、業力持、行力持、願力持、境界力持、時
　　　　力持、善力持、智力持。同上。

〔註170〕十種證知：知一切法一相、知一切法無量相、知一切法在一念、知一切眾生
　　　　心行無礙、知一切眾生諸根平等、知一切眾生煩惱習氣行、知一切眾生心使
　　　　行、知一切眾生善不善行、知一切菩薩願行自在住持變化、知一切如來具足
　　　　十力。參見唐譯《大方廣佛華嚴經》，卷第五十三，〈離世間品第三十八之一〉，
　　　　《大正藏》，第十冊，頁282^c。

〔註171〕十種自在：教化調伏一切眾生自在、普照一切法自在、修一切善根行自在、
　　　　廣大智自在、無所依戒自在、一切善根迴向菩提自在、精進不退轉自在、智
　　　　慧摧破一切眾魔自在、隨所樂欲令發菩提心自在、隨所應化現成正覺自在。
　　　　參見唐譯《大方廣佛華嚴經》，卷第五十三，〈離世間品第三十八之一〉，《大
　　　　正藏》，第十冊，頁283^b。十種無著：於一切世界無著、於一切眾生無著、
　　　　於一切法無著、於一切所作無著、於一切善根無著、於一切受生處無著、於

　　凡此等等十數，既彰明法華一乘的圓義，但就觀行的實踐而論，不論是次第或不次第意，其方便義「於大乘四門，俱用入實」，總是歷歷分明的，因此，當義義都朝摩訶衍義聚焦的同時，此橫豎收束的十重觀法所成觀的境界是甚麼呢？

　　首先，智顗在通論十乘之後說：

　　　　是十種法，名大乘觀。學是乘者，名摩訶衍。云何大乘？如《法
　　華》云：

　　　　各賜諸子等一大車，其車高廣，眾寶莊校，周匝欄楯，四面懸鈴，
　　又於其上，張設幰蓋，亦以珍奇雜寶而嚴飾之。寶繩交絡，垂諸華纓，
　　重敷綩綖，安置丹枕。駕以白牛，肥壯多力，膚色充潔，形體姝好，
　　有大筋力，行步平正，其疾如風。又多僕從，而侍衛之。〔註172〕

　　其次，智顗在論析所觀陰、入、界境初所觀境十乘之後說：

　　　　十法成就，世入銅輪，證無生忍，得一大車，高廣嚴淨，眾寶
　　莊校，其疾如風，嬉戲快樂，乘是寶乘，直至道場。〔註173〕

　　再次，智顗在論析所觀陰、入、界境對境十乘之後說：

　　　　乘一大車，直至道場。〔註174〕

　　又次，智顗在論析所觀煩惱境十乘之後說：

　　　　得一大車高廣，僕從而侍衛之。乘是寶乘，直至道場，是名四
　　分煩惱，具足一切佛法；亦名行於非道，通達佛道；亦名煩惱是菩
　　提；亦名不斷煩惱，而入涅槃。〔註175〕

　　復次，智顗在論析所觀病患境十乘之後說：

　　　　十法成就，疾入法流，是名病患境，修大乘觀，獲無生忍，得
　　一大車。〔註176〕

　　復次，智顗在論析所觀業相境十乘之後說：

　　　　是大乘十觀，得無量無漏清淨果報，獲得無上報，獲得自在業，
　　深達罪福，究竟無染，故名清淨，即是法身；反本還源，智照圓極，

　　　　一切願無著、於一切行無著、於一切菩薩無著、於一切佛無著。同上。
〔註172〕《摩訶止觀》，卷第七・下，〈是十種法，名大乘觀〉，《大正藏》，第四十六冊，
　　　　頁100[a]。
〔註173〕同上，卷第七・下，〈歷緣對境觀陰界者〉，頁100[c]。
〔註174〕同上，頁101[b]。
〔註175〕同上，卷第八・上，〈第二觀煩惱境者〉，頁104[c]。
〔註176〕同上，卷第八・下，〈第三觀病患境者〉，頁111[c]。

故名無上，即是報身；垂形九道，普門示現，故名自在，即是應身。

如是三身，即是大乘高廣，直至道場。〔註177〕

復次，智顗在論析所觀諸見境十乘之後說：

心心寂滅，流入薩婆若海，乘一大車，遊於四方，直至道場，

成得正覺。〔註178〕

法華七喻的第一喻火宅喻，以火爲喻依，以五濁、八苦等爲喻體；以宅爲喻依，以三界爲喻體。以火宅做爲輪轉五濁惡世的象徵，而在三界之中生生死死的眾生，則每每爲生、老、病、死、怨憎會、愛別離、求不得、五陰盛八苦所逼迫，而得不到片刻的安穩，就像陷身在失火的大宅，時時被大火所炙燒，卻不知如何脫身。然而就天台宗經《法華》，或論跡本、論權實，或論相待、論絕待，無非都是爲了蕩除三乘的權便，顯明一乘眞實的經義，因此，智顗在以五重各說釋經題時，從理上論說：

約理者，理則不二，名字非一。《智度》云：「般若是一法，佛說種種名」。《大經》云：「解脫亦爾。」〔註179〕多諸名字，如天帝釋，有千種名。名異故別，理一故通。今稱《妙法》之經，即是教之通別。各賜諸子等一大車，乘是寶乘，直至道場，即行之通別。或言實相，或言佛知見。大乘家業、一地、實事、寶所、繫珠平等大慧等，即是理之通別。〔註180〕

這就從理上，規定了一大車是通往道場的條件，規定了跡佛與本佛的道場就是通過無生門所證立的實相〔註181〕，是故，智旭在分別論化法四教的六

〔註177〕同上，卷第十‧下，〈約見修止觀者〉，頁140°。

〔註178〕同上，卷第八‧下，〈第四觀業相境者〉，頁114°。

〔註179〕北涼‧曇無讖譯，《大般涅槃經》，卷第五，〈如來性品第四之二〉，具云：「解脫亦爾；亦色非色，說爲非色；亦想非想，說爲非想；如是之義，諸佛境界，非諸聲聞、緣覺所知。」《大正藏》，第十二冊，頁392°。

〔註180〕《妙法蓮華經玄義》，卷第一下，〈第二別解五章〉，《大正藏》，第三十三冊，頁691°。

〔註181〕維摩詰回答光淨童子說：「言道場者，無生之心是，檢一惡意故。……習增上故。……布施之心是。……慈心則是。……不生之心是。……道品法心是。……緣起之心是。……伏諸魔心是。……三界之場是。」這與十法成觀是若合符節的，參見吳‧支謙譯，《佛說維摩詰經》，卷上，〈菩薩品第四〉，《大正藏》，第十四冊，頁524°⁻ᵇ。湛然說：「權實相即，本跡亦然，……開權顯實，即識跡佛之所從生，開跡顯本即識本佛之所從生。言佛道場者，實相即是跡佛、本佛得道之場。」參見《法華玄義釋籤》，卷第十五，〈次釋蓮華〉，《大正藏》，

即位，也就是五十二位的修證時，以自註的方式，將圓教的十法成乘與一大車對顯，用彰法華所譬在天台觀行上的實際意義，智旭說：

> 十法成乘者：
>
> 一、觀不思議境……………（其車高廣）。
>
> 二、真正發菩提心…………（又於其上張設幰蓋）。
>
> 三、善巧安心止觀…………（車內安置丹枕）。
>
> 四、以圓三觀破三惑遍……（其疾如風）。
>
> 五、善識通塞………………（車外枕亦作軫）。
>
> 六、調適無作道品，七科三十七分…………（有大白牛肥壯多力等）。
>
> 七、以藏、通、別等事相法門，助開圓理…（又多僕從而侍衛之）。
>
> 八、知次位。…………令不生增上慢。
>
> 九、能安忍。…………策進五品，而入十信。
>
> 十、離法愛，策於十信，令入十住，乃至等妙…………（乘是寶乘。
>
> 遊於四方。直至道場）。〔註182〕

第十一目　結　語

十乘觀法是能觀之智，十境是所觀之境，這兩組在大乘禪觀中相互對應的概念，最早出現在般若思想中，如說：

> 是故，不應取法，不應取非法。……不應取法者，空能觀之智
>
> 也。不應取非法者，空所觀之境也。〔註183〕

其主要的義理，在以空詮辨五陰等有為法，不該被心所執取，至於無所執取的空，也不應該被執取，也就是說，諸法與實相，不論在初學觀心時的止門，或隨心王而出生無量法的隨門，或已能體會心性常寂所以諸法亦寂的止門，或語言道斷的觀門，或「既不得所觀之心，亦不得能觀之智」的還門，乃至於「雖不得心及諸法，而能了了分別一切諸法」的淨門，就其內在於天台觀行論而言，方便說次第，或不次第，都是圓頓旨之所以成立的要件，因此，不論是「直觀心性，即便具足」〔註184〕，抑或層層升進，十法一境，乃

第三十三冊，頁 927$^{a\sim b}$。

〔註182〕參見聖嚴著，《天台心鑰：教觀綱宗貫註》，臺北，法鼓，2003，頁 369。

〔註183〕天親等論，姚秦・鳩摩羅什奉譯，明・宗泐等註，《金剛般若波羅蜜經註解》，《大正藏》，第三十三冊，頁 230^a。

〔註184〕參見《六妙法門・釋第八觀心六妙門》，《大正藏》，第四十六冊，頁 553$^c\sim$554^a。

至於百法成乘，俱隨行人根性，或一超直入，或境境檢校，要非開決諸法之所以為諸法，不外諸法之於實相而當體證顯諸法實相，豁悟法華三昧，際此，行人之於解脫道，自能「乘一大車，遊於四方，直至道場，成得正覺」。

第三節　圓融的教觀體系

在第二章第三節論析「智顗對觀法的抉擇」時，從智顗的思想方法，論證智顗建構天台止觀學理的根源與義法，並得出智顗思想的內涵，在思惟的辯證上，係路路互通，法法互攝，門門互具，整然而具足的體系的結論。並在第三章第一節論述「漸次止觀」時，對智顗的互具思惟方法，做出「即次第非次第」的釐辨，並明白指出「智顗是以『圓妙法界』做為立論前提，而方便講說漸次止觀的」，且從智顗止觀思想發展的向度，在論述圓頓止觀的思想底蘊時，揭明智顗止觀思想的開展、形塑與完成，是在圓融互具的思惟方法上，完成天台不共法的觀行論，同時在討論「智顗的止觀思想」之後，詮明「智顗的觀行論，不祇是片面的知識，而是已被建構完成的知識體系，且內在於此一思想體系的圓具上，智顗已將一切相應的學理與方法，該括靡遺，鉅細周備」。

然而，這樣圓融的思惟方法與思想體系，豈是輕易能為修習天台觀行的學人所了達與把握的？特別是智顗意在成就不可思議義的不縱不橫的「絕待止觀」上，既要在「泯除事理相待的思議推論，一超直入的觀達諸法實相不可思議」的認識上「絕諸思議」，又要在「隨應機緣的教說，或為思議之論，或為顛倒想，故須予以勦絕絕滅」的教說上「絕諸教」，在「能所相應而起諸觀，破一念三千之妄心，而為三諦不思議之妙境」的觀行上「絕諸觀」，在「有教即有觀，有觀即有行，有行即有證，絕諸欲證所證，則教觀俱泯」的證境上「絕諸證」，以便證立「滅絕絕滅」的圓頓旨，如此看來，學人在認識天台止觀的學理與實際的實踐上，如何可得一下手處呢？關於這個問題，智顗在論證絕待止觀的義理的同時，就已將之圓具在不一不異的圓融思想中了，因此，智顗在論述到「乃至絕生死止觀」的當際，即同時指出：

> 絕待止觀則不可說，若有四悉檀因緣故，亦可得說；若有世界因
> 緣，則會異而說；若有為人因緣，則通三德而說；若有對治因緣，則
> 相待而說；若有第一義因緣，則絕待而說。說為止觀，此之名字，不

在內外兩中間，亦不常自有，是字不住亦不不住；是字不在橫四句、
豎四句中，故言是字不住；亦不在無橫、無豎中，故言亦不不住；是
字不可得故，故名絕待止觀，亦名不思議止觀，亦名無生止觀，亦名
一大事止觀。……無可待對，獨一法界，故名絕待止觀也。〔註185〕

　　智顗爲方便化導學人，根據龍樹詮釋《摩訶般若波羅蜜經》的方法，把
可說與不可說，分判爲兩條思惟進路，而在講說「絕諸教」的二十三年前，
在瓦官寺第一次講說修持止觀的《釋禪波羅蜜次第法門》時，便已就「教門」
引「《摩訶衍論》中說，有四種悉檀」〔註186〕，首度用有漏法、無漏法、亦
有漏亦無漏法、非有漏非無漏法的可思議四句推撿，論辨四種悉檀在四句的
推論過程中，如何纔能被學人在觀念與實踐上具體的把握到，可見智顗早期
的禪觀思想，側重在方便義的詮解上。就內在於智顗的止觀思想的發展而論，
當其建構完成絕待止觀的觀行體系時，並未將相待止觀的一切理論與方法，
統統給否除掉，而是將之做爲必要的根據，攝入互具的圓義中來，如此論絕
待，才不會變成空言或詭辭，否則徒有完美的理論，而缺乏因應根性利鈍不
一的眾生持修的具體的可思可議的方案，自然與圓義相違，更與《法華》會
三歸一、跡本不二、權實不異的基本思想相違，因此，在智顗教相論的基礎，
除非有所淆濫如山外學人，或斷章取義如堅執片面教說者，誠如通途所知，
綜觀智顗的思想體系，就其思惟理路與詮釋方法，實在無有自相矛盾者。在
這樣的觀解之下，來論析不可說而說，便不會走到玄學的路上去，也不會走

〔註185〕《摩訶止觀》，卷第三·上，〈第二釋止觀名者〉，《大正藏》，第四十六冊，頁
　　　　22^{a-b}。
〔註186〕《釋禪波羅蜜次第法門》，卷第一之下，〈簡禪波羅蜜法心第五〉，《大正藏》，
　　　　第四十六冊，頁482^{c}。智顗所徵證的《摩訶衍論》，具云《釋摩訶衍論》，與
　　　　《釋論》，同爲龍樹所造，但在《釋摩訶衍論》中，並無任何四悉檀義法的論
　　　　述與運用，當爲論題近似，而在鈔錄上，弟子一時失察筆誤所致，因此，當
　　　　爲《釋論》纔對。參見姚秦·筏提摩多譯，《釋摩訶衍論》，《大正藏》，第十
　　　　四冊。至於「復次，《摩訶衍論》又於第一義悉檀中，分別四門，如論偈說：
　　　　『一切實一切不實，一切亦實亦不實，一切非實非非實，如是皆名諸法實。』」
　　　　這也不是《釋摩訶衍論》的偈，係出自《中論·觀法品第十八》，具云：「一
　　　　切實非實，亦實亦非實，非實非非實，是名諸佛法。」而《中論》也是龍樹
　　　　所造，並與《釋論》同爲鳩摩羅什所譯，纔會在「今師祖承」與「譯主祖承」
　　　　上，一再發生版本學上的嚴重錯誤，更何況龍樹在《摩訶般若波羅蜜經釋論》，
　　　　即《大智度論》，簡稱《釋論》的〈序品中緣起義釋論第一〉中，引用此偈時
　　　　說的是「摩訶衍義」，而非「《摩訶衍論》」，參見《大正藏》，第三十冊，頁
　　　　24^{a}；第二十五冊，頁61^{b}。

到與法華一乘圓實教相對的對立面上，因為眾學人皆可據之以實踐的思想，沒有玄祕的模糊地帶，這從智顗對當時代及其之前諸師在禪觀上證之以經教的抉擇可知，更何況圓是沒有方分的，如此何來對立面？所以智旭說：

> 佛祖之要，教觀而已。觀非教不正，教非觀不傳。有教無觀則罔，有觀無教則殆。〔註187〕

第一目　佛化導眾生教法的四個範疇

「悉檀」，在智顗之前的梵漢譯諸經中，不僅不見於小乘經典，即使在大乘經典中，也是極少被提到的概念，縱使有所述及，在意義與範疇上，也與天台的用法不同，如《佛本行集經》祇取「各各為人」義〔註188〕，《楞伽阿跋多羅寶經》祇取第一義的「離言說」義〔註189〕，至於世親造的有部《阿毘達磨大毘婆沙論》的綱要書《阿毘達磨俱舍釋論》，也單取「對治」義〔註190〕，直到鳩摩羅什在後秦文桓帝姚興在位（339～416）年間，繼《摩訶般若波羅蜜經》（404）之後譯出都為一百卷的《大智度論》（405）〔註191〕，始見全部四悉檀的完整用法，龍樹為了論明第一義悉檀是《摩訶般若波羅蜜經》的經旨，而在論析四悉檀的義理於各自適用範疇之前，概論四悉檀方法的運用，涵概佛教所有一切法藏，都與實相不相違背的特質，就方便義而論，龍樹認為四悉檀的空有結構，是一組既對立而又內在統一的認識方法，如果在佛法中說為有，那麼四悉檀俱為有，但就法性實際而論，則四悉檀都空。這就事上來檢視，乍看之下，不免予人以矛盾之感，但就理

〔註187〕明・智旭重述，《教觀綱宗》，《大正藏》，第四十六冊，頁936^c。

〔註188〕如說：「各各皆自有於悉檀」、「各各悉檀自說如是」、「於自己論悉檀中」、「我論中說總悉檀」、「是我悉檀」，參見隋・闍那崛多譯，《佛本行集經》，卷第二十一，〈王使往還品第二十五・下〉，卷第二十二，〈阿羅邏品第二十六・上〉，〈阿羅邏品・下〉，《大正藏》，第三冊，頁750^c、750^c～751^a、753^a、753^c、755^b。

〔註189〕如說：「遠離諸見過，悉檀離言說。」參見劉宋・求那跋陀羅譯，《楞伽阿跋多羅寶經》，卷第一，〈一切佛語心品第一之一〉，《大正藏》，第十六冊，頁482^b。

〔註190〕如說：「是故，於過失中，應起對治，如本悉檀，隨順修行。」參見婆藪盤豆造，陳・真諦譯，《阿毘達磨俱舍釋論》，卷第四，〈釋論中分別根品之三〉，《大正藏》，第二十九冊，頁187^b。

〔註191〕關於年代問題，參見慈怡主編，《佛教史年表》，高雄，佛光，民76，頁404。楊碧川、石文傑合編，《活用歷史手冊・主要王朝世系表》，臺北，遠流，1986，增訂新版，頁356。

上來諦觀，四悉檀並不互為限定，因為四悉檀的運用，並非相生的關係，也不是對立的認識方法，其最終目的，在般若思想中，都務必要在第一義中落實下來，易言之，不論是方便說為世界、各各為人、對治、第一義，在可說的事相上，包括第一義在內，雖然是分殊的，但在不可說的理上，則祇有第一義。所言可說，在智顗的想中，指《釋禪波羅蜜次第法門》所徵證的《中論·觀法品第十八》偈「一切實非實，亦實亦非實，非實非非實，是名諸佛法」，所說為「一切實一切不實，一切亦實亦不實，一切非實非非實，如是皆名諸法實」而言，這包含了全部悉檀。所言不可說，則為諸法實相，這單指第一義。

表七十：智顗釋龍樹四悉檀為可說義一覽表

四種悉檀總說	四悉檀中，一切十二部經，八萬四千法藏，皆是實，無相違背。佛法中有，以世界悉檀故實有，以各各為人悉檀故實有，以對治悉檀故實有，以第一義悉檀故實有。（《大》25-59[b]）
世界悉檀	世界者，有法從因緣和合故，有無別性。……人亦如是，五眾和合故，有無別人。若無世界悉檀者，佛是實語人，云何言我以清淨天眼，見諸眾生，隨善惡業，死此生彼受果報？善業者生天人中，惡業者墮三惡道。……若實無人者，佛云何言我天眼見眾生？是故當知有人者，世界悉檀故，非是第一義悉檀。（《大》25-59[b-c]）
各各為人悉檀	各各為人悉檀者，觀人心行而為說法，於一事中，或聽或不聽。如經中所說，雜報業故，雜生世間，得雜觸、雜受。（《大》25-60[a]）
對治悉檀	對治悉檀者，有法對治則有，實性則無。……佛法中治心病亦如是，不淨觀思惟，於貪欲病中，名為善對治法，於瞋恚病中，不名為善，非對治法。所以者何？觀身過失，名不淨觀；若瞋恚人觀過失者，則增益瞋恚火故。思惟慈心於瞋恚病中，名為善對治法，於貪欲病中，不名為善，非對治法。所以者何？慈心於眾生中，求好事觀功德，若貪欲人，求好事觀功德者，則增益貪欲故。因緣觀法，於愚癡病中，名為善對治法，於貪欲瞋恚病中，不名為善，非對治法。所以者何？先邪觀故，生邪見，邪見即是愚癡。（《大》25-60[a-b]）
可說第一義悉檀	過一切語言道，心行處滅，遍無所依，不示諸法。諸法實相無，初無中無後，不盡不壞，是名第一義悉檀。如摩訶衍義，偈中說，……：「一切實一切非實，及一切實亦非實，一切非實非不實，是名諸法之實相。」（《大》25-61[b]）

表七十一：智顗釋龍樹第一義悉檀為不可說義表

| 不可說第一義悉檀 | 如摩訶衍義，偈中說：「語言盡竟，心行亦訖，不生不滅，法如涅槃。說諸行處，名世界法，說不行處，名第一義。」（《大》25-61^b） |
| | 第一義悉檀者，一切法性，一切論議語言，一切是法非法，一一可分別破散。諸佛、辟支佛、阿羅漢所行眞實法，不可破不可散。上於三悉檀中所不通者，此中皆通。（《大》25-60^c） |

　　將四悉檀分為可說與不可說，是智顗講說《妙法蓮華經玄義》時，在七番共解的第七解會異中，將四悉檀裂解為十重，並逐一詳論，而對悉檀義，作出一定程度的創造性詮釋。

　　其一，在釋義上得出與其師南岳一致的觀解，智顗說：「南岳師例《大涅槃》，梵漢兼稱。悉是此言，檀是梵語。悉之言遍，檀翻為施。佛以四法遍施眾生，故言悉檀也。」〔註192〕也就是說，悉檀這個原本就是音譯的詞，到了南岳的禪觀中，已從成就、宗、理的原義中，被分疏為悉與檀兩個概念，並各自賦予全新的意義。就悉而論，用漢文這個會意字的本義，而解為遍；就檀而論，則取六波羅蜜的檀那波羅蜜義，解為施。而把這兩個字當做音義合譯的梵漢兼稱詞，並合會上龍樹的四悉檀義，便創造出了「四法遍施眾生」的新義。

　　智顗就是在這一新義的基礎，對四悉檀展開論述的，並將之做為天台觀行論的主要理解途徑之一。在進入論析四悉檀在天台止觀思想上的應用之前，為具體理解智顗的四悉檀義法，便有必要在此先予以申明。

　　其二，在可說義與不可說義上，智顗認為四悉檀分別表現為五種事相：

表七十二：《法華玄義》中四悉檀五相義一覽表

世界悉檀	各各實如，如法性等，世界故無，第一義故有，人等第一義故無，世界故有，有於五陰、十二入、十八界，一切名相隔別，名為世界。……大聖隨順眾生，所欲樂聞，分別為說正因緣世界法，令得世間正見，是名世界悉檀相。（《大》33-686^c～689^a）
各各為人悉檀	大聖觀人心，而為說法，人心各各不同，於一事中，或聽或不聽，如雜業故，雜生世間，得雜觸雜受。……此意傍為破執，正是生信，增長善根，施其善法也。（《大》33-687^a）
對治悉檀	有法對治則有，實性則無，對治者，貪欲多教觀不淨，瞋恚多教修慈心，愚癡多教觀因緣；對治惡病，說此法藥，遍施眾生故。（《大》33-687^a）

〔註192〕《妙法蓮華經玄義卷》，卷第一·上，《大正藏》，第三十三冊，頁686^c。

可說第一義悉檀	「一切實一切不實，一切亦實亦不實，一切非實非不實，皆名諸法之實相。」佛於如是等處處經中，說第一義悉檀相。(《大》33-687^a)
不可說第一義悉檀	諸佛、辟支佛、羅漢所得眞實法。引偈云：「言論盡竟，心行亦訖，不生不滅，法如涅槃，說諸行處，名世界〔法〕，說不行處，名第一義。」(《大》33-687^a)

　　從五相悉檀的分判中，不難看出其與十法成觀的能所關係的聯繫，如說世界悉檀是所觀陰、入、界境，各各為人悉檀是煩惱、業相，乃至於菩薩等九境，對治悉檀則為能觀諸境，可說第一義悉檀是諸法，不可說第一義悉檀是實相。

　　其三，智顗將佛所說「禪經」中的隨樂欲、隨便宜、隨對治、隨第一義等四隨說法，與四悉檀結合起來理解，認為龍樹的四悉檀義法是在詮論經義之下成立的，並在相互對應的因果關係上進行解釋。不過這裏所指的「禪經」，並不是指《禪祕要法經》，或《達摩多羅禪經》等，應是泛指佛所教示而散在諸梵漢譯大乘佛典中的禪法。誠如「其一」所署及，智顗對佛典在中土的傳播與義解的過程上，往往有所融通與淘汰，並在銷釋梵漢譯三藏典籍的思想背景上，每每做出與漢文化既相適應，而又不相比附的創造性的詮釋，所以在理解智顗的思想時，誠如灌頂所言，不可「執文而自疣害」〔註193〕。

　　其四，就對諦而論四悉檀，有兩種方式，即別對與總對，所言別對係指四諦之任何一諦，與四悉檀相對應，如說苦諦，分別對絲悉檀，集、滅、道亦然；所言總對，即「生滅四諦對世界，無生四諦對為人，無量四諦對對治，無作四諦對第一義」〔註194〕。

　　其五，就觀而論，四悉檀與四隨及三觀、三智、三眼，在天台觀行論中，是輾轉相成的理論體系的有機組構要件之一。其之於從空入假觀，成一切智發慧眼；從空入假觀，取道種智發法眼，修中道第一義觀，則取一切種智成佛眼。茲以從假入空觀為例表以概其餘。

表七十三：從假入空觀四悉檀義一覽表

〔註193〕《摩訶止觀》，卷第一·上，〈序論〉，《大正藏》，第四十六冊，頁3^a。
〔註194〕《妙法蓮華經玄義》，卷第一·上，《大正藏》，第三十三冊，頁687^c。

世界悉檀	先觀正因緣法，此法內外親疎隔別，若不殷勤樂欲，則所習不成，必須曉夜精勤，欣悅無歝。此即世界悉檀起初觀也。（《大》33-687c～688ᵃ）	成一切智發慧眼
各各為人悉檀	須識為人便宜，若宜修觀，即用擇、精進、喜三覺分起之；若宜修止，則用除、捨、定三覺分起之；念、通兩處，是為隨宜，善心則發。（《大》33-688ᵃ）	
對治悉檀	若有沈浮之病，須用對治悉檀；若心沈時，念、擇、進、喜治之；若心浮時，念、捨、除、定治之。（《大》33-688ᵃ）	
第一義悉檀	若善用為人，善根則厚；若善用對治，煩惱則薄；於七覺中，隨依一覺，悅然如失，即依此覺分研修，能發真明見第一義。（《大》33-688ᵃ）	

就教而論，智顗以四隨中的第一隨隨樂欲，為四種眾生各以其根性不同，而感得如來為說四教。

表七十四：如來感眾生根性以隨樂欲說四教一覽表

起四教	品　秩	理　事	破　惑	轉法輪
三藏教	下品樂欲	生界內事善拙度	破惑析法入空	轉生滅四諦法輪
通　教	中品樂欲	生界內理善巧度	破惑體法入空	轉無生四諦法輪
別　教	上品樂欲	生界外事善	歷別破惑次第入中	轉無量四諦法輪
圓　教	上上品樂欲	生界外理善	一破惑一切破惑圓頓入中	轉無作四諦法輪

其六，以四悉檀義詮論佛陀為具四教根性的眾生，隨其所樂欲，轉四種法輪，但不為盲人設燭，所聖默然有時候是必要的。

表七十五：如來聖說四悉檀一覽表

世界悉檀	攝八萬四千法藏
各各為人悉檀	攝八萬四千塵勞門、八萬四千三昧、八萬四千陀羅尼門
對治悉檀	攝八萬四千空門
第一義悉檀	攝八萬四千諸波羅蜜、八萬四千度無極

其七，以登地不登地論得用不得用四悉檀，這個部分與四教五十二位次比觀，便能明瞭十重觀法的第八重知次位與四悉檀在天台觀行論中，何以有位位升進的原理。

其八，以四悉檀論究四教之於權法及實法的通別義，就方便義而論藏、通、別，雖同具四悉檀義法，但不論是析法空、體法空，或歷別中到，都祇是權法，祇有圓教四悉檀纔是圓融四諦的實法，也就是絕待妙的妙法。

其九，以開權顯實論四悉檀，就「一色一香，無非中道」，與「決了聲聞法，是眾經之王」的法華一乘圓實教的圓教思想而論能觀十乘，這便是「乘一大車，遊於四方，直至道場，成得正覺」的十法成觀。

其十，就《法華》跡本二門論四悉檀，用明佛陀說法以四悉檀設教。

表七十六：《法華》跡本二門四悉檀義表解

二門	四悉檀	義　解	經　說
跡門	世界悉檀	欲者即是樂欲	〈方便品〉云： 知眾生諸行，深心之所念，過去所習業，欲性精進力，及諸根利鈍，以種種因緣，譬喻亦言辭，隨應方便說。（《大》9-9^b）
	各各為人悉檀	性者是智慧性	
	對治悉檀	精進力即是破惡	
	第一義悉檀	諸根利鈍即是兩人得悟不同	
本門	世界悉檀	種種欲者即是世界	〈壽量品〉云： 如來明見，無有錯謬，以諸眾生，有種種性、種種欲、種種行、種種憶想分別故，欲令生諸善根，以若干因緣，譬喻言辭，種種說法，所作佛事，未曾暫廢。（《大》9-42^c）
	各各為人悉檀	種種性者即是為人	
	對治悉檀	種種行即是對治	
	第一義悉檀	種種憶想分別即是推理轉邪憶想得見第一義	

第二目　有因緣故亦可得說

智顗五十六歲那一年（593）的夏天，在荊州玉泉寺講說世稱天台三大部的第二部《妙法蓮華經玄義》，此時是智顗天台學各種主要思想，全部趨向圓熟的前沿，並首度密集的論析四悉檀義。次年（594），智顗五十七歲，在同一道場講說三大部的第三部《摩訶止觀》，在觀行論上已將四悉檀義法，淋漓盡致的徹會到所有的教觀思想中。越次年（595），智顗五十八歲，在晉王楊廣的堅請之下，親自撰著《維摩經玄疏》，對四悉檀義的任運發揮，已達到了稱性而談的境地。在這短短的三年間，縱觀智顗的整體思想體系，不難發現四悉檀義，到了這個時候，已成為智顗重要的思想底蘊之一，因此，論究天台觀行法門，不能不對四悉檀義進行相應的詮辨，猶如前及「把握一個人的思想根源，最有效的方法，便是直接從他的著述來檢證」，而智顗將龍樹的四

悉檀義法，在其思想最圓熟的時期，達到全面性的貫通，並非忽然有作所致，而是以其早年精勤誦讀《法華》，證顯諸法實相而豁悟法華三昧爲基礎的，在靈山會上，佛陀告訴舍利弗說：

> 諸佛世尊，唯以一大事因緣故，出現於世。
>
> 舍利弗！云何名諸佛世尊唯以一大事因緣故，出現於世？
>
> 諸佛世尊，欲令眾生開佛知見，使得清淨故，出現於世。
>
> 欲示眾生佛之知見故，出現於世。
>
> 欲令眾生悟佛知見故，出現於世。
>
> 欲令眾生入佛知見道故，出現於世。
>
> 舍利弗！是爲諸佛以一大事因緣故，出現於世。〔註195〕

這開示眾生悟入佛知見道的「一大事因緣」，與四悉檀義的融通，便成爲智顗表達天台思想的主要語彙之一，如說：

> 一、無明之心，不自、不他、不共、不無因，四句皆不可思議，若有四悉檀因緣，亦可得說。〔註196〕
>
> 二、言法本者，一切皆不可說，以四悉檀因緣，則有言說。世界悉檀，說則爲教本，爲人、對治則爲行本，第一義悉檀則爲義本。
>
> 〔註197〕
>
> 三、此經用四悉檀意，二乘而得，斷疑除執，入佛正道，受記作佛。……此經開權顯實，四悉檀大用，最爲雄猛。〔註198〕

以上舉《妙法蓮華經玄義》爲例。如說：

> 一、絕待止觀則不可說，若有四悉檀因緣故，亦可得說；若有世界因緣，則會異而說；若有爲人因緣，則通三德而說；若有對治因緣，則相待而說；若有第一義因緣，則絕待而說。〔註199〕
>
> 二、身子默然，……故淨名杜口，言語道斷，心行處滅，雖不可說，有四悉檀因緣故，亦可得說。〔註200〕
>
> 三、《大經》生生不可說，乃至不生不生不可說，有因緣故，亦可得

〔註195〕《妙法蓮華經》，卷第一，〈方便品第二〉，《大正藏》，第九冊，頁7ᵃ。
〔註196〕《妙法蓮華經玄義》，卷第二·下，《大正藏》，第三十三冊，頁699ᶜ。
〔註197〕同上，卷第八·上，《大正藏》，第三十三冊，頁775ᵃ。
〔註198〕同上，卷第九·下，頁800ᵃ。
〔註199〕《摩訶止觀》，卷第三·上，〈二絕待明止觀者〉，《大正藏》，第四十六冊，頁22ᵃ。
〔註200〕同上，卷第三·下，〈明得失者〉，頁29ᵇ。

說，謂四悉檀因緣也。〔註201〕

以上舉《摩訶止觀》爲例。如說：

一、《法華經》有一種根性，以一番四悉檀，赴緣說無作四一實諦，起法華教也。〔註202〕

二、如《思益經》云：「佛告諸比丘，汝等當行二事，若聖說法，若聖默然。」今明以此四不可說，有因緣故，以四悉檀而爲說法，即是聖說。〔註203〕

三、祇《淨名》自說其身所證，性淨無垢，方便三淨之法，此法雖不可說，以四悉檀赴緣而說；佛亦於不可說，用四悉檀赴緣，說此三淨之法。〔註204〕

以上舉《維摩經玄疏》爲例。

從上舉三部著作的引例中，可以明顯的得出四悉檀義法在天台思想運作上的關鍵功能，在於在一定的因緣條件下，以可說的四句推檢的方式，檢證可思議義，並逐序對可思議的片面性進行否除，從而完成圓具可思議義的不思議義的證立。以「絕待止觀則不可說，若有四悉檀因緣故，亦可得說；若有世界因緣，則會異而說；若有爲人因緣，則通三德而說；若有對治因緣，則相待而說；若有第一義因緣，則絕待而說」爲例，首先出現的論題是不可說的絕待止觀，那麼在檢證之前，就必須相對的確定：

一、絕待止觀所指涉的義涵爲何？

二、這樣的義涵是在怎樣的條件下被識知的？

三、又何以必須被檢證？

四、而檢證的方法又是甚麼？

所言絕待止觀所指涉的的義涵，相對於相待止觀，是爲絕橫豎諸待、絕諸思議、絕諸煩惱、絕諸業、絕諸果、絕諸教、絕諸觀、絕諸證、絕諸顛倒想、絕有爲止觀、絕生死止觀、不思議止觀、無生止觀、一大事止觀。絕待止觀所指涉的義涵一旦被確定下來，便有必要對之進一步反思：

一、這些義涵被識知的條件爲何？

〔註201〕同上，卷第五・上，〈第七正修止觀者・觀心具十法門〉，頁54^c。
〔註202〕隋・智顗撰，《維摩經玄疏》，卷第一，〈第六對四悉檀者〉，《大正藏》，第三十八冊，頁522^{b-c}。
〔註203〕同上，頁523^{a-b}。
〔註204〕同上，卷第四，〈第七用本迹通此經文〉，頁547^{a-b}。

二、就內在於天台觀行論的限定範圍來分析，這些義涵是在做為持
　　行的條件之下被識知的學理，以及一組具可操作性的思惟體
　　系。而這些學理的合理性與操作的可行性，對所欲證立的絕待
　　義，在相待的可思議的推論中，是否有一定而有效的程序？

三、如果沒有則論題不成立，如果有又該如何來操作，纔不會產生
　　內在的矛盾？

在此，智顗所給出的論題是清楚的，就是絕待止觀，其被識知的條件也
是清楚的，就是對絕待止觀進行明確的觀行，其需要被檢證的前提也是清楚
的，就是對絕待止觀所進行的觀行是否有效，而其檢證的方法也是清楚的，
就是四句推檢。然而四句推檢本身就是一組可思議的推論方法，而用可思議
的方法對不可思議、不可推論的論題進行推論，就像用玻璃切割鑽石，祇能
被證明是多方面的錯誤，如工具性的錯誤、識知上的錯誤、不證自明的錯誤，
乃至於套套邏輯的錯誤。因此，四句推檢之於天台絕待止觀，既是言說道，
又是心識境，如此一來，智顗所給出的推論方法，豈不就是那一把試圖切割
鑽石的玻璃刀？這種明顯的思想矛盾，如果無法被解消，不但無法否除可思
議的相待義，還會陷入否除否除方法的困境，修習觀行的學人，一旦被困在
這樣的困境之中，便無從證會絕待義之所以是絕待的義涵。

然而智顗何以要把學人帶進這樣的困局之中呢？祇因為這是為了證立不
可說第一義悉檀所必須通過的途徑，即首先必須證明，四句推檢是無效的，
而之所以運用四句推檢的目的，是為了達到否除相待義的同時否除否除的工
具，否則工具就會變成目的，猶如世界悉檀、各各為人悉檀、對治悉檀、可
說第一義悉檀，做為證立不可說第一義悉檀的工具都必須被自身給徹底的否
除掉一樣，不然學人就會住心在陰、入、界等所觀的十境中，住心在觀不可
思議境等能觀的十乘上，從而計執依待的能所是實是有，是多是異，並在能
觀的實與有對所觀的多與異上，做既縱且橫的「待」與「對」的顛倒想，既
是顛倒想，就是學佛法學成外道，就是籠統所見，就是未得謂得。所以智顗
對四句推檢以及可說四悉檀，都在操作上，給出了明白的定義，以避免學人
拿湯匙到沙漠中去挖井，在挖不到水之後反而怪罪起湯匙，所以智顗說，在
方便義上，可以以四句推論，可以以四悉檀檢校，但「不可以四句思」，不可
固滯能觀的一念心「在內外兩中間」，所言「內外兩中間」，就是有所方分，
有所對立，所言「四句思」，就是有所造作，有所破立。因此，方法沒有問題，

有問題的是行者在證顯勝境之前所用於觀行的方便義是諸法祇是諸法，而不是實相，所以在這個時候，不能在意識上片面的把諸法等同於實相，也不能反過來而在識性上用實相去概括諸法，直到證會能所不一不異的當下，纔能體達諸法即實相，方便義即圓義，工具的本身就是工具的目的，絕待止觀所指涉的就是相待止觀，相待止觀所當體證立的就是相待止觀是絕待止觀，是以可說之內在於圓頓旨即不可說，不可說即不說而說，這在智顗給出的定義下，其義理是清楚的。如說鐵是金屬，黃金是金屬，因為鐵與黃金同為金屬，所以鐵等同於黃金，或黃金是鐵，這樣的推論不成立。應該說鐵與黃金是金屬，分開來看鐵是鐵，黃金是黃金，本質的看，則鐵做為金屬，黃金做為金屬，鐵與黃金同時俱備了金屬的屬性，而被當體認識到的是兩者同為金屬的不一不異的共性。然而共性的證立並不是對殊性的否除，而是對殊性徹底檢證所導出的結論。

第三目　結　語

　　天台思想如果線性的理解，就像伸手向天空中，試圖對飛鳥的飛行路徑，畫下固定的蹤跡一樣。

　　如果平面的看，就像坐在畫室對著牆壁寫生山水一樣，不是不可理喻，就是意想顛倒。

　　然而即使立體的觀解，也無由體會智顗以十重觀法橫豎收束的「得勝堂」，目連為甚麼要放火把它燒掉。〔註205〕

〔註205〕智顗說：「譬如毘首羯磨造得勝堂，不疎不密，間隙容綖，巍巍昂昂，峙於上天，非拙匠所能搆則。又如善畫，圖其匡郭，寫像偪眞，骨法精靈，生氣飛動，豈填彩人，所能點綴？此十重觀法，橫豎收束，微妙精巧。初則簡境眞偽，中則正助相添，後則安忍無著，意圓法巧，該括周備，規矩初心，將送行者，到彼薩雲，非闇證禪師、誦文法師，所能知也。」參見《摩訶止觀》，卷第五・上，〈第七正修止觀・觀心具十法門〉，《大正藏》，第四十六冊，頁52b。智顗說：「帝釋與脩羅戰勝，造得勝堂，七寶樓觀，莊嚴奇特，梁柱支節，皆容一綖，不相著而能相持，天福之妙，力能如此。目連飛往，帝釋將目連看堂，諸天女皆羞目連，悉隱逃不出。目連念帝釋著樂，不修道本，即變化燒得勝堂，赫然崩壞，仍為帝釋廣說無常，帝釋歡喜，後堂儼然，無灰煙色。」參見智者說，《妙法蓮華經文句》，卷第一・下，〈序品第一〉，《大正藏》，第三十四冊，頁 14a。延壽說：「此火非是目連神通之火，即是帝釋心中火，故《法華經》云：『貪著所愛，則為所燒。』既以貪著之心，遂見宮殿焚燕，及悟無常之事，則貪欲之火潛消，所以即見堂殿宛然，無有灰煙之色，以目連為增上緣故，自見被燒，然則堂本不燒，故知迷悟唯心，隱顯在己。」

　　因此，除非既立體而又圓具的看，否則很難看出「有因緣故，亦可得說」的端倪。〔註206〕

參見宋・延壽集，《宗鏡錄》，卷第六十四，《大正藏》，第四十八冊，頁 779$^{b~c}$。「貪著所愛，則爲所燒」，《妙法蓮華經》，卷第二，〈譬喻品第三〉，其云：「貪著生愛，則爲所燒。」參見《大正藏》，第九冊，頁 13^{b}。

〔註206〕圓具的圓不是平面的圓，而是立體的、無方分的圓。

第五章 結 論

　　天台觀行論的具體實踐方程，可由天台止觀思想與持修的對應關係，來做既多向而又總體的把握。就教而論，天台所取，以圓教為上；就觀而論，天台所觀，以止觀為門；就行而論，天台所行，以十乘為徑。因此，儘管天台教觀思想，體系深宏，且在文本結構上，肌理邃密，使初學者在乍看之下，多所為難，但祇要識取關鑰，不外「自觀己心」〔註1〕，並在能觀的一念心上，重重檢校所觀境，一至於無有折衝，當體銷融諸法，證顯勝相，即能悟入三昧。學人可由上述的論析，得到充分的理解。

第一目　對圓教勝義的最終肯認

　　隨時覺照諸法的生滅即實相的諦理，是修習天台觀行法門的核心機轉，它一方面體現在對天台圓教止觀思想的正確肯認上，一方面體現在對能所諸境如實的遍破上。就整部《摩訶止觀》對不可思議境的論證，不論智顗所給出的行持方軌是「自觀己心」，抑或百法成乘，無非方便學人能在最佳的自覺狀態之中，以最明達的自由精神，去證會自己所悟的境界是否如法。易言之，行人以其能觀的一念心，持修所觀的萬法，其照察所證之理，是執著假相為實相的迷，還是證顯諸法即實相的悟，在照察的當際，都務必為自心所分明了知。因此，或迷或悟的流轉或證會，都務必在不求相對印可的自我肯認上證立，纔能在被明師印可的同時，任運遊心法界。智顗說：

　　　　法性清淨，不合不散；言語道斷，心行處滅。〔註2〕

─────────────

〔註 1〕《法華玄義釋籤》，卷第十，《大正藏》，第三十三冊，頁 696[a]。
〔註 2〕《摩訶止觀》，卷第五·下，〈第七正修止觀者〉，《大正藏》，第四十六冊，頁 59[b]。

這是以一心三觀爲究極的前提，所必然要導出的能觀的「一念心，不縱不橫，不可思議」〔註3〕的結論，因爲在權實對論的止觀思惟進路中，在事相的顚倒上，如能在觀行當際即安住於定慧之中，也就不再需要任何調處的方法，去妄圖克治諸法的紛擾，也就是說，任何可思議的言說，到此都是多餘的擬議。所以能觀的一念心，一旦「離四性計」〔註4〕，一旦觀達不可思議，必能「通至無生法忍，因位具足」〔註5〕，必能在果位上，或證「大涅槃」〔註6〕，或「以此度眾生」〔註7〕，從而成就「果滿故一切皆滿」〔註8〕的圓教勝義。

第二目　目的與過程的同格

戈文達說：「精神生命是奠基於內在覺醒與體驗，這不是思想所能創造的；思想與推理祇是消化或心理同化的過程，它跟進而不是前導。」〔註9〕戈文達的意思是說，達成內在生命的覺醒，並不是在片面的識心上，被推論或假設出來的，而是在徹底的自覺中，以合乎理性的行動所證立的。湛然也說：

> 離言說者，不可議也。離妄想者，不可思也。離文字者，離假
>
> 名文字也。凡能詮教，無非假名。約自證法，有何文字？〔註10〕

就天台止觀的不可思議義而論，行者對勝相的證顯，在圓義上，是無從言詮的，可言詮的思想，祇能就次第意與方便義來看待。因此，在行中修習天台止觀，按天台觀行論的實踐來看不可思議義，可以明確的被理解爲目的與過程的同格，否則有累之身在所觀諸法上，如無法如實的觀達實相，便無從遍破所見，甚至反要爲見境所執，就像本該在從假入空之後從空出假，卻

〔註3〕 同上，卷第一・下，「觀佛相好發心者」，頁 9ᵃ。

〔註4〕 《法華玄義釋籤》，卷第十，《大正藏》，第三十三冊，頁 859ᵃ。

〔註5〕 《摩訶止觀》，卷第五・下，〈第七正修止觀者〉，《大正藏》，第四十六冊，頁 59ᶜ。

〔註6〕 《南本大般涅槃經》，卷第二十三，〈光明遍照高貴德王菩薩品之五〉說：「涅者言不，槃者言滅，不滅之義，名爲涅槃。」《大正藏》，第十二冊，頁 758ᶜ。

〔註7〕 《妙法蓮華經》，卷第一，〈方便品第二〉說：「佛自住大乘，如其所得法，定慧力莊嚴，以此度眾生。」《大正藏》，第九冊，頁 8ᵃ。

〔註8〕 《摩訶止觀》，卷第五・下，〈第七正修止觀者〉，《大正藏》，第四十六冊，頁 59ᶜ。

〔註9〕 戈文達喇嘛（Lama Anagarika Govinda，1898～1986，德籍藏傳佛教喇嘛）著，周勳男譯，《白雲行》（*The Way of White Clouds*），臺北，白法螺，1999，頁 25。

〔註10〕 湛然註，傳燈增科，釋慧嶽概說，《止觀輔行傳弘決》，中冊，臺北，中華佛教文獻，1992，頁 1066。

因一念攀緣，溺於空見，而更起空執，〔註11〕或因執取名相概念，而迷墮於句下〔註12〕，這是在實踐上不得法的結果。誠如馬哈希所認為，這都是沒有「即刻觀照」所導致的〔註13〕，可見修習止觀時，能所不可以擬議所思，進行推論，不然就會產生斷裂狀態，而反過來困擾學人。

第三目　最終的覺醒

在高度資本化與資訊化的二十一世紀，人類的生活情境與互動關係，因體制的刻板化、利益攘奪的尖銳化、生命本質的官能化、精神現象的異化、真實情感的疏離化，以及無度的需索與安全感的匱乏，而使彼此陷入相互撕裂與襲奪的亂流之中，致使：

一、眼睛不斷朝外尋伺別人的是是非非，就是看不到自己內在的心象。

二、耳朵不斷朝外聽取別人的閒言閒語，就是聽不到自己內在的心聲。

三、鼻子朝外不斷吸嗅別人的臭穢，就是聞不到自己內在的氣味。

四、舌頭不斷朝外翻轉別人的七情六欲，就是無法朝內與自己的心靈對話。

五、意識不斷朝外附會別人的憂悲惱苦，就是無法朝內貞定的自我覺照。

在這樣的世界中，人已經變成具備豐富知識的危險動物，而在每一種片面識取的所見境裏，固執自是人非的知見，並以此構設生存的契機，凡於己有利者，則可不問是非，縱情謀事；如果於事不成，則將之合理化為退墮的

〔註11〕世尊告訴大慧說：「寧起我見如須彌山，而起憍慢，不言諸法是空無也。大慧！增上慢人言諸法無者，是滅諸法，墮自相同相見故，以見自心見法故，以見外物無常故，諸相展轉，彼彼差別故，以見陰界入相續體，彼彼因展轉而生，以自心虛妄分別。是故，大慧！如此人者，滅諸佛法。」參見元魏·菩提留支譯，《入楞伽經》，卷第五，〈佛心品第四〉，《大正藏》，第十六冊，頁542^b。

〔註12〕世尊告訴大慧說：「大慧！如來不說墮文字法，文字有無，不可得故。除不墮文字，大慧！若有說言，如來說墮文字法者，此則妄說，法離文字故。」參見劉宋·求那跋陀羅譯，印順講述，釋印海記，《楞伽阿跋多羅寶經親聞記·別論三德章·離言釋》，臺北，佛陀教育基金會，民85，頁606～608。

〔註13〕參見馬哈希（Mahasi，1904～1982，緬籍南傳佛教比丘）著，嘉義新雨編譯群譯，《內觀基礎：從身體中了悟解脫的真相》（*Fundamentals of Vipassana Meditation*），臺北，方廣，2004，頁57～62。

口實，進而把整個社會綁到一齊陪葬，於是出現了各種機能性病變的症候羣，乃至於犯罪潮、自殺潮，而使自他兩不安。

在諸法與妄念紛馳的境況中，人們如果能以未泯的一念覺心，不論朝內或朝外，都能客觀的「仔細觀察親身經歷的一切」〔註14〕，先將自己的心神給逐步安定下來，再在行、住、坐、臥諸行中，以自己所能把握的一念心，去照察所緣境的生滅，而於進退之中，不為境界所轉，但不要試圖造作，誤以為自己此時的當下一念能夠轉境，也就是說，在起步觀行之前，做為一個日日在各種場域中進進出出的社會人，首先「祇要直接地看住心」〔註15〕就夠了，等到大抵明白自己心念的生起與謝落現象之後，如果能夠進一步體會心與境的對應關係，再來觀察「諸法因緣生，亦從因緣滅；我師大沙門，常作如是說」的「世間萬物的根本因緣」〔註16〕，並體察「智者將盡力遠離內心的造作，但不逃離外在現象」〔註17〕的教說，便可以掌握平衡內外對立的衝突基準，從而在緣起中道中：

> 踐行八正道，開了法眼，產生如實觀的智慧，能夠看清楚世間的真實相。〔註18〕

也就是說，處身在「經濟主宰社會生活」，宗教遭到「科技理性的打擊」，「人生變得沒有目標和意義」的後工業社會中〔註19〕，人祇要還有一念覺心，並勇於從紊亂的世象上回過神來，進而從三法印、四聖諦、六波羅蜜、八正道、十二緣起，乃至於三十七菩提分的道路上，循序漸進的覺醒過來，那麼，

〔註14〕 參見佛使比丘（Buddhādasa Bhikkhu，1906～1993，泰籍南傳佛教比丘）著，香光書鄉編譯組譯，《解脫自在園十年》（*The First ten years of Suna Mokkh*），嘉義，香光寺，民83，頁74～75。

〔註15〕 阿姜查（Ajahn Chah，1918～1992，泰籍南傳佛教比丘，Ajahn 意譯為「法師」）著，法園編譯羣譯，《我們真正的歸宿》（*Our Real Home*），中壢，圓光，民84，頁32～33。

〔註16〕 阿迦曼著，曾銀湖譯，《解脫心》（*Muttodaya*），南投，大林靜舍，1995，頁14～15。

〔註17〕 楊達（Phra Ajahn Yantra Moro，1951～，泰國空寂道場住持）著，聖諦編譯組譯，《清淨的法流》，臺北，法味書院，民83，頁52。

〔註18〕 性空（Dhammadipa，1949～，捷克籍南傳佛教斯里蘭卡比丘）著，釋見擎等整理、註釋，《四聖諦與修行的關係：轉法輪經講記》，嘉義，香光書鄉，民92，頁38。

〔註19〕 參見朱立元主編，《當代西方文藝理論》，15.2〈貝爾對後現代社會文化矛盾的揭示〉，15.2.1「後工業社會理論」，上海，華東師範大學出版社，2003，頁364～365。

也就不會因「眾生法太廣，佛法太高，於初學爲難」，而心生疑慮，甚至理性的規避，最終顛倒世途，錯失了佛陀的教說，祇在一念心，即能所無違，即諸法即實相的超克汩沒法身慧命的迫切危機。

第四目　結束語

做爲共法的止觀法要，單就內在於佛教的觀行法門而論，舉凡小大諸宗，三藏十二部典籍，靡所不賅，足見其對佛教學理的實踐，是一條從理到事，再從事復歸於理的思想主軸，祇因其在天台特別強調不縱不橫的開展方式，儻若未能掌握能觀的一念心，如何即假即空即中的觀達所觀，並在緣會照察的當際，體達能所不一不異的諸法與實相的相即義，的確不容易在原理甚爲深細的觀行體系中，否除無明與法性隔歷的界限，從而當體圓具三德，是則在因行上必有所闕失，以致在果德上無由相契。

然而透過上述章、節對智顗建立天台止觀思想的淵源與十乘觀法的架構的反覆論證與釐辨，學人當可綜成天台觀行法門的義蘊，進而把握其有效的實踐理則。因此，隨順根性而行，不論漸次、不定、圓頓止觀，就方便義而論歷緣對境，在人類的社會生活高度繁複的二十一世紀，其在僧俗兩序對四三昧的行持而言，就顯得特別具有行動性，因爲天台止觀的學理，透過對經論的廣泛覆按，以及學人實踐的檢校，已被具體可行的合理性，體現爲無方分的觀行方程，祇要對境當際，覺照一念無明即法性，自可豁悟諸法絕待的勝境，本來自在自爲。

參考文獻

一、《摩訶止觀》最常引證的譯典

1. 後秦・鳩摩羅什譯,《妙法蓮華經》,《大正藏》,第九冊,臺北,傳正,2001,影印日本東京大藏經刊行會版。祗寫明《大正藏》者,即指該版本。

2. 北涼・曇無讖譯,《大般涅槃經》,《大正藏》,第十二冊。

3. 後秦・鳩摩羅什譯,《摩訶般若波羅蜜多經》,《大正藏》,第八冊。

4. 東晉・佛馱跋陀羅譯,《大方廣佛華嚴經》,《大正藏》,第九冊。

5. 劉宋・求那跋陀羅譯,《雜阿含經》,《大正藏》,第二冊。

6. 後秦・鳩摩羅什譯,《金剛般若波羅蜜多經》,《大正藏》,第八冊。

7. 後秦・鳩摩羅什譯,《佛說仁王般若波羅蜜經》,《大正藏》,第八冊。

8. 北涼・曇無讖譯,《大方等大集經》,《大正藏》,第十三冊。

9. 後漢・支婁迦讖譯,《般舟三昧經》,《大正藏》,第十三冊。

10. 姚秦・鳩摩羅什譯,《維摩詰所說經》,《大正藏》,第十四冊。

11. 姚秦・鳩摩羅什譯,《思益梵天所問經》,《大正藏》,第十四冊。

12. 北涼・曇無讖譯,《金光明經》,《大正藏》,第十六冊。

13. 北涼・法眾譯,《大方等陀羅尼經》,《大正藏》,第二十一冊。

14. 姚秦・竺佛念譯,《菩薩瓔珞本業經》,《大正藏》,第二十四冊。

15. 龍樹造,後秦・鳩摩羅什譯,《大智度論》,《大正藏》,第二十五冊。

16. 龍樹造,後秦・鳩摩羅什,《十住毘婆沙論》,《大正藏》,第二十六冊。

17. 迦旃延子造,五百羅漢釋,北涼・浮陀跋摩共道泰等譯,《阿毘曇毘婆沙論》,《大正藏》,第二十八冊。

18. 龍樹造,梵志青目釋,姚秦・鳩摩羅什譯《中論》,《大正藏》,第三十冊。

19. 訶梨跋摩造,姚秦・鳩摩羅什譯,《成實論》,《大正藏》,第三十二冊。

二、智顗的著作

　　說明：有關智顗的文獻，向來就分爲親撰、親說、灌頂整理、灌頂再治、灌頂撰署名智顗、國人僞託、日人僞託等，見諸《大正藏》、《卍續藏》者，現存有三十五種，本論文除非必要，不另做版本學註記。

1. 隋・智顗說，灌頂記，《摩訶止觀》，《大正藏》，第四十六冊。

2. 隋・智顗說，法愼記，灌頂再治，《釋禪波羅蜜次第法門》，《大正藏》，第四十六冊。

3. 隋・天台大師於都下瓦官寺畧出，《六妙法門》，《大正藏》，第四十六冊。

4. 隋・智顗述，《修習止觀坐禪法要》，《大正藏》，第四十六冊。

5. 隋・智顗說，灌頂記，《四念處》，《大正藏》，第四十六冊。

6. 隋・智顗說，灌頂記，《釋摩訶般若波羅蜜經覺意三昧》，《大正藏》，第四十六冊。

7. 隋・智顗說，灌頂記，《方等三昧行法》，《大正藏》，第四十六冊。

8. 隋・智顗撰，《法界次第初門》，《大正藏》，第四十六冊。

9. 隋・智顗說，《天台智者大師禪門口訣》，《大正藏》，第四十六冊。

10. 隋・智顗撰，《四教義》，《大正藏》，第四十六冊。

11. 隋・智顗述，《觀心論》，《大正藏》，第四十六冊。

12. 隋・智顗說，《妙法蓮華經玄義》，《大正藏》，第三十三冊。

13. 隋・智顗說，《金剛般若經疏》，《大正藏》，第三十三冊。

14. 隋・智顗說，灌頂記，《仁王護國般若經疏》，《大正藏》，第三十三冊。

15. 隋・智顗說，《妙法蓮華經文句》，《大正藏》，第三十四冊。

16. 隋・智顗說，灌頂記，《觀音玄義》，《大正藏》，第三十四冊。

17. 隋・智顗說，灌頂記，《觀音義疏》，《大正藏》，第三十四冊。

18. 隋・智顗說，《觀無量壽佛經疏》，《大正藏》，第三十七冊。

19. 隋・智顗記，《阿彌陀經義記》，《大正藏》，第三十七冊。

20. 隋・智顗撰，《維摩經玄疏〔義〕》，《大正藏》，第三十八冊。〔註1〕

21. 隋・智顗說，湛然略，《維摩經略疏》，《大正藏》，第三十八冊。

22. 隋・智顗說，灌頂錄，《金光明經玄義》，《大正藏》，第三十九冊。

23. 隋・智顗說，灌頂錄，《金光明經文句》，《大正藏》，第三十九冊。

〔註1〕牟宗三說：「今《大藏經》爲六卷，題曰《玄疏》，『疏』字誤，當改爲『義』。因文中祇明五重玄義故。宋初遵式列目爲五卷，稱曰《玄義》。此即爲晉文楊廣而撰之《畧本玄義》。」參見張曼濤主編，《天台典籍研究》，臺北，大乘文化，民68，頁370。

24. 隋・智顗說，頂法師記，《請觀音經疏》，《大正藏》，第三十九冊。

25. 隋・智顗說，灌頂記，《菩薩戒義疏》，《大正藏》，第四十冊。

26. 隋・智顗撰，《維摩經玄疏》，《卍續藏》，第二十七，臺北，新文豐，民72。祇寫明《卍續藏》者，即指該版本。

27. 隋・智顗撰，《維摩經文〔玄〕疏》，《卍續藏》，第二十七、二十八冊。〔註2〕

28. 隋・智顗說，《禪門章》，《卍續藏》，第九十九冊

29. 隋・智顗出，《禪門要略》，《卍續藏》，第九十九冊。

30. 隋・智顗撰，《三觀義》，《卍續藏》，第九十九冊。

31. 隋・智顗述，《觀心論》，《卍續藏》，第九十九冊。

三、慧思等相關專著

1. 陳・慧思說，《諸法無諍三昧門》，《大正藏》，第四十六冊。

2. 陳・慧思說，《法華經安樂行義》，《大正藏》，第四十六冊。

3. 陳・慧思撰，《南嶽思大禪師立誓願文》，《大正藏》，第四十六冊。

4. 隋・灌頂撰，《觀心論疏》，《大正藏》，第四十六冊。

5. 隋・灌頂纂，《國清百錄》，《大正藏》，第四十六冊。

6. 隋・灌頂撰，《天台八教大意》，《大正藏》，第四十六冊。

7. 隋・灌頂撰，《隋天台智者大師別傳》，《大正藏》，第五十冊。

8. 唐・湛然述，《止觀輔行傳弘決》，《大正藏》，第四十六冊。

9. 唐・湛然述，《止觀義例》，《大正藏》，第四十六冊。

10. 唐・湛然述，《止觀大義》，《大正藏》，第四十六冊。

11. 唐・湛然述，《摩訶止觀輔行搜要記》，《大正藏》，第九十九冊。

12. 唐・湛然述，《法華玄義釋籤》，《大正藏》，第三十三冊。

13. 唐・湛然述，《法華文句記》，《大正藏》，第三十四冊。

14. 唐・湛然述，《十不二門》，《大正藏》，第三十六冊。

15. 宋・知禮述，《金光明經玄義拾遺記》，《大正藏》，第三十九冊。

16. 宋・知禮述，《金光明經文句記》，《大正藏》，第三十九冊。

17. 宋・知禮撰，《四明十義書》，《大正藏》，第四十六冊。

18. 宋・知禮述，《十不二門指要鈔》，《大正藏》，第四十六冊。

19. 宋・繼忠集，《法智遺編觀心二百問》，《大正藏》，第四十六冊。

〔註2〕牟宗三說：「今存於《續藏經》，題曰《維摩經文疏》。」參見張曼濤主編，《天台典籍研究》，臺北，大乘文化，民68，頁370。

20. 明・智旭說,《教觀綱宗》,《大正藏》,第三十四冊。

21. 南宋・志磐撰,《佛祖統紀》,《大正藏》,第四十九冊。

22. 梁・慧皎撰,《高僧傳》,《大正藏》,第五十冊。

23. 南宋・士衡編,《天台九祖傳》,《大正藏》,第五十一冊。

24. 唐・高麗僧諦觀著,《天台四教儀》,《大正藏》,第四十六冊。

25. 唐・澄觀撰,《大方廣佛華嚴經疏》,《大正藏》,第三十五冊。

四、原典標校本及時人專著【紀年以版權頁所載為準】

1. 唐・湛然註,傳燈增科,釋慧嶽概說,《止觀輔行傳弘決》,臺北,中華佛教文獻,1992。

2. 寶靜講述、顯明補述,《摩訶止觀述記》,美國,紐澤西,止觀弘法印經處,1995。

3. 王雷泉釋譯,《摩訶止觀》,臺北,佛光,1997。

4. 雲門學園編製,《摩訶止觀表解》,臺北,華梵大學出版部,民86。

5. 諦閑著,《教觀綱宗講錄》,《諦閑大師遺集》,第二冊,香港佛教法喜精舍,1994。

6. 李志夫編著,《摩訶止觀之研究》,臺北,法鼓,2001。

7. 正果著,《止觀研究講義》,臺北,千華,民80。

8. 聖嚴著,《天台心鑰:教觀綱宗貫註》,臺北,法鼓,2003。

9. 寶靜著,《修習止觀坐禪法要講述》,《寶靜大師全集》,上冊,臺北,佛教,民64。

10. 釋會性講,釋宗文、釋性文等記,《小止觀講座》,臺中,普門慈幼雜誌社,民80。

11. 雲門學園編製,《小止觀表解》,臺北,華梵大學出版部,民90。

12. 寶靜著,《臺宗二十五方便輯要淺說》,《寶靜大師全集》,下冊,臺北,佛教,民64。

13. 寶靜講,法慈等記,圓明語譯、《修習止觀坐禪法要講述》,臺北,圓明,民86。

14. 隋・智顗說,釋慧嶽概說,《釋禪波羅蜜次第法門》,臺北,中華佛教文獻,民78。

15. 黎玉璽譯,《釋禪波羅蜜次第法門》,臺北,大千,民85。

16. 雲門學園編製,《釋禪波羅蜜表解》,臺北,華梵大學出版部,民88。

17. 顯明著,《天台止觀節要》,《顯明大師法集》,第三冊,臺北,觀宗別院,無出版年代,唯〈自序〉署民68。

18. 唐‧高麗僧諦觀著，蒙潤註，從義解，元粹釋，釋慧嶽概說，《天台四教儀集註‧集解‧備釋合刊》，臺北，中華佛教文獻，1992。

19. 宋智明著，《六妙門修證全書》，臺北，圓明，民87。

20. 雲門學園編製，《六妙門表解》，臺北，華梵大學出版部，民88。

21. 唐‧湛然述，釋慧嶽概說，《法華玄義釋籤》，臺北，中華佛教文獻，民79。

22. 李志夫編著，《妙法蓮華經玄義之研究》，臺北，中華佛教文獻，1997。

23. 牟宗三著，《中國哲學十九講》，臺北，臺灣學生，民72。

24. 牟宗三著，《圓善論》，臺北，臺灣學生，民74。

25. 牟宗三著，《佛性與般若》，臺北，臺灣學生，民78。

26. 牟宗三著，《現象與物自身》，臺北，臺灣學生，民79。

27. 方東美著，《中國大乘佛學》，臺北，黎明，民73。

28. 唐君毅著，《中國哲學原論‧原道篇》，卷三，臺北，臺灣學生，2000。

29. 尤惠貞著，《天台宗性具圓教之研究》，臺北，文津，民82。

30. 尤惠貞著，《天台哲學與佛教實踐》，嘉義，南華大學，1999。

31. 吳汝鈞著，《天台智顗的心靈哲學》，臺北，臺灣商務，1999。

32. 陳英善著，《天台緣起中道實相論》，臺北，東初，民84。

33. 陳英善著，《天台性具思想》，臺北，東大，民86。

34. 林志欽著，《智者大師教觀思想之研究》，臺北，中國文化大學，哲學研究所博士論文，民88。

35. 張風雷著，《智顗佛教哲學述評》，《中國佛教學術論典》，第五冊，高雄，佛光山文教基金會，2001。

36. 楊維中著，《心性與佛性》，《中國佛教學術論典》，第十二冊，高雄，佛光山文教基金會，2001。

37. 李四龍著，《智顗思想與宗派佛教的興起》，《中國佛教學術論典》，第十四冊，高雄，佛光山文教基金會，2001。

38. 李四龍著，《智顗三諦思想研究》，《中國佛教學術論典》，第十四冊，高雄，佛光山文教基金會，2001。

39. 俞學明著，《智顗觀心論思想述評》，《中國佛教學術論典》，第十四冊，高雄，佛光山文教基金會，2001。

40. 陳堅著，《煩惱即菩提》，《中國佛教學術論典》，第十五冊，高雄，佛光山文教基金會，2001。

41. 靜權著，《天台宗綱要》，南投，中臺山，民86。

42. 洪瑞福著，《天台講記》，臺南，法輪，民77。

43. 張曼濤主編，《天台學概論》，《現代佛教學術叢刊》，第五十五冊，臺北，大乘文化，民 68。

44. 張曼濤主編，《天台之判教與發展》，《現代佛教學術叢刊》，第五十六冊，臺北，大乘文化，民 68。

45. 張曼濤主編，《天台思想論集》，《現代佛教學術叢刊》，第五十七冊，臺北，大乘文化，民 68。

46. 張曼濤主編，《天台典籍研究》，《現代佛教學術叢刊》，第五十八冊，臺北，大乘文化，民 68。

47. 高觀如（廬）著，《佛學講義》，臺北，圓明，民 81。

48. 蔡仁厚著，《中國哲學史大綱》，臺北，臺灣學生，1999。

49. 吳汝鈞著，《佛教的概念與方法》，臺北，臺灣商務，民 81。

50. 嚴北溟著，《中國佛教哲學簡史》，臺北，木鐸，民 76。

51. 方立天著，《中國佛教哲學要義》，北京，中國人民大學出版社，2002。

52. 王邦雄等編著，《中國哲學史》，臺北，空大，民 84。

53. 釋慧嶽著，《天台教學史》，臺北，中華佛教文獻，1995。

54. 斌宗老法師著，《斌宗法師遺集》，臺北，中華佛教文獻，1992。

55. 釋見聞著，《天台教學綱要》，臺北，世樺，民 91。

56. 藍吉富著，《隋代佛教史述論》，臺北，臺灣商務，1998。

57. 藍日昌著，《六朝判教論的發展與演變》，臺北，文津，2003。

58. 曾其海著，《天台佛學》，上海，學林，2001。

59. 湯用彤著，《漢魏兩晉南北朝佛教史》，《湯用彤全集》，第一卷，石家莊，河北人民，2000。

60. 湯用彤著，《隋唐佛教史稿》，《湯用彤全集》，第二卷，石家莊，河北人民，2000。

61. 呂澂著，《中國佛學源流略講》，《呂澂佛學論著選集》，第五卷，濟南，齊魯書社，1991。

62. 羅宏曾著，《魏晉南北朝文化史》，成都，四川人民，1989。

63. 西晉·陳壽撰，東晉·裴松之註，《三國志》，臺北，鼎文，民 68。

64. 唐·李延壽撰，《北史》，臺北，鼎文，民 68。

65. 唐·令狐德棻撰，《周書》，臺北，鼎文，民 69。

66. 宋·歐陽修、宋祁合撰，《新唐書》，臺北，鼎文，民 68。

67. 後晉·劉昫等撰，《舊唐書》，臺北，鼎文，民 68。

68. 傅偉勳著，《從創造的詮釋學到大乘佛學：「哲學與宗教」四集》，臺北，東大，民 79。

69. 賴賢宗著，《佛教詮釋學》，臺北，新文豐，民 92。

70. 帕瑪（Richard E. Palmer）著、嚴平譯，《詮釋學》（*Hermeneutics*），臺北，桂冠，2002。

71. 赫施（E. D. Hirsch）著，王才勇譯，《解釋的有效性》（*Validity in Interpretation*），北京，三聯，1991。

五、日本文獻

1. 松原泰道著，《法華經入門》，京都，祥傳社，昭和 58。

2. 新田雅章著，《摩訶止觀》，《佛典講座》，第二十五冊，東京，大藏，1995。

3. 新田雅章著，涂玉盞譯，《天台哲學入門》，臺北，東大，2003。

4. 關口眞大著，《摩訶止觀之研究》，東京，岩波，1985。

5. 關口眞大編著，《天台教學之研究》，東京，大東，昭和 53。

6. 山內舜雄著，《禪與天台止觀》，東京，大藏，1986。

7. 安藤俊雄著，《天台學：根本思想及其開展》，京都，平樂寺，1982。

8. 安藤俊雄著，蘇榮焜譯，《天台學：根本思想及其開展》，臺北，慧炬，民 93。

9. 安藤俊雄著，演培譯，《天台性具思想論》，《諦觀全集》，第二十六冊，臺北，天華，民 78。

10. 惠谷隆戒著，《天台教學概論》，京都，佛教大學，1986。

11. 玉城康四郎著，《心把捉的開展》，東京，山喜房佛書林，昭和 36。

12. 玉城康四郎主編，許洋主譯，《佛教思想（二）·在中國的開展》，臺北，幼獅，民 76。

13. 田村芳朗等著，釋慧嶽譯，《天台思想》，《世界佛學名著譯叢》，第六十冊，臺北，華宇，佛 2531。

14. 平川彰等編，林久稚譯，《法華思想》，臺北，文殊，民 76。

15. 大野榮人著，《天台止觀成立史的研究》，京都，法藏館，平成 6。

16. 池田魯參著，《摩訶止觀研究序說》，東京，大東，昭和 61。

17. 村中祐生著，《天台觀門的基調》，東京，山喜房佛書林，昭和 61。

18. 京戶慈光著，《天台大師的生涯》，東京，第三文明社，1988。

六、期刊論文

1. 釋慧開著，〈早期天台禪法的修持〉，《中印佛學泛論：傅偉勳教授六十大壽祝壽論文集》，臺北，東大，1993。

2. 尤惠貞著，〈牟宗三先生的《佛性與般若》與佛教詮釋〉，山東，濟南，「牟宗三與第五屆當代新儒學國際學術會議」論文，1998，9。

3. 尤惠貞著，〈從天台智者大師的圓頓止觀看病裡乾坤〉，高雄，《普門學報》，第八期，2002，3。

4. 尤惠貞著，〈天台圓教的義理詮釋與觀點建立之省思〉，嘉義，南華大學，《揭諦》，第四期，2002，7。

5. 尤惠貞著，〈天台哲學底「形上學」詮釋與省思：以智顗與牟宗三之「佛教」詮釋爲主的考察〉，臺北，華梵大學哲學系，《華梵大學第六次儒佛會通學術研討會論文集》，下冊，2002，7；

6. 尤惠貞著，〈天台、華嚴二宗對於圓教之判釋：教判之對比研究與當代省思〉，嘉義，南華大學，「第五屆比教哲學學術研討會」論文，民93，5。

7. 李志夫著，〈天台之理事觀〉，臺北，中國文化大學，《華岡佛學學報》，第六期，1983，7。

8. 李志夫著，〈智者之圓教義及其形成之探討〉，臺北，中華佛學研究所，《中華佛學學報》，第12期，1999，7。

9. 李世傑著，〈天台哲學的原理〉，臺北，中國文化大學，《華岡佛學學報》，第四期，1980，10。

10. 傅偉勳著，〈從中觀的二諦中道到後中觀的臺賢二宗思想對立：兼論中國天台的特質與思維限制〉，臺北，中華佛學研究所，《中華佛學學報》，第十期，1997，7。

11. 吳汝鈞著，〈天台宗的判教理論：天台宗的眞理觀〉，南投，《諦觀》，第八十二期，民84，7。

12. 張瑞良著，〈天台智者的「一念三千」說之研究〉，臺北，臺灣大學哲學系，《臺大哲學論評》，第十一期，民77，1。

13. 林志欽著，〈天台智顗教觀思想體系〉，臺北，中華佛學研究所，《中華佛學研究》，第五期，2001，3。

14. 林志欽著，〈天台智顗一心具足說之理論意涵〉，臺北，華梵大學哲學系，《華梵大學第五次儒佛會通學術研討會論文集》，2001。

15. 鄧克銘著，〈智者天台教觀中之心的涵義〉，臺北，臺灣大學文學院佛學研究中心，《佛學研究中心學報》，第三期，1998。

16. 楊惠南著，〈從「法性即無明」到「性惡」〉，臺北，臺灣大學文學院佛學研究中心，《佛學研究中心學報》，第一期，1996。

17. 楊惠南著，〈智顗的二諦思想〉，臺北，臺灣大學文學院佛學研究中心，《佛學研究中心學報》，第四期，1999，7。

18. 楊惠南著，〈智顗的「三諦」思想及其所依經論〉，臺北，臺灣大學文學院佛學研究中心，《佛學研究中心學報》，第六期，2001，7。

19. 冉雲華著，〈從智顗的《摩訶止觀》看中華佛教對印度禪學的吸收與改造模式〉，臺北，中華佛學研究所，《中華佛學學報》，第三期，1990，4。

20. 郭朝順著，〈智者的圓頓思想〉，臺北，臺北，中華佛學研究所，《中華佛學學報》，第五期，1992，7。

21. 郭朝順著，〈智顗「五重玄義」的佛教詮釋學〉，臺北，華梵大學哲學系，《華梵大學第四次儒佛會通學術研討會論文集》，2000，5。

22. 郭朝順著，〈從《法華玄義》所引重要經論看智顗的思想結構〉，臺北，華梵大學哲學系，《華梵大學第五次儒佛會通學術研討會論文集》，2001。

23. 郭朝順著，〈論天台智顗的「文本」概念〉，臺北，《哲學與文化》，第三十卷，第三期，2003，3。

24. 郭朝順著，〈智顗「四意消文」的解經方法論〉，臺北，華梵大學，《華梵人文學報》，第一期，2003，7。

25. 陳英善著，〈《摩訶止觀》、《釋禪》、《小止觀》之比較〉，南投，《諦觀》，第八十期，民84，1。

26. 陳英善著，〈從湛然「十不二門」論天台思想之發展演變〉，臺北，中華佛學研究所，《中華佛學學報》，第九期，1996，7。

27. 陳英善著，〈評「從『法性即無明』到『性惡』」〉，臺北，臺灣大學文學院佛學研究中心，《佛學研究中心學報》，第二期，1997，7。

28. 陳英善著，〈慧思與智者心意識說之探討〉，臺北，中華佛學研究所，《中華佛學學報》，第十一期，1998，7。

29. 陳英善著，〈從數息觀論中國佛教早期禪法〉，臺北，中華佛學研究所，《中華佛學學報》，第十三期，2000，7。

30. 陳英善著，〈天台圓頓止觀之修證：就十乘觀法而論〉，臺北，中華佛學研究所，《中華佛學學報》，第十五期，2002，7。

31. 劉嘉誠著，〈對智者大師以三諦詮釋《中論·觀四諦品》第十八頌之探討〉，嘉義，佛光大學南華管理學院宗教文化研究中心，「第一屆宗教與佛學論文研討會」論文，1997，6。

32. 藍日昌著，〈天台宗是否為中國人最早建立的佛教宗派〉，高雄，《普門學報》，第六期，2002，11。

33. 韓煥忠著，〈天台智者的內外之判〉，高雄，《普門學報》，第九期，2002，5。

34. 林昭益著，〈試析數息法中的「六妙門」〉，臺北，法光佛教文化研究所，《法光學壇》，第一期，1997。

七、工具書

1. 釋慧嶽監修，《天台教學辭典》，臺北，中華佛教文獻，1997。

2. 〔日〕河村孝照著，《天台學辭典》，東京，國書刊行會，平成2。

3. 佛光大辭典編修委員會，《佛光大辭典》，高雄，佛光，1995，初版六刷。

4. 吳汝鈞編著，《佛教思想大辭典》，臺北，臺灣商務，1994。

5. 比丘明復編，《中國佛學人名辭典》，北京，中華，1988。

6. 宗教詞典編輯委員會編，《宗教詞典》，臺北，博遠，民80。

7. 〔日〕中村元著，《佛教語大辭典》，東京，東京書籍，平成3。

8. 〔日〕塚本善隆等編，《望月佛教大辭典》，東京，世界聖典刊行協會，平成5。

9. 高樹藩編纂，《正中形音義粽合大字典》，臺北，正中，民73，增訂五版。

10. 慈怡主編，《佛教史年表》，高雄，佛光，民76。

11. 大辭典編纂委員會編，《西周共和以後中國歷史紀年表》，《大辭典》，下冊，臺北，三民，民74。

12. 奉曇泉發行，《中國歷史紀年表》，臺北，華世，民67。

13. 翦伯贊主編，《中外歷史年表：4500BC～1918AD》，北京，中華，1985。

14. 中華佛教百科全書編輯委員會編，《中華佛教百科全書》，臺南，中華佛教文化百科文獻基金會，1994。

15. 中國大百科全書編輯委員會「宗教」編輯委員會編，《中國大百科全書‧宗教》，臺北，錦繡，1992。

16. 中國大百科全書編輯委員會「哲學」編輯委員會編，《中國大百科全書‧哲學》，第一卷、第二卷，臺北，錦繡，1993。